# 边界视角下的美国华人跨界认同研究

刘燕玲 ◎ 著

图书在版编目（CIP）数据

边界视角下的美国华人跨界认同研究 / 刘燕玲著. -- 北京：当代世界出版社，2024.7
ISBN 978-7-5090-1824-8

Ⅰ．①边… Ⅱ．①刘… Ⅲ．①华人社会-研究-美国 Ⅳ．①D634.371.2

中国国家版本馆 CIP 数据核字（2024）第 071210 号

| | |
|---|---|
| 书　　名： | 边界视角下的美国华人跨界认同研究 |
| 作　　者： | 刘燕玲 著 |
| 出 品 人： | 李双伍 |
| 策划编辑： | 刘娟娟 |
| 责任编辑： | 刘娟娟　姜松秀 |
| 出版发行： | 当代世界出版社有限公司 |
| 地　　址： | 北京市地安门东大街 70-9 号 |
| 邮　　编： | 100009 |
| 邮　　箱： | ddsjchubanshe@163.com |
| 编务电话： | （010）83907528 |
| | （010）83908410 转 804 |
| 发行电话： | （010）83908410 转 812 |
| 传　　真： | （010）83908410 转 806 |
| 经　　销： | 新华书店 |
| 印　　刷： | 廊坊市印艺阁数字科技有限公司 |
| 开　　本： | 710 毫米×1000 毫米　1/16 |
| 印　　张： | 16 |
| 字　　数： | 216 千字 |
| 版　　次： | 2024 年 7 月第 1 版 |
| 印　　次： | 2024 年 7 月第 1 次 |
| 书　　号： | ISBN 978-7-5090-1824-8 |
| 定　　价： | 78.00 元 |

法律顾问：北京市东卫律师事务所　钱汪龙律师团队　（010）65542827
版权所有，翻印必究；未经许可，不得转载。

本书是国家社科基金项目"海外华人的中华文化认同研究"（项目编号：19BMZ107）的阶段性成果；本书出版得到暨南大学中央高校基本科研费2021年《暨南社科高峰文库》专项（项目编号：22JNWK04）和暨南大学外国语学院博士文库资金共同资助，特此鸣谢！

# 序　言

在全球化时代，国际移民可以说是一个普遍现象。根据《2022年世界移民报告》，截止到2020年，国际移民总数已经达到了2.81亿人，占全球人口的3.6%，相当于每30个人中就有一个国际移民。从地区来看，欧洲是目前移民的最大目的地，约有8700万移民；其次是亚洲，约有8600万移民；而北美洲是约5900万移民的目的地。印度是世界最大的移民流出国，有接近1800万移民生活在海外。墨西哥是世界第二大移民流出国，约有1100万人。中国则是世界排名第四的移民流出国，有超过1000万移民生活在海外，而美国是中国移民的首选目的地之一。

国际移民的普遍化给具有独立主权的民族国家带来一系列巨大的挑战。其中，国际移民的身份认同一直是学术界十分重视的问题，且越来越多的学者投身其中，刘燕玲博士就是其中之一。

刘燕玲博士在十年前成为我的开门弟子，其进入美国华人身份认同问题的研究领域也是机缘巧合。刘博士本科是上海外国语大学英语语言文学专业，硕士就读于暨南大学外语系，就职于暨南大学外国语学院，与我妻子是同事，我们也因此较为熟识。在我2008年成为博士生导师的时候，她提出跟从我攻读博士学位的想法。因为希望能够有一个政治学专业基础的学生，我一开始对于是否招收刘博士比较犹豫，但最终打消了顾虑。这是因为我认为，转专业学习可能并不是很大的问题，我自己学习和工作都是转了专业的。我本科是英语语言文学专业，硕士和博士是美国历史专业，工作后又转向政治学专业，看起来似乎转变比较大，但主要的研究和教学方向还是以美国为主。这种转换在刚开始比较吃力，但越往后则愈发能显现出跨专业的优势。

刘燕玲博士并没有让我失望，她在学习和研究上的慧根似乎还比较深厚，很快就找到了其原专业与就读专业的结合点，将美国华人身份认同问题作为博士阶段的研究方向。《边界视角下的美国华人跨界认同研究》这本专著的基础就是其博士论文。因为对该博士论文从选题、构思到写作的完整过程及其内容和观点都比较了解，所以我很乐意在本书即将付梓之际写上几句话。

关于美国华人认同的论著也不算少，但刘燕玲博士的专著有其自身的特点和贡献，因此值得推介给广大读者。

本书最大的贡献是，从跨界视角对美国华人身份认同的内容和成因开展研究，实属学界首次，本书也因此成为该领域研究的开拓之作。在美国华人身份认同研究中，主要有"落叶归根"和"落地生根"两个模式，其所运用的理论主要包括同化理论、多元化理论、涵化理论、散居理论、世界主义理论和跨国主义理论等。前三种理论都是以民族国家为中心、以居住国的地理边界为视角的"容器"理论；后三种理论都提倡社会科学的"去地域化"和身份认同的"去（国家）中心化"，体现了"无界化"的思想。本书提出的跨界概念和理论是对上述主流理论的整合，既不是固守民族国家的疆界，也不是无视民族国家的疆界，而是体现出"有界"和"无界"的结合和两面性。

本书的特点是：在边界理论的指导下，从社会、文化和经济这几个宏观维度，对美国华人身份认同的多重和复杂建构进行分析，解析人们对美国华人身份认同如"海外赤子""龙的传人""香蕉人""爱国侨胞"等的整体思维定式，以期纠正人们的一些片面认知，并增强中美两国政府、学术界和民众对美国华人身份认同的理解。

从社会层面讲，本书认为美国华人社会可以分为实体（有界）社会和虚拟（无界）社会两个层次。实体社会包括两个部分：美国大社会和华人社会。虚拟社会则包括网络通信社会和跨国社会两个部分。这些不同层次的社会共同构建着美国华人的跨界认同。

从文化层面讲，在全球化时代下，大众娱乐和消费文化的全球传播使得不同国家和不同民族的文化具有了一些相同的形式，科技的进步使得人们的距离大大缩减，社会发展使人们的思想观念趋于同质化。这些变化使得美国华人文化与美国主流文化之间的边界日益模糊（无界化），虽然（有界的）两种文化主题依然存在。这些成为美国华人在文化上跨界认同的主要建构因素，突出表现在美国华人双重混杂和"购物车"式的文化实践和文化认同上，即美国华人对中美两种文化既不是全盘接受，也不是全盘否定，而是根据自己的需要、理智和爱好作出主动性选择。

从经济层面讲，随着经济领域"无国界世界"的慢慢形成和中美经济往来的增多，美国华人不管是移居美国还是回归中国，也不管是跨国活动还是"留守"美国，无不反映出这些行为的经济实用主义特征，以及其中所包含的美国认同和中国认同的和谐共生关系，从而再次证明了跨界认同的主要内容和基本特征。

美国华人身份的认同问题非常复杂，牵涉面极广。由于美国华人内部差异性、特殊性和分裂性的存在，其身份认同并不是单一本源的，而是处在不断地发展和变化之中。虽然本书作者力图避免"进入一种简单化的集体意识"分析，但难免力有不逮。因此，本书的问世只是一个良好的开端，是一种有益且成功的尝试，还有更多、更细致、更艰苦的工作需要靠更多学者来完成。

吴金平<br>
暨南大学国际关系学院/华侨华人研究院　教授<br>
2024 年 3 月 14 日

# 目 录

绪　论　/1

**第一章　边界视角下身份认同的解构：有界、无界与跨界　/54**
　　第一节　有界性的身份认同——"容器"模型　/54
　　第二节　无界性的身份认同——"去地域化"模型　/70
　　第三节　跨界性的身份认同——以圣地亚哥和波士顿的
　　　　　　华人群体为例　/86
　　本章小结　/116

**第二章　社会边界的拓展：跨界认同建构的社会维度　/118**
　　第一节　人类社会边界的拓展　/119
　　第二节　美国华人社会的拓展与华人跨界认同的建构　/136
　　本章小结　/157

**第三章　文化边界的模糊：跨界认同建构的文化维度　/159**
　　第一节　文化边界的模糊与文化认同　/160
　　第二节　美国华人的文化实践和文化认同　/178
　　本章小结　/190

**第四章　经济边界的开放：跨界认同建构的经济维度　/192**
　　第一节　经济边界的开放与国际移民　/192

第二节　美国华人跨界认同的经济建构　/198

本章小结　/211

结　语　/213

余　言　/218

附　录　/226

后　记　/239

# 绪　论

## 一、研究问题的提出与研究意义

1. 研究问题的提出

2011年夏天的一个晚上，在中山大学的一个教室里，手执中国传统折扇、身穿改良旗袍的美国华人学者周敏教授正在给学生讲述美国华人社会的现状。20世纪80年代毕业于中山大学的周教授移民美国已有30多年，当时任职于美国加利福尼亚大学洛杉矶分校社会学系，同时也受聘于中山大学人类和社会学系，是全国的长江学者之一，每年都要回中国讲学一两次。讲座结束后，有个学生向周教授提出一个"老掉牙"的问题："如果中美发生战争，您觉得美国华人会站在哪一边呢？难道他们会扛起枪炮残杀自己的血肉同胞吗？"

美国华人陈先生5岁时随母亲移居香港，12岁时移民美国，大学毕业后当过中餐馆老板、建筑师和股票经纪人，年轻时曾和一位美国白人教师结合，育有两个中美混血儿。20世纪90年代，陈先生和香港的朋友一起在珠海购入两套住房，此后珠海成为陈先生的固定休假处。他每年都在美国和珠海之间往返多次，陪伴在中国的爱人和在美国的孩子。也许在一些人看来，陈先生的这种做法就是典型的"落叶归根"。然而，陈先生却坦白地说："我在珠海买房就是为了投资赚钱，不一定在这儿养老的。"①

作者的大学好友阿梅②在20世纪末赴美国进修深造,读博期间与一位美国医科学生结婚,毕业后进入美国政府下属的一家社会调查机构工作。十几年来,阿梅和国内的家人和亲友始终保持密切联系,除频繁发送电子邮件外,还时常跟家人和好友互通越洋电话,她和作者的通话经常一打就是几个小时。现在,由于有了微信、推特、脸书等网络通信手段,阿梅和国内亲友的联系更加便捷。在她国内亲友的眼中,阿梅就像一直在身边一样,而不是在远隔万里的美国。

在广州一所高校的外语学院中,有一位比较特殊的美国外教,他的特殊之处就在于他拥有一张"中国脸",却是一位土生土长的美国华人。在很多场合,这位外教经常碰到令他感到尴尬和稍微不悦的事情:学院大会上介绍外教时,他的"中国脸"和地道流利的英语常常引起一片哗然;学生们翘首以待的外教原来是个"中国人";不熟悉他的人有时甚至会把他误认为日本人。在中国,他是一名不懂中文的"外教",而在美国,他可能也是一个"永远的外国人"(perpetual foreigners)。

这些是发生在作者生活中的真实故事。故事中的主人公都是550万当代美国华人中普普通通的知识分子和专业人士。其实,他们的故事并非特例,更多相同或相似的故事每天都在上演。然而,这些故事都反映出一个共同的主题:当代美国华人的身份认同问题。

众所周知,国际移民问题是当今国际社会和一些国家面临的主要问题之一,移民的身份认同也是一个由来已久的话题。在现代民族国家的政治框架内,移民的身份认同问题一直备受争议。在中国,很多人认为海外华人都是"爱国同胞",都应该具有一颗"中国心"。在美国,很多人眼中的华人是"永远的外国人",他们对国家的忠诚度时常受到怀疑。那么,在21世纪的今天,在世界已经成为一个"天涯若比邻"的"地球村"时代,在中国已崛起为全球第二大经济体、世界政

---

① 来源于作者对陈先生的非正式访谈,2011年12月6日于珠海陈先生家中。
② 为保护受访者的个人隐私,本书中所有受访者都采用化名。

治经济新秩序发生重大变化的新历史背景下,在历经新一轮的中国富人和知识精英的移民大潮后,当代美国华人究竟拥有怎样的身份认同?他们的身份认同又是怎样受到各种宏观因素制约和影响的?我们应该怎样客观和较为全面地理解他们的身份认同?这些就是本书试图探索的问题。

2. 研究意义

(1) 现实意义

随着科学技术的进一步发展和时空的进一步压缩、国际人口流动的进一步加剧,移民问题仍然是21世纪的全球性问题之一。根据联合国移民署发布的《世界移民报告(2020)》,1990年到2019年间,国际移民人数增长幅度达到78%。2010年,全球国际移民人口总数是2.14亿人。到了2019年,国际移民总人数已达到2.72亿人,占全球人口比例的3.5%,比1990年增加了约1.19亿人。[①]

同样,进入21世纪后,中国也经历了新一轮的移民大潮。2007年,中国社会科学院发布的《2007年:全球政治与安全报告》显示,中国已经成为世界上最大的移民输出国。2012年,中国发布的首部年度国际人才蓝皮书《中国国际移民报告(2012)》披露,在21世纪的前20年中,中国经历了第三次移民潮,仅2011年就有15万中国人移民海外。另外,根据中国银行私人银行和胡润研究院于2012年3月联合发布的《2011中国私人财富管理白皮书》,在中国富裕人群中,有14%已经移民或正在申请移民,另有46%正在考虑移民。[②] 2014年,国务院侨务办公室宣布中国的海外华侨华人数量已经达到6000多万[③],

---

[①] United Nations Network on Migration, "International Migration and Development: Report of the Secretary-General for the 75th Session of the General Assembly", https://www.un.org/development/desa/pd/news/international-migration-and-development-report-secretary-general-75th-session-general-assembly.

[②] 《中国去年15万多人移民主要为富人和知识精英》,http://zj.sina.com.cn/edu/ymzx/2012-12-18/08073968.html。

[③] 张秀明:《21世纪以来海外华侨华人社会的变迁与特点探析》,载《华侨华人历史研究》,2021年第3期,第1—16页。

绝对数量稳居世界第一。

一场突如其来的新冠疫情给全球社会和国际人口流动带来了严重的冲击，国际人口流动在短时间内受到了前所未有的控制和阻挡，海外华人社会面临新的挑战，其身份认同必将产生新的变数。但是，随着各国新冠疫情的有效控制、全球经济和国际社会交流的恢复，国际人口流动仍将继续，国际移民规模仍将持续扩大。

就移民目的地国而言，美国、加拿大和澳大利亚等国一直是当代移民的首选之地。2011年，中国国际移民达15万人，其中在美国获得永久居留权的人数达到8.7万，在中国国际移民总数中排名第一。① 根据《中国国际移民报告（2020）》的统计，2019年，美国、日本、加拿大仍为中国大陆移民的主要移民目的地国，2015年移民美国的人数为267.67万人，2019年为288.92万人，多年来连续占据海外移民的榜首。② 在6000多万海外华侨华人中，美国的华侨华人数量仅次于东南亚地区，2019年的粗略估计是550万人，其人数自20世纪80年代以来一直呈快速上升的趋势。另外，鉴于美国在世界政治、经济和文化等方面的霸权地位及中美关系的重要性，美国华人研究自然会成为学界关注的重点。因此，从研究对象看，本书具有较强的现实意义。

另外，从研究内容看，移民的身份认同问题常常与国家内部的政治问题和国际关系问题紧密相关。身份认同政治是很多移民国家中常见的政治现象。可以说，美国华人的历史就是一部身份认同的历史。美国源于19世纪中后期的排华运动就是以华人的身份认同问题为幌子的国家政治。即使到了21世纪的今天，身份认同仍是很多美国华人经常面临的问题，尤其在国家政治的层面上。例如，美国华人精英组织

---

① 《中国去年15万多人移民主要为富人和知识精英》，http://zj.sina.com.cn/edu/ymzx/2012-12-18/08073968.html。
② 《〈中国国际移民报告（2020）〉蓝皮书发布，亚洲国际移民增速显著》，http://www.ccg.org.cn/archives/61145。

百人会（Committee of 100）在2001年和2009年分别就美国华人是否还被认为是"永远的外国人"进行了两次民意调查，2001年的结果表明，公众普遍认为亚裔美国人（Asian Americans）是"永远的外国人"，其中美国华人尤其忠诚于中国，2009年的调查结果显示，34%的美国人仍然认为美国华人比较忠诚于中国。①

2021年9月22日，美国百人会和南得克萨斯大学法学院访问学者金崇世（Andrew Chongseh Kim）共同发布了《〈经济间谍法〉起诉中的种族差异：新红色恐慌的窗口》（*Racial Disparities in Economic Espionage Act Prosecutions: A Window into the New Red Scare*）白皮书，旨在揭示在美国1996年《经济间谍法》（EEA）和2018年"中国行动计划"（China Initiative）中亚裔美国人受到的不公平对待。该项研究结果显示，亚裔美国人和华人占被指控者人数的比例在过去十年内骤增。面对指控，多达三分之一的亚裔美国人可能被诬陷。69%的亚裔被告和78%的华裔被告在遭"突然逮捕"后才得知自己被起诉。这项研究结果表明，"从19世纪的'黄祸论'到'永远的外国人'，美国社会对亚裔群体一直存在刻板印象"②。在中国，部分民众同样也对海外华人的身份认同存在着一些思维定式或片面认知。"海外赤子""爱国同胞""龙的传人""香蕉人"等称呼就是这些思维定式的体现。

因此，本书希望通过对美国加利福尼亚州（以下简称"加州"）圣地亚哥和马萨诸塞州波士顿华人的个案研究，改变人们对美国华人身份认同的整体思维定式，纠正人们的一些片面认识，增强中美两国各界对美国华人身份认同的理解。此乃本书更深层次的现实意义。

---

① Jane Leung Larson, "Still the 'Other'? Are Chinese and Asian Americans Still Seen as Perpetual Foreigners by the General Public?", https://committee100.typepad.com/committee_of_100_newsletter/2009/04/still-the-other-are-chinese-and-asian-americans-still-seen-as-perpetual-foreigners-by-the-general-pu.html.

② 《美国百人会发布新研究："间谍指控"助长种族偏见 亚裔群体"躺枪"》, https://new.qq.com/rain/a/20210922A0CH4400。

(2) 理论意义

在国际移民学界中,移民身份认同的传统研究模式强调的是民族国家边界内移民进行调整适应的同化理论、多元化理论和涵化理论等。同样,在美国华人身份认同的研究中,贯穿历史的是"落叶归根"或"落地生根"两个模式。这些都是以民族国家为中心、以居住国的地理边界为视角的"容器"(container)理论模型。20世纪90年代以来,较新的研究范式是散居理论、世界主义理论和跨国主义理论,它们都提倡社会科学概念的"去地域化"(deterritorialized)和身份认同的"去(国家)中心化",体现了"无界化"的思想。采用边界的视角对这些移民身份认同理论进行梳理和归纳是本书的理论意义之一。

此外,由于条件的限制,到目前为止,国内学界专门针对美国华人身份认同的实证研究相对较少,从边界的视角对美国华人身份认同的内容和成因进行理论探索也几乎没有。国外学界对美国华人身份认同的实证研究虽然不少,对其跨国活动也常有提及,但在很多研究中,当代全球化过程中社会、文化、经济等宏观因素对移民身份认同的多重和复杂建构并未得到足够的重视和充分的论证。针对美国华人身份认同研究中存在的这些问题,本书通过个案的实证调查和理论分析,提出跨界认同的概念,分析其基本特征,并从宏观方面探索其建构的因素,旨在为国际移民理论提供新的研究视角,这是本书的理论意义之二。

## 二、个案研究的价值

本书选取了美国圣地亚哥和波士顿两地的华人群体为个案研究对象,接受调查的对象主要由第一代的华人专业技术移民和二代(或三代)的华裔大学生组成。选取这些个案作为研究对象的原因和研究价值如下:

1. 为什么选取圣地亚哥华人作为个案研究的对象?

一方面,与纽约、旧金山和洛杉矶等传统的美国华人研究地点相

## 绪 论

比，国内外学界对圣地亚哥华人的研究相对不足，而从地理、历史和华人的人口特征等方面来看，圣地亚哥可谓美国西部中等城市的代表，具有较大的研究价值。

圣地亚哥位于加州的最南端，与墨西哥的边境小城蒂华纳（Tijuana）接壤，距离洛杉矶仅两个小时的车程。该市以生物制药、通信、能源为主要工业，又是美国太平洋舰队的海军基地。该地环境优美，气候宜人，是全美著名的度假旅游胜地。优越的地理位置和气候环境使圣地亚哥很早就成为移民的首选之地，而且其为边境城市，因此聚居了很多墨西哥等国的拉美移民，是美国拉美移民研究的重点地区。

早在19世纪四五十年代，就有华人移民从旧金山湾区南下至圣地亚哥捕鱼为生。到了60年代末，华人渔民已经在圣地亚哥湾建立了两个聚居区，其中一个就位于现在市中心的第一街（First Street）附近，另外一个位于现在的圣地亚哥游艇俱乐部附近的罗斯维尔湾（Roseville Bay）。由于这些来自广东沿海的中国渔民具有精湛的捕鱼技术和勤劳节俭的品性，也由于圣地亚哥湾盛产鲍鱼、龙虾等名贵海鲜，早期的不少渔民"赚到了很多钱"。[1] 其中有个来自广东开平名叫阿坤（谭聪坤，Tom Quin）的华人还成为"圣地亚哥唐人街之父"。[2] 阿坤做过劳工中介，他大约于1880年年底离开旧金山，来到圣地亚哥定居，许多姓谭的华人移民也随同他前往圣地亚哥定居。因为他的基督教信仰和相当不错的英文能力，阿坤结识了不少美国白人，并成为当时"规模不大的华人社区里有影响的人物"。[3]

据历史学家的考究，与旧金山和洛杉矶等地的华人相比，来到圣地亚哥定居的早期华人比较幸运。因为当时圣地亚哥的警察局长比较

---

[1] Arthur F. McEvoy, "In Places Men Reject Chinese Fishermen at San Diego, 1870-1893", *The Journal of San Diego History*, Vol. 23, No. 4, 1977.
[2] 陈勇：《华人的旧金山：一个跨太平洋的族群的故事，1850—1943》，北京：北京大学出版社，2009年版，第118页。
[3] 同②，第135页。

注重社会安定和法制的公平，加上阿坤等人的努力和一些慈善白人的帮助，当时的圣地亚哥排华活动较为温和，华人渔民也得以在圣地亚哥安居乐业。但是，在排华运动时期，圣地亚哥华人还是和加州其他地方的华人一样，为了维持生计渐渐地从渔业转向农业、园林、洗衣和餐馆等其他竞争性不大的行业。二战期间，尤其在《排华法案》被废除后，很多具有飞机修理技能的圣地亚哥华人为美国空军服务，从事技术工作。工作环境的改善和收入的提高使很多华人渐渐搬离市中心的唐人街，圣地亚哥唐人街因此慢慢消失，所以在现在的圣地亚哥，传统华人聚居地的唐人街并不存在。

另一方面，与美国其他地方相比，历史上"圣地亚哥出现过很多华人精英，在从政、学术、文化、经济、军事等方面缔造了许多'第一'，足堪加载史册"①。例如，前文提到的有"圣地亚哥唐人街之父"美称的阿坤努力自学英文，结交白人朋友，有时把一些政府官员请到自己的餐馆来聚会。20世纪60年代，圣地亚哥市政府甚至出现了第一个华人官员谭卓仪（Tom Hom），他后来还当选为加州州议会议员。② 谭卓仪和妻子Dorothy Hom都具有出色的政治才能和经济法律知识，夫妇俩在20世纪六七十年代圣地亚哥市中心华人历史建筑的保留和维护活动中作出了重要的贡献。加利福尼亚大学圣地亚哥分校生物工程系创办人冯元桢和第一任系主任钱熙都是美国国家科学院院士、国家工程院院士和医学科学院院士。总之，从古至今，圣地亚哥华人人才辈出，这些华人精英在当地的美国社会占有一席之地，因此圣地亚哥华人具有较高的研究价值。

目前，圣地亚哥是加州的第二大城市、美国的第八大城市，2019年的人口约为3 338 330人，华人总数约为58 962人（不包括来自台

---

① 《美国圣地亚哥多出华人精英，对社会贡献可载史册》，http://www.gqb.gov.cn/news/2008/0220/1/8088.shtml。

② Dagny Salas,"The Chronicler of S. D.'s Chinatown", http://voiceofsandiego.org/2010/07/02/the-chronicler-of-s-d-s-chinatown/.

湾地区的华人），约占总人口的 1.77%。其中，63% 的华人拥有本科以上的学历。① 2011 年，65.6% 的圣地亚哥华人从事管理、商务、科学和艺术方面的职业，15% 是销售人员和办公室人员。其家庭年收入中位数为 84 335 美元，比旧金山（60 202 美元）和洛杉矶（52 051 美元）高出很多。② 这些数据表明，圣地亚哥华人大多为高学历、高收入的专业技术人员。另外，与纽约或洛杉矶等大城市或一些偏僻荒凉的小镇相比，大多数圣地亚哥华人既不是生活在华人聚集的唐人街，也不是生活在单一的美国白人社会中，因此其身份认同更加复杂，具有较大的研究意义。

总之，综合地理、历史、社会和人口特征等因素，当代加州圣地亚哥华人可以作为美国西部华人的代表，具有独特的研究价值。

2. 为什么选取大波士顿地区华人作为个案研究的对象？

19 世纪下半叶，华人移民已经开始定居于波士顿的南湾区（South Bay），即现在波士顿唐人街的所在地。1870 年，75 个来自广东台山的中国劳工受雇于北亚当斯区的桑普森鞋厂，其中一些人后来迁居到南湾，成为南湾华人社区（后来的唐人街）的最早居民。③ 与当时美国的很多地方一样，住在南湾区的华人主要是男性劳工，因此当时的华人社区被称为"单身汉社区"（bachelor society）。在接下来的几十年中，直至一战，唐人街华人社区持续发展起来。其间尽管有《排华法案》的实施，华人家庭的数量仍保持缓慢增长，各类社区组织也逐渐壮大，其中包括男童军、广教中文学校和姓氏团体等，这使华人社区得以巩固和发展。唐人街华人社区的经济基础先以制衣厂为主，后来慢慢被餐馆、夜总会和服务业所取代。在地理位置上，唐人街沿着必

---

① 由于国内无法浏览美国统计局的人口统计资料，此人口统计数据由波士顿大学社会学系的约翰·斯通（John Stone，2023 年 10 月已故）帮助查询，特此致谢！
② 请参阅美国统计局 2009—2011 年社区调查统计资料。由于国内无法浏览和下载美国统计局的人口统计资料，此人口统计数据由作者好友张元婷博士于美国下载，特此致谢！
③ Wing-Kai To and the Chinese Historical Society of New England, *Images of America Chinese in Boston (1870-1965)*, Arcadia: Arcadia Publishing, 2008, p. 9.

珠街、夏里臣街、泰乐街和尼伦街延伸，制衣厂夹杂其间。到了二战，随着《排华法案》的废除和中国的参战，一些唐人街华裔青年踊跃参军，这为当地华人带来了新的自信和更广泛的社会认同。战时新娘法令和难民法令将大量来自香港的妇女和家庭变为合法移民，他们定居于唐人街，使其社会结构发生很大变化。广教中文学校在此期间将其教学语言从台山话改为广东话。

20世纪中期，新一代的波士顿华人对民权运动和各种政治运动作出积极回应，创立了新的促进华人权益的政治组织。1965年移民法生效以后，来自中国香港、中国台湾和东南亚地区的移民大量涌入美国，其中很多受过高等教育。此外，20世纪70年代初开始的中美关系正常化为唐人街带来了许多华人新移民。20世纪80年代以后，家庭团聚移民和专业技术移民构成了新的移民主体，使波士顿唐人街人口继续增长。由于波士顿市中心空间的局限，唐人街的华人社区开始向昆西市（Quincy）和摩顿市（Malden）扩张，由红线和橙线地铁联系新旧华人社区。随着高技术产业在郊区的发展，专业技术移民随之慢慢在郊区形成新的华人聚居区。[①]

现在，波士顿唐人街是美国第三大唐人街，也是社区管理最为整齐完善的一个唐人街，是美国东北地区最大的华人聚居区。在550万美国华人中，居住在波士顿的华人人数位列第四，总人数约10多万人。波士顿是美国的文化教育中心，也是东北部的高科技产业中心，哈佛大学、麻省理工学院等多所全球著名高校云集于此，其金融业、保险业、生物工程、医疗技术等行业都名列前茅，因此波士顿的华人中高层次科技人才数量较多，是继旧金山湾区、纽约地区之后华人高层次科技人才的第三大聚居地区。[②]

鉴于波士顿地区具有悠久的华人社区历史、多元的华人群体及其

---

① 资料来源于波士顿华埠图册展，由作者整理而成。
② 《大数据图解美国华人高层次科技人才（总汇）》，http://www.guiguzhongguo.com/?module=news&id=2120。

在美国社会文化中所占据的重要地位,波士顿华人同样具有较大的研究价值,可以作为美国东部华人的代表,与美国西部的加州圣地亚哥华人一起,成为本书的个案研究对象。

3. 为什么选取专业技术移民群体?

首先,由于中国是世界上最大的移民输出国之一,人才外流现象一直比较凸出。在21世纪新一轮的移民大潮中,富人和知识精英成为主力军。[①] 在此背景下,中国提出人才强国战略,制定了大力吸引海外人才的政策。因此,对中国海外的专业技术移民群体进行身份认同的个案研究,可以为中国的侨务政策和对外政策提供更多的个案参考信息。

其次,当代的专业技术移民大多属于主动性移民(voluntary migrants),而且具有较高的文化知识水平,因此其思想观念和身份认同必定具有与其他移民群体不同的特征。随着技术、信息、人员等全球流动的加速,专业技术移民可能更加具有"四海为家"或"择良木而栖之"的心态,其身份认同中的家乡、国家观念或"根"的意识可能已经逐渐淡化。与劳工阶层的移民相比,他们应该更有机会和条件进行跨国活动,形成跨国认同。总之,流动性、复杂性和自主选择性应该是这个群体身份认同的特征。因此,对这个群体复杂多重的身份认同进行深入的研究具有较大的现实和理论价值。

4. 为什么选取华裔大学生群体?

1965年美国新移民法实施后,来自拉美和亚洲的移民数量大增。20世纪80年代中期以后,这些新移民的子女大多到了青少年时期,成为美国社会和学校中较为显眼的群体。[②] 进入21世纪以后,美国土生华裔的数量继续增长,2012年约为70多万人,约占美国华人总数的

---

① 《去年超15万人移民 富人和知识精英成移民主力军》,http://politics.people.com.cn/n/2012/1217/c1001-19923710.html。

② Pyong Gap Min, ed. *The Second Generation: Ethnic Identity among Asian Americans*, California: AltaMira Press, 2002, p. 3.

24%。① 2015年，土生华裔已经占到37%，其中，53.8%出生于加州和纽约州。② 由于大学生是国家和社会的未来，华裔大学生的身份认同也关系到中华文化在海外的传承和发扬光大，因此其身份认同的研究也具有较大的现实意义。

### 三、相关理论和文献综述

#### （一）边界理论简述

1. 边界研究

"边界"在英文中可以翻译为 border 或 boundary，border 一般用来指代国家或政体之间的界线，boundary 更多地指代地理和社会的各种界限。边界是基本的社会现象，也属于哲学的范畴。从黑格尔的逻辑学来看，边界是一对矛盾结合体：连续性和离散性的矛盾结合。离散性假设边界是实际存在的，边界对空间进行标志和划分，对不同现象进行分离；同时，连续性否认边界的客观存在，并对它们的标志提出质疑。其实，这是人们观察和认识世界的不同方式。例如，语言学家兰盖克（Langacker）指出，人们把世界划分为三种类型的事物：有界物体（bounded objects）、连续性物质（continuous substances）和离散性实体的集合（collections of discrete entities）。③

19世纪以来，随着欧洲现代国家和民族建设进程的加快，"边界"成为社会科学家们关注的重点。德国地理学家拉采尔（Ratzel）提出国家的"空间认知"，并强调边界在"政治平衡"中的重要作用。社会学家齐美尔（Simmel）也是边界研究的先驱者，他认为"边界不是一个具有社会结果的地理事实，而是在空间上形成自身的社会事实"。齐

---

① Pew Research Center, "The Rise of Asian Americans", http://www.pewsocialtrends.org.
② 《550万在美华人数据全公开，88%中国籍博士留在美国!》，https://www.kunlunce.com/ssjj/guojipinglun/2020-08-10/145993.html。
③ 谢应光：《语言研究中的离散性和连续性概念》，载《重庆师范大学学报（哲学社会科学版）》，2008年第2期，第61—66页。

美尔对边界在社会生活和意识中的作用进行了讨论,并得出这样的结论:"由于边界无所不在且永久存在,因此我们自身也成为边界了。在地缘政治中,边界与'人民''国家''文化'密切相关,它是一种复杂的、不断变化的、具有霸权特性的民族国家建设过程,因此也与国家认同和忠诚感息息相关。"[1]

克洛斯福(Kolossov)和斯科特(Scott)对边界研究进行了较好的总结归纳。他们指出,传统的边界研究集中关注国家和领土,并认为边界是国家政治、社会和经济发展的地理结果。在这种视角下,世界被分为领土固定的不同民族国家。当代的边界研究不再强调空间的固定性,而认为边界是由过渡空间所连结或分离的。在这些过渡空间中,统一的一系列特性和因素逐渐被另一系列特性和因素所代替。另外,政治边界极少与民族、语言和文化边界相吻合。[2]

在20世纪一段短暂的时期中,由于科技、互联网、资本流动、东西方政治的趋同和区域一体化的发展,世界似乎呈现出"无国界"的趋势,政治边界也似乎面临消亡。然而,随着全球化和反全球化思潮的斗争和影响,边界似乎还是无所不在,虽然有时并不显著,但一直对社会产生影响。因此,边界被学者们理解为一系列的"制度、过程和象征",它们不是既定的,而是通过社会政治的划界而形成的。另外,边界处于不断变化中,它们随着空间与社会的关系变化而变化。[3]

边界是社会构建的结果,而不是自然或自然法则的既定事实。从广义上看,边界是造成社会-空间区分的地方、个人和群体间的差异类别。随着社会科学的建构主义的转向,边界是一种不断处于建构中的过程,是一种动态的功能性过程,而不是静止的地理结果。因此,学者们的研究焦点是理解边界如何产生,以及这些边界在具体的社会领

---

[1] Anssi Paasi,"Border Studies Re-Animated:Going Beyond the Relational/Territorial Divide", *Environment and Planning A*, Vol. 44, No. 10, 2012, pp. 2303-2309.

[2] Vladimir Kolossov and James Scott,"Selected Conceptual Issues in Border Studies", http://journals.openedition.org/belgeo/10532.

[3] 同②。

域中的意义。

学者们指出,边界建构视角的一个中心问题是国家领土及其构成与争议的问题。以前,边界和身份主要是从对统治者和宗教(教会)的忠诚而非对领土的忠诚角度进行定义的。民族国家形成和强化后,民族国家才成为参照依据,而在《威斯特伐利亚和约》签订(民族国家形成)之前,边界和身份很少受到关注。

总而言之,19世纪以来,随着人类社会地理界限的出现,社会中的边界研究也迅速发展起来。边界研究现在已包括社会科学的多个领域:政治学、社会学、人类学、历史学、国际法,以及包括艺术、媒体、哲学等在内的众多文科领域。边界的种类不仅仅包括实质性的、有形的地理界线,还包括社会、文化、经济和宗教等无形的界线,而这些无形的界线对人类社会的组织形式和区域划分更具影响。因此,本书中的"边界"采用广泛意义上的用法,包括人类社会中的各种实际存在和虚拟想象中的界限。换言之,本书的"边界"概念既指实际存在的地理边界和政治边界,又指存在于社会、群体和个体等主观层面上的抽象意识。

2. 族群边界研究

20世纪60年代末,巴斯(Basch)提出了关于族群边界的一个经典论点:族群边界是划分不同族裔的主要因素,而不是文化差异。因此,在族裔研究中,边界一直被认为是一种社会建构,而不是"天生给定"的。巴斯认为:"族群是包括其人口在生物学意义上的延续性、共享的文化与价值、构成一个联系与互动的范围,并且拥有自我认定和他者认定的成员资格的人群共同体。""族群是由它本身的组成成员认定的范畴,形成族群的因素中最主要的是它的边界,而不是语言、文化、血统等。一个族群的边界,不一定指的是地理的边界,而主要是其社会的边界。"[1]

---

[1] 马成俊:《弗雷德里克·巴斯与族群边界理论(代序言)》,载《西北民族研究》,2014年第3期,第167—172页。

## 绪 论

文化差异可能是族群边界的结果，但并不是它形成的原因。因此巴斯也强调社会调查的关注点应该放在"定义群体的族群边界，而不是群体所附带的文化特质"。巴斯的重要贡献之一在于将族裔认同的文化内容研究转向边界的研究，并且强调行为者认为重要的才是真正重要的，即强调行为者在认同方面的主观性。①

有学者认为，边界理论所囊括的远远不止这些，其背后隐含着更基本的有关族裔认同研究的理论转向（虽然这种理论转向并未引起巴斯足够的重视），这种理论转向主要表现为，不再把认同看成"世界中的实体"（things in the world），而是"看世界的视角"（ways of seeing）。也就是说，族裔认同"是一种关于世界的认识视角，而不是一种存在于世界中的实体"。长期以来，场景论与原生论甚至其后的矩阵模型和相反理论模型都把族裔认同看成了"实体"，而边界理论则改变了这种传统认识，把族裔认同看成一种"看世界的视角"。②

巴斯认为，边界理论"调查的首要焦点是定义群体的族群边界，而不是它所包括的文化因素"，但他并没有对边界概念的理论内涵进行系统化的论述与理论构筑，而是把边界看成既定的社会事实，认为其研究的焦点"虽然也有相应的地理边界"，但更应该注重"社会边界"，因此它仍然是一种"世界中的实体"的传统理论视角。③

从认知研究角度来讲，边界是一种人们认识世界的认知性结构，这种认知性结构只是一种人们看世界的方式。作为"看世界的视角"，族裔认同在本质上来说就是心智不断圈划"自我-他者"的倾向，而"边界"概念就是这种圈划倾向的另一种叫法。从边界的这种认知性角度来理解，族裔认同不再是一种实在性的存有，而只是"识别、定义以及区分其他人的方式，同时也是一种建构相同性与不同性的方式，

---

① 温梦煜：《边界与文化：巴斯族界理论的再认识——基于甘肃两个藏族村的田野调查》，载《青海民族研究》，2020年第2期，第97—102页。
② 张超：《从认知研究视角看族群边界理论：原生论与场景论的一种融合路径》，载《广西民族研究》，2014年第2期，第64—70页。
③ 同②。

还是为自己的行为编码以使人理解的方式"①。

阿尔巴（Alba）和尼（Nee）等社会学家在进一步发展古典同化理论时，把研究重点集中到边界和主流的问题上。在《重构美国主流社会》(Remaking the American Mainstream) 一书中，他们把移民融入主流社会的过程分为三个渐进的阶段：边界跨越、边界模糊和边界转移。其实，阿尔巴和尼的这个边界理论是鲍勃克（Baubock）、佐尔伯格（Zolberg）和伍恩（Woon）等人研究观点的继承和发展。鲍勃克最先区分了前两种过程的含义：边界跨越指移民通过习得居住国的一些身份特性而改变自身的过程，如移民学习并使用居住国的语言、入籍和宗教归化等行为。边界跨越发生在个体层面上，没有影响到居住国的社会结构，"局内人"和"局外人"的边界保持完好无损。边界模糊指居住国社会对多重成员身份的宽容和各种集体认同的共存，包括双语政策、双重国籍等制度化实践，它发生在社会层面上，对居住国的结构（包括法律、社会和文化边界等）产生影响。②

佐尔伯格和伍恩在鲍勃克研究的基础上，进一步详细分析了前两种类型，并提出了第三种类型：边界转移。边界转移指的是移民群体身份认同的重构，据此区分成员和非成员之间的界线得以迁移，而其迁移方向呈现出不同的两种类型：容纳和排斥。这是一个更加综合的过程，对族群进行更基本的重新定义。总的来说，移民和支持移民的一方要求扩大边界，以接纳新来者；而反对移民的一方则持相反的观点。佐尔伯格和伍恩认为，边界转移通常只有在边界跨越和边界模糊完成之后才会发生，但也并非绝对。在主流反对移民的情况下，边界迁移就可能朝着负面的方向发展。③

---

① 张超：《从认知研究视角看族群边界理论：原生论与场景论的一种融合路径》，载《广西民族研究》，2014年第2期，第64—70页。

② Peter Kivisto and Thomas Faist, *Beyond a Border: The Causes and Consequences of Contemporary Immigration*, Los Angeles: Pine Forge Press, 2010, pp. 121-123.

③ Aristide R. Zolberg and Long Litt Woon, "Why Islam Is Like Spanish: Cultural Incorporation in Europe and the United States", *Politics & Society*, Vol. 27, No. 1, 1999, pp. 5-38.

## 绪　论

阿尔巴和尼采纳了佐尔伯格和伍恩的观点，他们把这些边界理论发展成其"新同化理论"的核心概念。他们对1965年以后进入美国的新移民进行实证研究，指出以前的移民及其子女是以边界跨越为主，而新移民是以边界模糊为主要特征，原因是现代的美国社会比以前更加宽容多元。阿尔巴和尼认为，边界模糊引起的同化与边界跨越带来的同化有实质性的区别：边界跨越引起的同化使移民的新旧认同产生重大的分裂，从而"被迫在主流与其族裔群体之间作出选择"。相反，当主流边界"相对脆弱，并吸收了少数族裔文化的元素"时，边界模糊就会发生。换言之，边界模糊之所以发生，并非只是少数族群的文化产生变化，主要族群的文化也发生了变化。因此，文化适应在某种程度上是双向的过程。在这种情况下发生的同化中，少数族裔仍然保持实质性的族裔认同，而不只是"象征性认同"。① 但是，对于边界转移这一过程，学者们尚未进行深入的探讨。

维莫（Wimmer）也对族裔边界理论进行了较为系统的理论建构。他提出一个动态的、多层次的过程理论，认为族裔边界是社会场中行为者分类斗争和协商的结果，并试图解释族群边界的不同特征及其构建结果。

维莫认为，边界包含类别、社会（或行为）两个维度。类别维度指社会分类的行为和集体表达，社会维度指个体连结和疏离导致的各种关系的日常网络。在个体层面，类别维度和社会维度呈现为两个认知方案：一个把社会划分为社会群体——"我们"和"他们"；另一个提供了行动的脚本——如何在特定情况下与被归为"我们"或"他们"的个体发生联系。只有当这两个维度碰巧重合，当世界观与行为方式一致时，社会边界才会产生。

维莫提出，根据机制结构、联盟网络、权力分配及其所形成的代表性政治动力等因素，族裔边界的建构可划分为五种策略：扩大、缩

---

① Peter Kivisto and Thomas Faist, *Beyond a Border: The Causes and Consequences of Contemporary Immigration*, Los Angeles: Pine Forge Press, 2010, pp. 121-123.

小、改变（通过挑战种族的层级排列改变现存边界的意义）、跨越、淡化。但社会场中行为者无法自由选择以上策略，而是由所处社会场中的三个条件所决定：制度环境、权力分配和政治联盟网络。制度环境使某种类型的边界（种族、阶层、地区、性别等）划分显得合理和具有吸引力；权力分配限定个体的兴趣，从而限定最有意义的种族分类层级；政治联盟网络则影响边界所包含或排斥的个体。维莫解释了属于不同类别的行为者之间的政治和分类斗争，指出其斗争结果可能达成对边界类型、本质和正当结果程度不一的共识，而这种共识的本质又反映出族裔边界的特征：不同的政治显著度、社会封闭度、文化差异度和历史稳定度。①

总之，维莫的边界理论探索试图把韦伯和巴斯的族群和边界建构理论、布尔迪厄的社会场理论和新兴的机制主义理论结合起来，研究族群边界的形成、特征和变化，试图为族裔研究提供新的理论框架和研究路径。

### （二）美国华人身份认同研究述评②

到目前为止，关于美国华人的文献资料很多，但专门针对当代美国华人身份认同的著述却相对缺乏。可以说，美国华人的身份认同研究存在两个"较少"：一是很多学者侧重于对美国华人的历史、经济、社会、政治参与等方面的描述，而对身份认同的专门研究相对较少；二是与东南亚等地的华侨华人的身份认同研究相比，美国华人的身份认同研究相对较少。

近年来，国内学界对美国华人的研究涌现出不少优秀的成果，其

---

① Andreas Wimmer, "The Making and Unmaking of Ethnic Boundaries: A Multilevel Process Theory", *American Journal of Sociology*, Vol. 113, No. 4, 2008, pp. 970-1022.

② 本节内容请参阅刘燕玲：《居住国、跨国和全球视角——美国华人身份认同的文献研究述评》，载《东南亚研究》，2015年第6期，第64—71页。

中包括李明欢、李其荣、潮龙起、吴前进等专家教授的著述和论文。① 而在美国华人的身份认同研究方面，由于美国华人学者长期生活在美国，其所占的"天时地利人和"优势和自身的经历使他们的研究成果更为丰硕和深入。因此，下文主要对国外华人学者的研究成果进行简单的述评。

从研究视角来看，国外学者对移民的身份认同研究主要分为三种：一是居住国的视角，即从移民是否融入或同化于居住国社会文化的角度研究其身份认同，这是一种以民族国家为主导的研究范式；二是20世纪90年代以来的跨国视角，即研究者在关注移民融入或适应居住国社会的同时，更强调他们与祖籍国千丝万缕的连结；三是全球视角，采用这种视角的研究者强调移民的"散居意识"和"去（国家）中心化"的网络和连结。下面先从这三种视角对美国华人身份认同的研究文献进行简单的归纳和梳理，然后指出其存在的问题或缺陷。

1. 居住国（美国）视角——从"落叶归根"到"落地生根"

从美国视角对华人进行研究的学者大都认为，20世纪80年代以前，美国华人的身份认同存在着两个历史时期：第一个时期是二战前，主要以"落叶归根"的认同模式为主。在这个时期，大多数华侨华人怀着衣锦还乡、"落叶归根"的思想，只把美国当作临时的客居地。美

---

① 请参阅李其荣：《国际移民与海外华人研究续篇》，武汉：湖北人民出版社，2013年版；李其荣、姚照丰：《美国华人新移民第二代及其身份认同》，载《世界民族》，2012年第1期，第52—59页；潮龙起：《美国华人史（1848—1949）》，济南：山东画报出版社，2010年版；潮龙起：《移民史研究中的跨国主义理论》，载《史学理论研究》，2007年第3期，第52—63页；潮龙起：《跨国华人研究的理论和实践——对海外华人跨国主义研究的评述》，载《史学理论研究》，2009年第1期，第95—106页；潮龙起：《美国华人研究理论范式的变迁》，载《史学理论研究》，2010年第3期，第110—118页；周聿峨、代帆：《全球化进程中海外华人的文化认同》，载郝时远主编：《海外华人研究论集》，北京：中国社会科学出版社，2002年版；吴前进：《美国华侨华人文化变迁论》，上海：上海社会科学院出版社，1998年版；吴前进：《冷战后海外华人的民族主义：以美国华人为例的跨国主义视角分析》，载刘宏主编：《海洋亚洲与华人世界之互动》，新加坡：华裔馆出版社，2007年版；张传明：《冲突、调适与融合：美国华人认同变迁（1849—1979）——以加州华人为中心的研究》，暨南大学硕士论文，2006年；陈奕平、朱磊：《美国华人的多元认同及中国民众的反应——以骆家辉为例的分析》，载《暨南学报（哲学社会科学版）》，2012年第10期，第27—32页。

国主流社会也认为华人顽固保持着"古怪"的中国传统文化特性和对中国的忠诚感,并永远游离于美国主流社会之外,是美国社会中的"不可同化者"和"他者"。因此,学界的基本共识是:早期的美国华人主要是"侨居者"(sojourner),中国的家乡认同和忠诚感是其身份认同的主要类型。第二个时期是二战后,主要以"落地生根"的认同模式为主。在这个时期,由于当时中美两国的社会和政治情况发生变化,很多美国华人主动寻求融入主流社会,努力争取平等的种族地位和公平的社会待遇,他们的身份认同也随之逐渐转变,"华裔美国人"(Chinese Americans),或简称"华美",成为大部分人的身份标签。

很多学者认为,二战是上述两个时期的连接点,即是美国华人身份认同的转变时期。"美国华人研究之父"麦礼谦所著的《从华侨到华人:二十世纪美国华人社会发展史》一书就是讲述这段历史的经典之作。在书中,麦礼谦写道:"在第二次世界大战前,美国华人遭受社会歧视,为了捍卫并促进本身生存的权益,他们不得不团结起来。这种团结行动往往是以种族认同感作维护。'大家都是唐人'是一句当时常听见的口头禅。"二战后,由于华人中产阶层人数的增加和经济力量的增长,加上20世纪50年代末60年代初民权运动的影响,美国华人逐渐认识到自己是美国民族的一部分,从而开始把美国当作自己的国家。而这种思想在出生于美国的一代华人身上尤为浓厚。因此,美国华人的心态由"落叶归根"发展到"落地生根":他们由"旅美华侨"演变为"华裔美国人"。[①]

本森·童(音译,Benson Tong)在《华裔美国人》(*The Chinese Americans*)一书中也认为二战是美国华人身份认同的转变时期。二战前,美国的华裔青年陷入身份认同的困境和就业的"死胡同",但二战的爆发改变了他们的命运。由于华人在二战期间的积极参军以及在军事工业和相关行业中所作出的杰出贡献,也由于当时中美两国的政治

---

① 麦礼谦:《从华侨到华人:二十世纪美国华人社会发展史》,香港:三联书店(香港)有限公司,1992年版,第469页。

军事合作，美国的主流社会逐渐改变了对华人的看法和态度。大社会的接纳和本身受过的美国教育使很多华裔青年完全认同美国。二战后复杂的政治经济局势更使美国华人的身份认同趋向复杂化。①

对于不同历史时期美国华人的身份认同类型，王灵智教授作出了较好的归纳。他认为历史上美国华人存在着五种不同的身份认同类型：第一种是19世纪中期以来就一直存在着的美国主流社会的观点，即华人移民是"外国人"或"落叶归根"的"侨居者"类型。第二种是完全同化的"斩草除根"类型。这种认同类型始于20世纪初的华裔青年当中。一些华裔青年由于其成长过程中所受的美国学校教育和基督教会的影响，开始厌恶父母的文化和传统的习俗，认为中国文化代表着落后与压迫。于是，这些华裔青年尽力远离唐人街，拒绝中国文化，追求美国白人同伴的生活方式，参加白人的活动和教会等。但是由于美国社会的种族歧视，这些华裔青年往往会为自己无法成为真正的美国人而产生绝望的心理和身份认同的危机。第三种是调整适应后的"落地生根"类型。1949年以后，由于政治和社会原因，很多华人被迫改变他们的"侨居者"心态和生活方式，努力融入美国社会，成为美国社会的组成部分。第四种类型是"寻根问祖"的认同模式，它产生于20世纪六七十年代的美国民权运动，是美国少数族群寻求族裔骄傲感和族裔意识的体现。第五种类型是"失根群族"，这种类型主要是指那些非法移民、政治逃犯等。由于种种不同的原因，这些中国人留在了美国，他们可能永远都无法回中国探亲或工作，因此永远失去了自己的"根"。②

宋李瑞芳在《美国华人的历史和现状》一书中也列举了四种不同的身份类型：转化、走出、休戚相关和"侨居者"。她指出："生活在美国的华人心里将永远怀念自己的祖国，但这不等于说他们对美国缺

---

① Benson Tong, *The Chinese Americans*, Westport: Greenwood Press, 2000, pp.69-71.
② L. Ling-chi Wang, "Roots and the Changing Identity of the Chinese in the United States", *Daedalus*, Vol.120, No.2, 1991, pp.181-206.

少忠心或爱国精神……他们正在加入到美国生活的主流中来。"① 周敏也在《唐人街——深具社会经济潜质的华人社区》一书中指出，早期的美国华人主要是"苦力"和"临时侨居者"，他们都只是梦想着衣锦还乡，"根本不想被同化"，而1965年以后到达美国的新移民大多相反，"他们一到达美国，就力图马上同化进美国的主流社会，想实现美国梦"。②

关于20世纪80年代以后的美国华人新移民的身份认同，有些学者侧重于强调其"落地生根"的努力及其身份认同的不同类型和复杂性，有些学者则指出美国华人不断增强的族裔认同和文化自信。例如，在《族裔性与企业家精神：旧金山湾区的华人新移民》（*Ethnicity and Entrepreneurship: the New Chinese Immigrants in the San Francisco Bay Area*）一书中，华裔学者王保华教授以旧金山湾区的华人新移民为对象，重点研究新移民怎样运用族裔资源和个人资源去实现在美国的经济适应。他认为，移民为了解决在美国定居时所面临的问题，主动运用他们的非经济资源，即家庭、亲属、社区和文化价值观等资源去跟大社会的经济环境互动。族裔文化以前被认为是阻碍移民（向上）经济流动和高度融入主流社会的"包袱"，现在却是一种非常有用的资源。他指出，在旧金山湾区的华人新移民中，至少存在着四种主要的适应类型：第一种是完全同化（西化）类型；第二种是混杂类型（既保持中国文化的人文或人情思想，又吸收了美国的实用主义、技术和民主）；第三种是保持中国文化和认同类型；第四种是与海外华人交往，但对亚洲和族裔身份不关心。第一种类型的移民只有少数，大多数移民属于第二种类型，而第四种类型的移民主要是为了生活而疲于奔波的水手、学生和商人等。王保华教授指出，"落地生根"是大部分移民的梦想，

---

① 宋李瑞芳著，朱永涛译：《美国华人的历史和现状》，北京：商务印书馆，1984年版，第271页。
② 周敏著，鲍霭斌译：《唐人街——深具社会经济潜质的华人社区》，北京：商务印书馆，1995年版，第108页。

而全球经济的转型、美国经济的衰退和华人事业发展中的"玻璃天花板"导致一部分人的跨国活动和回归中国。①

王保华教授在对加州硅谷从事信息产业的专业技术华人进行了深度访谈和观察后,在《硅谷中的华人:全球化、社会网络和族裔身份》(*The Chinese in Silicon Valley*:*Globalization*,*Social Networks*,*and Ethnic Identity*)一书中进一步阐述了之前提出的观点:大部分的华人移民并没有持多国护照,既没条件也没打算拥有双重国籍。相反,他们坚持不懈地为在经济、政治、社会、文化方面融入当地主流社会而努力着,大部分人都想"落地生根",都想尽快融入或同化于美国主流社会。虽然在经济全球化的过程中、在世界经济秩序的重建中,有些华人移民加强了与中国国内的联系,并实践着经济、文化、社会方面的跨国活动,但他们的跨国活动主要是为了更好地融入当地主流社会、实现在美国社会的向上流动而采取的一种手段和策略,即他们的跨国活动并不是出于对祖籍国的认同,而是为了自身在美国的生存和发展。在文化认同方面,王保华教授认为,在美国多元的社会文化语境中,华人的文化保持丰富了美国当代的多元文化生活。而这种文化保持不能与分裂的忠诚感混为一谈。因此,美国华人与其他族裔一样,都应该属于地地道道的美国人。另外,由于硅谷华人来源地的复杂性和多样性,很多华人并不参与中国国内的政治活动,甚至刻意保持与中国的政治距离。但是,为了自身的利益,他们对美国的政治参与却比较热心。②

邝治中教授(Peter Kwong)和夫人米塞耶维奇(Miscevic)合著的《美国华人:美国最悠久新社区不为人知的故事》(*Chinese America*:*The Untold Story of America's Oldest New Community*)一书对美国华人150年的历史作了详尽细致的描述。他们特别指出,20世纪80年代以来,

---

① Bernard Wong, *Ethnicity and Entrepreneurship*:*The New Chinese Immigrants in the San Francisco Bay Area*, Boston:Allyn and Bacon,1998,pp.105-110.

② Bernard Wong, *The Chinese in Silicon Valley*:*Globalization*,*Social Networks*,*and Ethnic Identity*, Lanham:Rowman and Littlefield,2006,pp.219-221.

由于美国华人人数的增加和中国经济力量的增强,美国华人的文化自信和文化认同也随着增强。在华裔大学生的要求和华人移民的"游说"下,美国许多大学纷纷开设亚裔研究课程,中文也成为很多学校的选修课,专门针对亚裔人的文化产品如报纸、杂志、电影、音乐等也得到迅速的发展和普及。①

由于亚裔在美国是一个种族类别,也由于其相近的历史、文化和社会地位,很多学者把亚裔作为一个群体进行研究。例如,菲利普(Philip)在《美国的亚洲移民》(*Asian Immigration to The United States*)一书中,从文化、社会经济、结构、族际通婚、自我认同、政治参与等方面对美国的亚裔新移民进行数据和资料分析,得出的结论是古典的同化理论和"大熔炉"理论都不太适合这些亚裔移民和其后代,"分层同化"理论和新同化理论在某些方面比较适用,而多元文化理论是最具有解释力的理论。作为亚裔美国人中最大的一个群体,美国华人复杂多重的身份认同可见一斑。②

威廉(William)在《美国亚裔人运动》(*The Asian American Movement*)一书中讲述了20世纪60年代末到90年代初美国亚裔人的"种族意识运动"。威廉指出,这场运动主要是中产阶层亚裔人为了争取种族平等、社会公平和政治权益而发起的改革运动。这些土生土长的亚裔人虽然已经完全同化于美国的主流文化中,但仍然被认为是"不可同化的侨居者"。因此,他们团结起来,重新解读祖先的历史,反抗美国社会强加于他们身上的"刻板形象",建构集体的亚裔文化和黄种人的族裔意识,发展起独特的亚裔人身份认同。③

总的来说,以上的文献研究主要对美国华人的历史或现状进行了

---

① Peter Kwong and Dusanka Miscevic, *Chinese America: The Untold Story of America's Oldest New Community*, New York: The New Press, 2005, pp. 273-281.

② Philip Q. Yang, *Asian Immigration to The United States*, Cambridge: Polity Press, 2011, pp. 229-230.

③ William Wei, *The Asian American Movement*, Philadelphia: Temple University Press, 1993, p. 1.

民族志式的详细描述,大致上属于美国族群研究中的一个分支,其研究内容主要是华人在美国的活动和社会文化适应形式,其研究视角都是以美国为中心的居住国视角,体现了"国家中心论"(nation-centered)的特征。值得注意的是,在这些文献中,关于美国华人身份认同的叙述部分往往只占了一小节或只是分散在各个章节中的寥寥几笔而已。

2. 跨国视角

(1) 国际移民研究

在国际移民学界,移民研究的传统理论模式是以居住国为视角的同化和多元文化理论,但到了20世纪90年代,随着全球政治经济秩序的转型,美国的人类学者开始关注在祖籍国和居住国之间频繁往返的移民,并开创了国际移民的研究新框架——移民跨国主义理论(immigrant transnationalism)。移民跨国主义研究是一个范围广泛、领域众多的跨学科研究。

移民跨国主义研究的先驱者是美国人类学家巴斯、席勒(Schiller)等。在学术专著《无边界的国家:跨国项目、后殖民困境和"去地域化"的民族国家》(*Nations Unbound: Transnational Projects, Postcolonial Predicaments and Deterritorialized Nation-States*)和多篇学术论文中,他们从家庭网络、移民经济和族裔社团三个层次出发,对美国加勒比海岛国和菲律宾移民进行了研究。结果表明,相当一部分的国际移民并不属于传统意义上的"连根拔起"者,相反,这些移民是"脚踏两只船"的"跨国移民"。他们指出,这些跨国移民并不是"侨居者",因为他们已经在美国安居乐业,并在经济、政治和社会等方面都融入了美国的主流社会。但是,他们仍然和祖籍国保持着多层次、多方面的联系,并且通过这种多维的联系,把祖籍国和居住国紧密地连成了一个跨国社会场。因此,席勒等人提出了移民跨国主义的研究新框架和

"跨国主义"的概念。①

美国社会学家波特斯（Portes）是促使移民跨国主义理论得以迅速发展的关键人物。波特斯在几篇文章中都指出了跨国主义视角在移民研究中的重要作用，并通过实证调查修改和完善席勒等人提出的跨国主义定义。波特斯的研究还涉及纽约和洛杉矶等地的新唐人街和华人"太空人"的跨国活动。除了对跨国主义概念的修改和限定外，波特斯还把跨国主义分为三类：经济、政治和社会文化的跨国主义。总之，由于波特斯在美国社会学界的重要地位，他对跨国移民的讨论和关注大大地推动了跨国主义理论的发展和运用。②

德国学者沃托维克（Vertovec）是推动移民跨国主义理论发展的另一个重要人物。在《跨国主义》（*Transnationalism*）一书中，沃托维克教授把移民跨国主义细分为六种含义：一是作为一种跨界的社会形态，散居族裔是这种跨国主义形态的典型范例，跨国网络（人际关系体系或结构）是其显著特征。通过一系列跨界的社会组织、流动和通信模式，古老的散居群体成为今天的"跨国社团"。二是作为一种具有双重或多重身份认同的意识类型，描述个体"去中心"以及"既此又彼"的归属意识。三是作为一种相互渗透和混合的文化繁殖模式，常常与

---

① 请参阅 Linda basch, Nina Glick Schiller and Cristina Szanton Blanc, *Nations Unbound: Transnational Projects, Postcolonial Predicaments and Deterritorialized Nation - States*, Amsterdam: Routledge, 1993; Schiller Glick Schiller, Linda Basch and Cristina Szanton Blanc, "From Immigrant to Transmigrant: Theorizing Transnational Migration", *Anthropological Quarterly*, Vol. 68, No. 1, 1995, pp. 48-63; Schiller Glick Schiller, Linda Basch and Cristina Szanton Blanc, "Transnationalism: A New Analytical Framework for Understanding Migration", *Annuals New York Academy of Sciences*, Vol. 645, No. 1, 1992, pp. 1-24; Peggy Levitt and Nina Glick Schiller, "Conceptualizing Simultaneity: A Transnational Social Field Perspective on Society", *International Migration Review*, Vol. 38, No. 3, 2004, pp. 1002-1039。

② 请参阅 Alejandro Portes, "Conclusion: Theoretical Convergencies and Empirical Evidence in the Study of Immigrant Transnationalism", *International Migration Review*, Vol. 37, No. 3, 2003, pp. 874-892; Luis Eduardo Guarnizo, Alejandro Portes and William Haller, "Assimilation and Transnationalism: Determinants of Transnational Political Action Among Contemporary Migrants", *American Journal of Sociology*, Vol. 108, No. 6, 2003, pp. 1211-1248; Peter Kivisto and Thomas Faist, *Beyond a Border: The Causes and Consequences of Contemporary Immigration*, Los Angeles: Pine Forge Press, 2010。

绪　论

建构风格、社会制度和日常实践的流动性相关。混杂的文化现象体现出来的"新族裔群体"在跨国青年人中尤为明显，而全球媒体和通信是这种混杂文化和认同的重要渠道。四是作为一个跨国公司的业务和个人汇款相结合的全球资本场所，跨国企业精英成为控制全球经济的主要资产阶级，个人汇款成为很多移民输出国家的主要外汇来源。五是作为一个跨国政治参与的场所，国际非政府组织和散居群体是主要的跨国政治行为体，散居或跨国社团通过各种途径参与"祖籍国政治"。六是作为地方性的建构或重建，通过跨国社会场的建立，人与地方的关系得到了改善。①

移民跨国主义的成因与移民的身份认同息息相关。到目前为止，很多跨国主义研究者的共识是：现代通信技术的发展、越洋喷气式飞机的广泛运用和日益渗透到人们日常生活中的全球化是当代移民跨国活动和跨国认同的基础，而种族主义、国家政治和全球经济结构的转变是其形成的主要因素。例如，席勒等人在最初的文章和著作中主要从美国的种族结构、全球经济结构的重建和反抗霸权及民族国家的建设等方面进行分析。首先，由于欧美国家仍然存在种族主义，移民及其后代产生了在政治和社会中的不安全感。其次，全球经济结构的重建使移民觉得没有真正安全的地方，所以他们需要在两国或多国中建立自己安全的港湾，在全球化经济下保持开放的选择，以便把在一个国家的社会、经济、文化资本转变为在另一个国家的资本。最后，当代世界很多国家把海外移民作为建设国家的重要资源，都努力通过移民的社会连结建构移民的政治忠诚感，因此移民跨国主义得以保持和加强。②

佛伦（Fouron）通过对海地移民的深入分析，也认为美国社会的

---

① Steven Vertovec, *Transnationalism*, London: Routledge, 2009, pp. 4-13.
② Nina Glick Schiller, Linda Basch and Cristina Szanton Blanc, "Transnationalism: A New Analytical Framework for Understanding Migration", *Annuals New York Academy of Sciences*, Vol. 645, No. 1, 1992, pp. 1-24.

种族结构和种族歧视是移民跨国主义的主要原因。他指出,过去美国社会存在着的种族主义把美国人分为两种:白种人和非白种人。白种人可以合法地宣称自己是美国的主人,而非白种人的(美国人)身份常常受到质疑、对国家的忠诚感受到怀疑、获得财富和权力的渠道受到限制。1965年新的选举法实施以后,所有的美国公民都有选举权,明目张胆的种族主义变成了不同种族的"文化"问题,于是美国社会划分阶层的标准从"种族"转向"文化",不同的文化成为种族主义的幌子。而海地黑人的文化常被冠以"古怪"和"堕落"之恶名,因此,海地黑人在美国仍然是"他者"。为了赢得种族尊严和社会地位,海地黑人只好通过跨国活动,同时构建自己在美国和海地的两个家园。生活在这种跨国社会场中的海地黑人形成了复杂、多重和多样性的身份认同。因此,在美国所受到的歧视和所处的困境是海地黑人进行跨国活动的主要原因,其目的是在祖籍国建立一个安全的港湾和投资的机会。很多人都计划退休后回到海地定居。①

波特斯等人的调查则从微观和宏观两个方面,探索移民的个人因素和国家因素对跨国主义的影响。他们发现移民的教育水平、融入程度、居住时间和社会资本等都与跨国活动密切相关。该调查发现,与传统的同化理论相反,移民的教育水平越高、融入程度越深、居住时间越长、社会资本越多,他们的跨国活动就越频繁。另外,移民的种族、祖籍国的政治经济情况和居住国(美国)社会对他们的态度等都是跨国活动的影响因素。②

---

① George E. Fouron, "Haitian Immigrants in The United States: The Imagining of Where 'Home' Is in Their Transnational Social Fields", in Brenda S. A. Yeoh, Michael W. Charney and Tong Chee Kiong, eds. *Approaching Transnationalisms: Studies on Transnational Societies, Multicultural Contacts, and Imaginings of Home*, Norwell: Kluwer Academic Publishers, 2003, p. 207.

② Alejandro Portes and Min Zhou, "The New Second Generation: Segmented Assimilation and Its Variants", *Annals of the American Academy of Political and Social Science*, Vol. 530, No. 1, 1993, pp. 74-96; Luis Eduardo Guarnizo, Alejandro Portes and William Haller, "Assimilation and Transnationalism: Determinants of Transnational Political Action Among Contemporary Migrants", *American Journal of Sociology*, Vol. 108, No. 6, 2003, pp. 1211-1248.

## 绪 论

在《来自下层的跨国主义》(*Transnationalism from Below*) 一书中，史密斯（Smith）把跨国主义分为"来自上层"（from above）和"来自下层"（from below）两种。他指出，"来自下层"的跨国主义中的文化混杂、多重身份认同、边缘"他者"的跨国行为和移民企业家的跨国经济活动等，都是普通人为了挣脱"来自上层"的国家和资本的控制及支配所进行的有意识和成功的努力。①

在跨国主义的理论发展过程中，研究者们对两个问题进行过热烈的讨论。第一个问题是移民跨国主义的新旧问题。很多学者认为，虽然移民跨国主义并非全新的历史现象，但当代的跨国主义与过去的移民跨国活动存在着很大的差异。例如，莱维特（Levitt）和捷瓦斯基（Jaworsky）指出当代的跨国主义与历史上的跨国主义的几个差异：一是当代很多落后国家完全依赖海外移民的汇款和投资活动，因此这些国家通过各种手段努力保持海外移民的跨国活动。二是美国社会并不欢迎低层次的劳工移民，迫使这些没有经济安全感的劳工移民进行跨国活动，以寻求经济安全；而专业技术移民拥有人力和文化资本，因此主动利用两国的资源进行跨国活动。三是全球化时代下的"时空压缩"和通信技术革命使当代的跨国活动和交流更加地方便快捷。②

波特斯也在《结论：移民跨国主义研究中的理论集聚和实证数据》("Conclusion: Theoretical Convergencies and Empirical Evidence in the Study of Immigrant Transnationalism") 一文中指出，移民跨国主义并非新的移民现象，但跨国主义视角是一个新的研究框架。他指出，历史上的移民虽然存在着与祖籍国的连结，但以前的移民研究和理论往往忽视了这些跨国现象。另外，运输和通信技术的发展也使当代的移民

---

① Michael Peter Smith and Luis Eduardo Guarnizo, eds. *Transnationalism from Below*, New Brunswick: Transaction Publishers, 1998, p. 5.
② Peggy Levitt and B. Nadya Jaworsky, "Transnational Migration Studies: Past Developments and Future Trends", *Annual Review of Sociology*, Vol. 33, 2007, pp. 129-156.

比过去更加容易保持与祖籍国的连结。[①]

　　沃托维克在《跨国主义》中详细地列举了移民的新旧之处。他指出，20世纪后期的移民与19世纪末20世纪初的移民具有九个相同之处和八个不同之处。这九个相同之处在于：一是亲人分居在不同的国家，但保持强烈的情感连结；二是相当一部分的移民回祖籍国或经常往返于两国之间；三是建立和保持远距离的社会网络，促进移民链的产生；四是通过信件等手段保持与祖籍国亲人的交流；五是向祖籍国的家人汇款，主要用于消费和投资；六是建立同乡会等，为家乡的建设项目筹款；七是一些移民在祖籍国和居住国都经商，有时通过进出口贸易连接两国的生意；八是很多移民保持对祖籍国的政治兴趣，包括组织政治集会、游说和资助某些政党等活动；九是一些移民输出国官方表达对其海外移民的关注。八个不同之处在于：一是现代通信技术的进步（如便捷的长途电话、传真、电子邮箱、互联网、卫星电视等）在程度、强度和速度上都极大地影响了当代移民与祖籍国的家庭、传统、机制和政治团体之间的情感纽带、归属感和忠诚感；二是当代的移民跨国主义产生于文化、经济、政治和技术方面的全球化，反之也促进了这些方面的全球化；三是在现代高速的通信技术下，海外移民经常比国内的民众更加密切关注祖籍国的事务，而定居于国内的人也经常受到移民海外的同乡或亲戚的跨国活动的影响；四是当代大规模的移民汇款产生了量和质的变化，现在很多国家的经济几乎完全依赖其海外移民的汇款；五是现代技术使移民更加广泛、密集和制度化地参与到祖籍国政治中；六是移民同乡会的数量和活动种类快速增长；七是祖籍国政府制定吸引海外移民投资的经济政策、在外国设立特别办事处为其移民福利服务、允许双重国籍等；八是当代的移民生存环境更加宽松，可以公开表现其跨国连结。因此，与过去相比，现在的

---

[①] Alejandro Portes, "Conclusion: Theoretical Convergencies and Empirical Evidence in the Study of Immigrant Transnationalism", *International Migration Review*, Vol. 37, No. 3, 2003, pp. 874-892.

移民跨国活动不再"遮遮掩掩"了。①

奇维斯托（Kivisto）和费斯特（Fasit）在《国界之外：当代移民的成因和影响》(Beyond a Border: The Causes and Consequences of contemporary immigration)一书中也指出，20世纪后期的移民与过去移民的不同之处在于祖籍国政府对海外移民的态度和做法。一个世纪前，大多移民输出国政府和文化精英们对移民的态度是敌对的，而现在的移民却往往被认为对祖籍国的经济、政治和文化有利，因此很多祖籍国政府积极鼓励移民的跨国活动。②同样，福纳（Foner）也列举出20世纪后期移民的"全新"之处：交通通信技术的发展、全球经济结构的转型、双重国籍的规定、居住国社会对移民和多样性的宽容和同情、祖籍国政府态度的转变等。③

总之，到目前为止，大多数研究者都认为当代的移民跨国活动在强度、广度、成因、影响、祖籍国政府的态度和做法等方面都与过去的移民跨国活动有着数量或本质上的差别。

第二个争论问题是跨国主义的代际问题，这个问题与移民后代的身份认同也息息相关。虽然跨国主义研究的重点对象是第一代移民，但很多学者也同时关注到移民子女的跨国活动和跨国认同。2001年，在介绍"跨国主义与认同"专刊中的九篇文章时，沃托维克对跨国主义研究存在的一些问题进行了总结，其中之一就是跨国主义的广泛性和代际性问题。沃托维克提出，在移民及其后代中，跨国主义的存在程度究竟有多大？移民子女与父母祖籍国的跨国联系有哪些？移民跨国主义是否只是"一代的现象"（one-generation phenomenon）？④

---

① Steven Vertovec, *Transnationalism*, London: Routledge, 2009, pp. 14-16.
② Peter Kivisto and Thomas Faist, *Beyond a Border: The Causes and Consequences of Contemporary Immigration*, Los Angeles: Pine Forge Press, 2010, pp. 150-152.
③ Nancy Foner, *From Ellis Island to JFK: New York's Two Great Waves of Immigration*, New Haven: Yale University Press, 2002, pp. 1-41.
④ Steven Vertovec, "Transnationalism and Identity", *Journal of Ethnic and Migration Studies*, Vol. 27, No. 4, 2001, pp. 573-582.

波特斯和伦保特（Rumbaut）于1991年至2006年的十几年间，对佛罗里达州的迈阿密地区和加州圣地亚哥地区的移民二代进行了三次纵向调查（longitudinal study），第一次是1992年对5000多名八九年级的初中生受访者的调查；第二次是三年后当这些受访者即将高中毕业时的追踪调查；第三次是十年后（2001年至2003年）对已经迈入成年期的受访者进行最后的追踪调查。虽然这些调查的主要内容是人口特征、语言使用、学习成绩、身份认同、学历、收入、配偶和政治参与等二代移民的适应和融入情况，但其中也涉及这些移民后代的跨国活动和身份认同。其调查结果表明，二代跨国主义较弱，而且族裔不同、阶层不同，情况也不同。①

李海伦（Helen Lee）对澳大利亚汤加移民的研究结果也表明移民二代虽然保持了一定的跨国连结和活动，但这些连结和活动相比他们的父母减弱了很多，跨国连结在他们生活中所起的作用也不明显。李海伦的调查发现，只有10%的受访者有较为活跃的跨国连结，60%有较弱的连结，30%几乎没有，因此李海伦把这些较弱的跨国连结称为"间接的跨国主义"（indirect transnationalism）。但是，移民或移民子女与祖籍国的连结程度要多强才能构成所谓的"跨国主义"？李海伦认为这个问题推动了学界对跨国主义类型划分的研究。移民的情感连结和象征性连结是否可以称作"跨国主义"或"跨国认同"呢？②到目前为止，学界在这个问题上仍然存在争议。

值得注意的是，移民跨国主义理论虽然刚开始是席勒和波特斯等美国学者通过对拉美移民的观察和研究而开创和发展的，但这个跨国的研究视角很快就得到了华人研究者的青睐和运用。香港、台湾等地的跨国企业家和高级专业技术人员等"太空人"，以及随之而来的华人

---

① "The Children of Immigrants Longitudinal Study（CILS）", http://cmd.princeton.edu/publications/data-archives/cils.
② Helen Lee, *Ties to the Homeland: Second Generation Transnationalism*, Newcastle: Cambridge Scholars Publisher, 2008, p. 14.

跨国家庭、"降落伞儿童"（parachute kids）等很快就成为移民跨国主义研究的典型代表。因此，20世纪90年代以来，跨国主义成为美国华人研究学界的新研究视角。

（2）美国华人的跨国主义研究

20世纪90年代以后，随着跨国主义研究的兴起，不少学者开始从双重认同和移民跨国主义的视角解读美国华人的历史和认同。很多研究既突出历史上美国华人与祖籍国家的联系和跨国经历，也强调了他们在美国的抗争活动和适应过程。由于国内学者对美国华人的跨国主义研究相对较少、起步较晚，而且大多数学者的研究兴趣主要集中在对移民跨国主义新视角的评介和理论思考上，所以本节还是主要述评国外学者的研究成果。

在《梦黄金，梦家乡——跨国主义和美国和中国南部的移民（1882—1943）》（*Dreaming of Gold, Dreaming of Home: Transnationalism and Migration Between the United States and South China, 1882 - 1943*）一书中，徐元音（Madeline Yuan-yin Hsu）讲述了19世纪末20世纪上半期美国排华运动时期广东台山移民的跨国经历。带着对家庭、家族和家乡的责任和忠诚，很多台山人在排华运动时期成功地突破美国政府的关卡，来到加州追寻美国的黄金梦。在一代又一代的台山移民中，由于美国社会的敌视和排外，很多人只能生活在男性单身汉为主的聚居区，在长时间的苦力劳动之余以赌博、嫖娼和吸鸦片为娱乐。同时，他们设法把从少得可怜的薪水中积攒下来的储蓄寄给家乡的亲人，梦想着攒足钱财回家"光宗耀祖"。根据当时美国的法律和清政府的规定，这些台山移民既"不在此处也不在彼处"，既非中国人也非美国人。然而，台山移民和在家乡的当地人，却仍然把海外的台山人当作当地的成员和宝贵的财富，他们仍然是一个整体。徐元音认为，在努力融入全球经济和劳务市场的同时，在民族主义盛行的时代中，这些台山人根据自己的理性选择，在太平洋两岸建立起一个不受地理边界和国界限制的移民社会。①

同样，在《华人的旧金山：一个跨太平洋的族群的故事（1850—1943）》一书中，陈勇讲述了1850—1943年旧金山美国华人的跨国活动历史。他指出，在这段历史时期，总体上美国华人在面临着生存和融入当地社会困境的同时，文化上继续认同中国，并通过多种途径保持了与祖籍国的紧密联系。这些与祖籍国的纽带最终成为华人移民加强自身文化认同的宝贵资源，成为他们赖以承受艰辛日常生活的希望和力量的源泉。也就是说，跨太平洋的联系增强了他们追求美国梦及公民权利的力量。②

宋静宜（音译，Jingyi Song）在《建构与重建华美认同——经济大萧条和二战期间的纽约华人》(Shaping and Reshaping Chinese American Identity: New York's Chinese during the Depression and World War II) 一书中讲述了20世纪三四十年代纽约华人双重认同的发展过程。与很多学者的观点相反，宋静宜认为，早期的很多纽约华人虽然没有在此定居的打算，但这些人对美好的新生活持开放态度，很多人都愿意在美国安居乐业。他们对美国的生活和文化有很强的适应能力。在恶劣的生存环境中，很多华人并没有与大社会隔离。相反，他们采取各种手段，反抗歧视和迫害，努力争取他们的法律地位和公民权利。《排华法案》的实施使纽约华人形成了比其他族裔更加复杂的双重身份认同，但这种双重身份认同显示出的不仅仅是华人和中国的密切联系，更重要的是他们在美国安居乐业的强烈愿望。另外，与麦礼谦等学者不同，宋静宜认为，二战期间美国华人对中国抗日战争的大力支持不仅是出于对中国的认同，还是他们作为美国人在承担维护世界和平和正义的责任，他们由此得到了其他美国人的支持和同情，从而改变了后者对华

---

① Madeline Yuan-yin Hsu, *Dreaming of Gold, Dreaming of Home—Transnationalism and Migration Between the United States and South China, 1882-1943*, Redwood: Stanford University Press, 2000, pp. 1-15.

② 陈勇：《华人的旧金山：一个跨太平洋的族群的故事（1850—1943）》，北京：北京大学出版社，2009年版，第6—8页。

人的看法。二战中美国华人对美国表现出来的忠诚感,再次反映出他们渴望成为美国人的美国认同。①

陈素贞(Sucheng Chan)编著的"美国华人研究三部曲"②中的第三部《美国华人的跨国主义——排华运动时期中美间人员、资源、思想的越洋交流》(*Chinese American Transnationalism: The Flow of People, Resources, and Ideas between China and America during the Exclusion Era*)中的八篇文章记录了美国华人在排华运动时期通过人员、经济资源和政治文化思想等方面的越洋交流与中国保持连结的不同途径。陈素贞认为,这些文章真实地反映出美国华人身份认同的复杂性和多面性,因此,美国华人的历史研究不能采取单一的理论。

另外,在《美国华人和种族文化政治》(*Chinese Americans and the Politics of Race and Culture*)一书的前言中,陈素贞指出,20世纪80年代以来,美国华人研究学界存在两个倾向——一是文化历史,二是跨国主义及散居和全球化。在美国华人研究中,文化历史一直充满争议。一派认为,华人移民永远忠诚于中国,中美两种文化都被看作单一的文化,所以不愿意或不能够被同化。另一派美国华人研究的历史学家们却反复验证说,华人移民在很多方面的确被同化了,而且他们对美国的发展作出了重大的贡献。但是,为了强调华人移民的同化,他们只能故意忽略华人对中国文化的保持和与祖籍国的联系。③

令狐萍教授编著的《亚裔美国人——新型社区的形成和边界的扩张》(*Asian America: Forming New Communities, Expanding Boundaries*)一书收纳了多篇研究美国亚裔新移民社区的佳作。她指出美国的亚裔

---

① Jingyi Song, *Shaping and Reshaping Chinese American Identity—New York's Chinese During the Depression and World War II*, Maryland: Lexington Books, 2010, pp. 9-24、115-164.

② 陈素贞编著的 *Entry Denied*(1991)、*Claiming America*(1998)、*Chinese American Transnationalism*(2006)分别从不同的角度研究美国华人的历史和认同。第一部中的八篇文章分别分析了《排华法案》对华人社区的影响、华人怎样反抗歧视和美国法律对他们的限制;第二部的文章集中讲述了华人怎样把美国当作自己的家园和努力同化为美国民族的渴求。

③ Sucheng Chan and Madeline Y. Hsu, eds. *Chinese Americans and the Politics of Race and Culture*, Philadelphia: Temple University Press, 2008, Preface, pp. 9-13.

人社区经历了从市中心的民族聚居区到文化社区的转变，提出了以社会文化边界为基础而建立的文化社区和虚拟社区理论。在该书的第二章中，刘海铭教授分析了美国华人新移民的跨国家庭模式，指出这种跨国模式是华人移民为了生存和向上的社会流动而采取的"创造性"和"适应性"策略。① 在《华人餐饮业及其文化认同》一文中，刘海铭教授认为"华人餐馆业的历史本身就是一部跨国的历史"。他说："当中餐馆、杂货店及华裔的购物中心醒目地出现并扎根于南加州的圣盖博谷地区时，华裔美国人的跨国文化认同已不再是一个抽象概念。"②

美国华人学者孔秉德和尹晓煌在他们合编的《美籍华人与中美关系》一书中指出，100多年来美国华人"建立的中美之间的跨国交往与纽带虽有变化，但却持续不断"。今天的美籍华人活动更跨越国界，遍及四方，"建成了一面多渠道，高强度的跨国关系网"。③ 该书包括了关于跨国留学生、跨国科技商务专业人员、跨国家庭、跨国文学、跨国政治、跨国传媒等人员和领域的跨国活动和跨国网络研究。

加州大学圣巴巴拉分校政治系的连培德教授（Pei-te Lien）对美国华人的跨国主义研究也作出了重要贡献。在与科里特（Collet）合编的《亚裔美国人的跨国政治》（*The Transnational Politics of Asian Americans*）一书中，连培德教授指出，美国的移民跨国主义理论主要是以拉美和加勒比海移民为研究对象，而针对亚裔移民的跨国主义研究却相对缺乏。因此，他们于2000—2001年开展了美国首项针对亚裔人政治跨国活动的综合性调查（the Pilot National Asian American Political Survey, PNAAPS）。调查结果显示，与拉美移民一样，积极参与祖籍国政治活

---

① Haiming Liu, "Ethnic Solidarity, Rebounding Networks, and Transnational Culture: The Post-1965 Chinese American Family", in Huping Ling, ed. *Asian America: Forming New Communities, Expanding Boundaries*, New Brunswick: Rutgers University Press, 2009, pp. 45–61.

② 刘海铭：《华人餐饮业及其文化认同》，载国务院侨务办公室政研司：《北美华侨华人新视角——华侨华人研究上海论坛文集》，北京：中国华侨出版社，2008年版，第39—49页。

③ 孔秉德、尹晓煌主编，余宁平等译：《美籍华人与中美关系》，北京：新华出版社，2004年版，第4页。

动的亚洲移民只占较小的比例,但大部分人对祖籍国的新闻比较关心。总的来说,那些以前在祖籍国时就比较活跃地参与国内政治、较为积极地参与亚裔政治活动,以及积极参与族裔社团的移民,在美国的政治参与也比较活跃。这个调查结果表明:移民的祖籍国政治参与和居住国政治参与可以同时共存,祖籍国的政治参与甚至可以强化其在居住国的政治参与意识。连培德教授在其他社会调查和文章中,对美国华人的族裔认同和移民来源地、跨国活动等之间的关系进行了深入的探索,并对华人的族裔认同和政治认同作出了深入细致的分析,其研究成果具有很大的启发性。①

3. 全球视角

在华侨华人研究中,采用全球视角的学者倾向于把全球的华人看作一个"去(国家)中心化"的网络或群体,其身份认同也不再局限于中国或居住国,散居、华人网络和"华人性"(Chineseness)是很多学者重点研究和讨论的问题。

杜维明教授在《文化中国——边缘为中心》("Cultural China: The Periphery as the Center")一文中,提出了"文化中国"(Cultural China)的概念。他认为"文化中国"包括三个部分:一个是中国大陆、中国台湾、中国香港,以及新加坡;一个是世界各地的海外华人社会;一个是由与中国事务相关的国际学者、学生、政府官员、新闻工作者和商人组成的国际社会,包括非华人。他认为,"文化中国"的出现显示了全球华人知识分子在种族和文化上作为"华人"的"共

---

① 请参阅 Christian Collet and Pei-te Lien, eds. *The Transnational Politics of Asian Americans*, Philadelphia: Temple University Press, 2009; Pei-te Lien, "Homeland Origins and Political Identities Among Chinese in Southern California", *Ethnic and Racial Studies*, Vol. 31, No. 8, 2008, pp. 1381-1403; Pei-te Lien, "Places of Socialization and (Sub)ethnic Identities Among Asian Immigrants in the United States: Evidence from the 2007 Chinese American Homeland Politics Survey", *Asian Ethnicity*, Vol. 9, No. 3, 2008, pp. 151-170; Pei-te Lien, "Pre-Emigration Socialization, Transnational Ties, and Political Participation Across the Pacific: A Comparison Among Immigrants from China's Mainland, Taiwan Region, and Hong Kong Region", *Journal of East Asian Studies*, Vol. 10, No. 3, 2010, pp. 453-482。

识"。在"文化中国"中,"华人"并没有地理的中心,只有共同的祖先和文化背景。在全球语境下,中国台湾、中国香港和北美洲等地的华人希望通过对共同文化的强调构建起华人的跨国网络。①

同样,刘宏教授提出了"跨界中国"(transnational China)和"跨界亚洲"(transnational Asia)的概念。他认为,居住于中国大陆、港澳台地区的中国人,以及海外华人构成了"跨界中国"。他强调,"海外华人对跨界中国的参与在人数和规模上都很有限,其活动场域主要局限于同中国相关的经济和文化领域,海外华人的政治和身份认同主要是在其各自居住的国家"②。但是,跨界亚洲具有灵活性、开放性的地理空间和文化空间,其"核心内涵是机构、群体和个人在跨越民族国家疆界过程中所形成的观念、认同、秩序、模式,以及亚洲现代性"③。

美国人类学者王爱华教授从全球政治经济结构和华人的跨国经济活动出发,探索东南亚、北美洲等地华人的文化政治和身份认同。她和诺尼尼教授于1997年合编了《无根帝国——现代华人跨国主义的文化政治》(*Ungrounded Empires: The Cultural Politics of Modern Chinese Transnationalism*)一书。在该书的前言中,王爱华和诺尼尼指出,华人身份认同的研究必须超越以地理边界为基础的社会科学理论的束缚,"领土、地区、国家、族群"等概念都属于前全球化时代(preglobal)。④ 他们认为散居华人的跨国主义产生于欧洲对中国沿海、东南亚和北美洲西海岸的殖民活动,现已与全球资本主义的文化政治、策略和网络密不可分。华人跨国主义既是一种"选择性的现代性"(alternative modernity),又是一种与灵活性相关的"第三种文化",是全球化时代

---

① Tu Wei-ming, "Cultural China: The Periphery as the Center", *Daedalus*, Vol. 134, No. 4, 2005, pp. 145-167.

② 刘宏:《跨界亚洲的理念与实践——中国模式·华人网络·国际关系》,南京:南京大学出版社,2013年版,第3页。

③ 同②,第6页。

④ Aihwa Ong and Donald Nonini, eds. *Ungrounded Empires: The Cultural Politics of Modern Chinese Transnationalism*, New York: Routledge, 1997, p. 5.

中跨国经济活动超越民族国家政治边界并渗透其中的产物。[1] 另外，当代华人的"中国性"不再是具有多少传统的中国价值观或道德，而是在全球资本和全球现代性的力量中与个人和群体之间的互动关系。王爱华和诺尼尼认为对于具有世界主义观念的后殖民主体来说，身份认同是一种政治，而不是祖先的遗产。

在另一本著作《弹性公民身份：跨国的文化逻辑》(*Flexible Citizenship: The Cultural Logics of Transnationality*)中，王爱华教授从分析香港回归前部分移民的"多护照"身份出发，指出在政治动荡、人类迁移和千变万化的全球市场中，护照所赋予的国家身份和个人认同越来越明显不同。在全球的政治经济结构中，移民日常的跨国实践和连结是具体权力语境中的一种文化政治形式。她指出，在全球化时代，政府及个人都发展了关于公民权和主权的弹性观念，作为资本和权力积累的一种策略。因此，她提出了"弹性公民身份"(flexible citizenship)的概念。在书中，她还反驳了东西文化不可逾越的观点，认为世界市场绝对可以超越，不同文明的指代物也是共同的。[2]

澳大利亚华裔学者洪宜安(Ien Ang)的《论不说中文——生活在亚洲和西方之间》(*On Not Speaking Chinese: Living Between Asia and the West*)一书是在全球化时代背景下探讨海外华人身份认同问题的论著。他认为，"混杂性"(hybridity)是理解后现代社会中华人的关键，在混杂的全球化背景下，华人和非华人并没有僵硬或一成不变的区分。[3]

美国华裔学者泽格特(Ziegert)在《中国文化的全球空间》(*Global Spaces of Chinese Culture*)一书中对美国和德国的华人社团文化和华人的身份认同进行了比较，从"全球景观"的视角探索散居华人的文化，

---

[1] Aihwa Ong and Donald Nonini, eds. *Ungrounded Empires: The Cultural Politics of Modern Chinese Transnationalism*, New York: Routledge, 1997, p. 11.

[2] Aihwa Ong, *Flexible Citizenship: The Cutural Logics of Transnationality*, Durham: Duke University Press, 1999, pp. 1–26.

[3] Ien Ang, *On Not Speaking Chinese: Living Between Asia and the West*, London: Routledge, 2001, pp. 193–201.

指出散居华人文化和身份认同的"去（国家）中心化"、建构性、流动性和多重性。

4. 文献评析：问题与不足

总而言之，无论是以美国为中心的居住国视角，以跨越两国社会文化的跨国视角，还是以散居及华人网络为基础的全球视角，上述文献既使我们能够更加全面地了解历史和现实中的美国华人，又为我们研究美国华人的身份认同提供了宝贵的方法和借鉴。本书的研究就是建立在前人这些宝贵的研究成果之上的。然而，就当代美国华人的身份认同研究来说，仅仅从居住国的视角对其进行分析和研究难免过于片面和狭隘，因为从这种研究视角出发，美国华人复杂的身份认同就被缩减为"非此即彼"的国家认同。而全球视角又似乎忽略了民族国家在现阶段的地位和作用，并有夸大"单一的华人散居者"认同之嫌。① 因此，相比之下，以跨国主义的视角研究美国华人的身份认同应该是比较客观和全面的方法。但是，由于移民跨国主义理论仍处于发展完善的阶段，也由于其在多学科多领域的广泛运用，到目前为止，移民跨国主义研究仍然存在以下几个问题，这些问题也是当代美国华人身份认同研究中的问题：

（1）跨国认同研究相对不足，跨国认同的涵义仍然模糊不清

在跨国主义理论的建构过程中，移民的跨国活动和跨国连结等表面现象是众多学者的关注焦点，而较深层次的移民身份认同却往往被忽略。学者们就移民跨国主义的新旧问题展开了激烈的讨论，但他们往往忽略了一个重要方面：以前的移民更多是被动移民，加上当时社会的相对封闭和人们思想的相对落后，排外思想和种族主义较为严重，所以以前很多移民都保持着祖籍国认同，"落叶归根"的心态较为普遍。而现在，随着社会的开放和人们思想的进步，很多移民早已不再固守一地，"择良木而栖之"的实用主义心态更为普遍。因此，跨国认

---

① 王赓武：《单一的华人散居者？》，载刘宏、黄坚立主编：《海外华人研究的大视野与新方向——王赓武教授论文选》，美国新泽西：八方文化企业公司，2002年版，第3—21页。

同应该是当代移民跨国主义的一个重要组成部分,而且是最能体现跨国主义是一种新型理论框架的一个方面。遗憾的是,与经济、政治、社会、文化等移民跨国活动的研究相比,主观意识上的移民跨国认同研究远远不足,很多文献对其往往只是一笔带过。

到目前为止,由于研究的不足,跨国认同的概念仍然模糊不清,指代不明。例如,沃托维克虽然提出了作为双重或多重身份意识的跨国主义含义,但没有对这种身份意识进行深入的分析和研究。在他看来,这种双重身份认同就是一种"散居意识",是一种"远离祖国的去(国家)中心化的归属感",是"既在此又在彼"的双重或多重身份认同。但是,这些多重身份认同究竟有什么内容?它是在国家的横向维度上对祖籍国和居住国的双重忠诚感和归属感,还是在个体的纵向维度上拥有不同内容、不同层次的认同感呢?沃托维克并没有进一步的说明和分析。因此,本书拟通过对圣地亚哥和波士顿华人的个案研究,试图进一步探索移民身份认同的主要内涵、本质特征和建构因素。

(2)边界和"国家中心论"问题

跨国主义理论的一个基本观点认为,社会、国家、文化和身份认同等社会科学单位并非固定不变、界限分明,"国家中心论"是其主要批判的一个概念。然而,在分析移民的跨国身份建构中,很多研究者更多地关注现代科技的进步和国家社会政治情况的变化,而对全球化时代下各种领域的边界变化分析不够,他们对这些不同边界的纵向发展较少进行深入的解剖,也往往忽视了各种边界的变化在构建移民身份认同方面的共同作用。另外,"跨国认同"(transnational identity)这个称谓仍然体现了"国家中心论"思想的残留。不可否认,在目前阶段,国家政治和国家忠诚感仍然在现实中占有至关重要的地位,但是,移民的身份认同并不仅仅是政治性的国家认同。相反,在全球化时代,人们的主观认同更受到全球社会、文化和经济等其他因素的影响。因此,综合考虑全球时代社会、文化、经济等边界变化对国际移民身份认同的建构作用,本书认为"跨界认同"(transboundary identity)的提法可能会更加恰当。

(3) 个案研究的对象与选取问题

在移民跨国主义的实证研究中,波特斯等人针对新移民和二代移民进行了两次大规模的社会调查,其研究方法和研究成果具有非常重要的参考价值。但遗憾的是,在这两次大规模的调查中,主要的受访者是加州的墨西哥移民、北加州的印度移民和迈阿密的加勒比海移民,而华人移民和华裔受访者的比例很小。因此,本书的个案研究在一定程度上补充和丰富了移民跨国主义的案例分析。

王保华教授的研究为本书的研究作了较好的铺垫和指导。他的研究对象是20世纪八九十年代北加州硅谷地区的华人专业技术移民,而本书的研究对象是21世纪美国西南部加州圣地亚哥和东北部大波士顿地区的华人专业技术移民和华裔大学生,因此本书的个案将是美国华人研究的有力补充。另外,在王保华教授的研究中,其基本的理论观点还是"同化"的视角,其关注点还是强调华人移民如何利用族裔资源和族裔文化在美国的生存和发展。然而,自20世纪末以来,国际形势发生深刻复杂变化、中美两国经济发展水平和政治地位发生变化,融入美国主流社会和成为美国人是否还是21世纪美国华人所关心的主要问题?这是王保华教授的研究带给本书的新问题。

最后,对当代华人跨国主义的研究中,频繁跨越国界的"太空人"或"降落伞儿童"往往是学者的关注对象。然而,这些具有"弹性公民身份"的跨国移民在当今世界的移民人口中究竟占有多大的比例?其实,除了成功的商人、跨国公司的高层经理或各行业的明星等富裕精英阶层外,大部分的普通移民并没有足够的资源和条件拥有多国护照或以多国为家。相反,虽然很多移民可能在思想或认同上具有高度的流动性,但大多数人还是属于在一地工作或安家的"定居者"(settler)。因此,本书选取了第一代移民中的华人专业技术移民和代表移民后代的华裔大学生,试图为美国华人的身份认同研究提供更加具体和更具代表性的案例分析。

## 四、研究方法、全书框架、创新与不足

### 1. 研究方法

本书采取实证研究和文献资料研究相结合的研究方法。在实证研究中,本书采用国际移民研究领域中最受认可的混合性研究方法(mixed method),即定量的问卷调查法和定性的深度访谈法(in-depth interview)相结合的方法。由于条件的限制,本书的问卷调查采用目的性抽样(purposive sampling)和方便抽样(convenience sampling)的方法。在2012—2013年加州圣地亚哥的一年田野调查中,作者选取圣地亚哥市区最大的华人教会——西区主恩堂作为第一代华人移民的主要调查场所。该教会临近加州大学圣地亚哥分校,因此聚集了较多的华人专业技术移民。鉴于美国的华人教会主要是华人进行交流和聚会的文化场所,因此本书假设在这样的场所能够集中接触到更多、更广泛的华人移民。二代及以上华裔的主要调查场所为作者访学的加州大学圣地亚哥分校。该大学一向注重学生种族来源的多样化,2011年该校的亚裔学生高达48.4%,总数达到11 151人,是最大的一个族裔群体。白人本科学生为5 584人,只占24.2%。墨西哥裔本科学生占12.1%,有2 787人。90.4%的学生是加州本地的学生。[①] 作者发放问卷的场所主要是学校校园、中文课堂和华裔大学生协会的聚会等(调查问卷见附录1、2)。[②]

---

[①] 数据来源于加州大学圣地亚哥分校学校官网,http://www.ucsd.edu。

[②] 本调查问卷设计的主要参考文献请参阅 Nan M. Sussman, *Return Migration and Identity—A Global Phenomenon, A Hong Kong Case*, Hong Kong: Hong Kong University Press, 2011; Irene Persky and Dina Birman, "Ethnic Identity in Acculturation Research—A Study of Multiple Identities of Jewish Refugees from the Former Soviet Union", *Journal of Cross Cultural Psychology*, Vol. 36, No. 5, 2005, pp. 557-572; Dina Birman and Edison J. Trickett, "Cultural Transitions in First-Generation Immigrants: Acculturation of Soviet Jewish Refugee Adolescents and Parents", *Journal of Cross-Cultural Psychology*, Vol. 32, No. 4, 2001, pp. 456 – 477; Declan T. Barry, "Development of a New Scale for Measuring Acculturation: The East Asian Acculturation Measure (EAAM)", *Journal of Immigrant Health*, Vol. 3, No. 4, 2001, pp. 193 – 197; Antony D. Ong, Thomas E. Fuller-Rowell and Jean S. Phinney, "Measurement of Ethnic Identity: Recurrent and Emergent Issues", *Identity: An International Journal of Theory and Research*, Vol. 10, No. 1, 2010, pp. 39 – 49; Jessica Dere and Andrew G. Ryder, "Bidimensional Measurement of Acculturation in a Multiethnic Community Sample of First-Generation Immigrants", *Canadian Journal of Behavioral Science*, Vol. 42, No. 2, 2010, pp. 134-138。

此外，在圣地亚哥和波士顿两年的田野调查中，作者还采用了人类学和族裔研究的常用方法——田野调查法（field study），包括亲身观察和资料收集等。亲身观察又包括了作者的亲身参与和旁观者观察，即作者以参加者或旁观者的身份，亲身参加或观察教会、华人专业技术移民团体和华裔大学生团体的活动和聚会，并与其中的一些个人密切交往，深入了解他们的工作、生活和家庭，收集到一定数量的第一手资料。

在加州圣地亚哥的一年田野调查中，① 作者收集到200多份调查问卷，其中针对华裔大学生群体的问卷有172份，针对华人专业技术移民群体的问卷有87份。对30多名华人专业技术移民和华裔大学生正式深度访谈，并做了多个非正式访谈、谈话和亲身观察的记录。对调查问卷的数据分析，本研究采用SPSS统计软件对数据作频率和相关性等统计分析法。对于正式访谈所收集到的录音文本，② 作者逐字逐句地听写下来（并对华裔大学生的英文话语进行翻译），然后根据访谈问题和主题对这些文本进行归纳分析。③

在波士顿的一年田野调查中，④ 作者广泛走访波士顿市中心的唐人街、昆西市的华人聚居区和摩顿市的华人社区，亲身观察和参加这些地区的华人活动和聚会，并对一些华人社团的侨领、成员和华裔二代进行了深度访谈，收集到范围更加广泛、代表性更强的第一手田野调

---

① 在国家留学基金管理委员会青年骨干教师出国进修1:1配套项目的资助下，作者自2012年2月至2013年1月赴美国加州大学圣地亚哥分校的移民比较研究中心进行为期一年的访学和田野调查活动。

② 作者对华人专业技术移民的访谈都是采用中文普通话，而对华裔大学生的访谈主要使用英语，只有一两名华裔大学生选择用普通话和作者交流。

③ 本次调查项目通过加州大学圣地亚哥分校人类研究保护项目（Human Research Protection Program，HRPP）中心的审核和批准，项目名称为："美国华人的跨国认同研究"（A Study on the Transnational Identities of Chinese Americans），项目号为：121581SX。此项目得到移民比较研究中心主任 John Skrentny 教授、副主任 David Fitzgerald 教授的悉心指导和无私帮助，特此致谢！

④ 在国家留学基金管理委员会青年骨干教师出国进修1:1配套项目第二次资助下，作者自2018年9月至2019年8月再次赴美国波士顿大学人类学系进行为期一年的访学和田野调查活动。

查资料。在一年的田野调查中，作者共参加了30多次华人团体的活动，并做了详细的观察记录；对20多位第一代华人移民和10位华裔二代进行了深度访谈，正式访谈进行了录音，非正式访谈一般只做笔录。访谈结束后，作者都对录音或笔录文本进行了及时的整理和归纳。

此外，鉴于油管（Youtube）和微信等网络平台的迅速发展和普及，作者在波士顿调查期间有目的性地浏览油管上的华人身份认同相关视频及其下方的评论，并通过当地华人的推荐加入波士顿地区的几个华人微信群，密切关注微信群中华人成员的交流信息，并及时截屏和保留一些与本研究相关的信息，以补充实地调查和面对面访谈数量的不足。

在文献资料研究中，本书除了收集历史、政治、社会、经济、人类学和文化研究等各门学科相关的学术文献外，还收集了中美两国的一些中文网站和报纸上的相关报道和文章。在美国两年的访学时间里，作者经常阅读《侨报》《圣地亚哥日报》《星岛日报》《舢板》等中文报纸，登陆"未名空间""文学城"等中文网站，并关注波士顿当地一些华人组织的微信公众号，以浏览相关信息和内容，广泛收集相关一手资料。

2. 全书框架

本书的绪论部分先提出问题，阐述本研究的现实意义和理论意义，指出个案研究价值，然后进行相关文献的述评，说明全文的框架和创新不足之处，最后是对重点概念的界定。

第一章通过理论分析和实证调查，从边界视角解构移民身份认同的"有界""无界""跨界"。第一节分析传统的"容器"身份认同模型：同化、多元化和涵化理论。第二节分析"去地域化"模型下的散居、世界主义和跨国主义理论。第三节以圣地亚哥和波士顿的两个华人群体为例，通过田野调查，解构受访华人身份认同的内涵和特征，探索其身份认同的"有界"与"无界"，提出"跨界认同"的概念。本节指出，受访华人群体的跨界认同至少包括三个重要的组成部分：

原生性和建构性的族裔认同（中国人认同）、政治性和社会性的国家认同（美国认同），以及开放性和混杂性的文化认同。因此，受访华人群体的跨界认同是一个多重认同内容并存的有机结合体。本节的最后指出跨界认同对美国华人身份认同研究的意义。

本书的第二、三、四章同样以"边界"为线索，分别从社会、文化和经济等宏观维度研究美国华人跨界认同的建构和特征。第二章从社会边界的维度出发，论述社会边界的拓展与跨界认同的建构。第一节指出人类实体社会边界是从民族国家到后民族社会和世界公民社会的拓展过程，而网络社会和跨国社会两种虚拟的社会形式也极大地拓展了人类社会的边界。第二节分析美国华人社会的拓展和跨界认同的建构。本节指出，美国东西两岸的华人社会同样由实体社会和虚拟社会组成，实体社会包括美国大社会和华人社会，虚拟社会则包括网络通信社会和跨国社会。这些不同层次的社会共同作用着美国华人跨界认同的建构。

第三章从文化的维度出发，分析世界文化边界的逐渐模糊与跨界认同的建构。第一节先分析全球化时代下的文化趋同与文化认同的关系，接着对中美两国的文化特征进行分析，指出中美两国的文化边界同样正在模糊。本节指出，当代美国文化的主要特征是多样性和多元化，而中国文化也具有多元一体和兼容开放的本质特征，这是美国华人跨界认同建构的文化因素。第二节从圣地亚哥和波士顿的华人社区文化、华裔大学生的社团文化和家庭文化等层面分析其混杂双重、开放兼容的认同特征，指出其"购物车"式的文化实践和认同也是其跨界认同的体现。

第四章从经济的维度出发，分析国家间经济边界的开放与跨界认同的建构。第一节简述经济全球化的事实和国家经济边界的开放，并阐明经济边界的开放与国际移民的关系。第二节具体分析美国华人在中美经济边界中的活动与跨界认同的建构。本节指出，中国经济实力的增强是影响美国华人中国认同的一个新变量，然而，美国华人日益增多的经济跨界活动也并非就是其中国认同的表现。本节分析了移居美国、回归中国、跨国活动和"留守"美国这四种跨界经济活动，指出这些跨界活动中所包含的美国认同和中国认同成分和谐共存及经济实用主义的特征，从而再次论证了美国华人跨界认同的主要内容和基本特征。

本书的余言部分简单讨论跨界认同建构中的几个微观制约因素：阶层、地区因素和个体差异。首先，在阶层因素方面，跨界认同模型主要适用于知识分子和精英阶层的移民和受到良好教育、社会文化资本较强的移民后代，如大学生群体等。而对于社会下层的美国华人，如非法入境的劳工或者在唐人街等族裔"飞地"工作生活的下层工人，由于其教育、经济和社会文化资源相对缺乏，因此跨界认同模型对其适用程度有待后续研究的证明。其次，移民接收地区的差异也是制约移民跨界认同构建的重要因素。在种族结构较为多样、文化较为多元的地区，如美国加州和波士顿地区，移民的跨界认同就容易形成。最后，由于人类认同的主观性和复杂性，移民个体的差异，如性别、性格、个人经历等也在很大程度上制约着跨界认同的建构。

3. 创新与不足

本书以美国圣地亚哥和波士顿地区两地的华人群体为个案，从边界的视角研究当代美国华人的跨界身份认同，旨在加深人们对美国华人身份认同的理解，并进一步探索和发展国际移民理论研究。

本书认为，国际移民学界对移民的跨国活动和跨国认同研究较多，但从边界的视角研究国际移民的身份认同，并综合社会、文化、经济等宏观因素探讨其成因的研究不多。通过理论分析和实证调查，本书认为"跨国认同"的概念相对局限，它体现出"国家中心论"思想的残留和国家认同在移民研究中的中心地位。因此，本书提出"跨界认同"概念，认为它是一种涵括族裔认同、国家认同和文化认同等不同内容的有机结合体，是社会、文化和经济等各种宏观因素共同建构的结果。归纳起来，本书具有以下三个方面的创新意义：

第一，采用社会学科的"边界"视角探索当代美国华人身份认同的主要内涵、基本特征和宏观建构因素，在研究视角方面具有一定的创新意义。

第二，以第一手的田野调查资料为基础，以个案研究的方法，提出"跨界认同"的概念，以纠正移民"跨国认同"概念中的"国家中心论"思想，在国际移民理论研究方面具有一定的创新意义。

第三，本书认为美国华人的跨界认同是一种涵括族裔认同、国家认同和文化认同等不同内容的有机结合体，具有混杂性、情景性、实用性和工具性的基本特征。这个综合性的研究结论反驳了某些民众和学术界人士对海外华侨华人身份认同的片面观点，在研究内容方面具有一定的创新意义。

本书主要存在两个不足之处。第一，作者在美国圣地亚哥和波士顿各进行了一年的田野调查，收集到了一定数量的第一手资料，但因为在国外进行问卷调查和深度访谈等实证研究的难度和研究资金的问题，导致调查范围比较有限和实证材料仍然不足。因此，在本书第四章和第五章的论证中，二手资料和理论分析占了较大的篇幅，而第一手的实证材料稍显单薄。这个不足也是本书的后续研究方向。另外，同样由于时间和资金的限制，本书在圣地亚哥和波士顿的实地调查中只能采用目的性抽样和方便抽样的方法，因此所收集到的问卷和访谈资料的代表性较弱。总之，本书的研究只是一个探索性研究（exploratory study），书中提出的观点和结论仍有待于后续研究的检验。

第二，由于人类身份认同的复杂性及其建构成因的多样性，本研究采用跨学科的方法，试图对美国华人跨界认同的成因和特征作出较为全面的解读。书中所采用的理论流派较多，如政治学、社会学、文化研究、人类学、经济学和全球化理论等，因此从总体结构和论述上看有些过于繁杂，而在某些章节的论证上又稍显浅薄。

总之，作为一项试图以个案研究支持和发展国际移民理论的探索性研究，本书存在着一些作者在目前阶段无法解决的问题，但愿这些问题能为国内学界华侨华人研究起到抛砖引玉的作用。

**五、概念界定**

1. 移民

根据联合国于 1998 年的《国际移民数据统计建议》,"移民"是"任何改变了常住国的人",其中包括"移居非常住国至少一年"的"长期移民"和"移居非常住国至少 3 个月,且短于 12 个月"的"短期移民",但不包括旅游、探亲、商务、治病或宗教朝拜的人群。① 本书中"移民"特指"长期移民",不包括"短期移民"。另外,本书中的"移民"一般指的是"第一代移民",即出生于非居住国,且 12 岁以后才迁移到现居住国的人。但是,为了行文的简洁和表述的方便,书中的"移民"有时也泛指第一代移民和移民后代。

2. 移民后代（immigrant descendants）、二代（second-generation）和美国华裔大学生（Chinese American university students）

根据移民学界的共识,"移民后代"指的是第一代移民的儿女和后裔,即其祖先或父母或父母其中一个是居住国的第一代移民。移民后代包括二代及以后的各代,但在很多移民研究中,移民后代的研究一般只包括二代、三代和四代。五代以上一般被认为已经同化成本地人了,所以研究较少。从严格意义上讲,"二代"指的是出生于居住国,且其父母或父母其中一个是居住国第一代移民的人。但根据本书的研究主题和为了行文的方便,本书的"二代"泛指"移民后代",主要包括二代移民（出生于现居住国）、1.5 代移民（出生于父母的原居住国,但在 12 岁之前移居现居住国的人）和少数的第三、四代移民。

本书中的"美国华裔大学生"泛指美国大学里的当地华人学生（local Chinese students）,即其父母或祖先是来自中国大陆、中国香港、中国台湾等地的第一代移民或移民后代,其中包括出生于美国或 12 岁

---

① 李明欢:《国际移民的定义与类别——兼论中国移民问题》,载《华侨华人历史研究》,2009 年第 2 期,第 1—10 页。

之前移居美国的二代,也包括一小部分的第一代移民(12岁以后才移居美国,但已经取得美国国籍或美国绿卡,或在美国接受中学教育,以当地人身份进入美国大学就读的华人学生)。

3. "华裔美国人"(Chinese Americans)和"美国华裔"(Chinese descendants in the U.S.)

(1)"华裔美国人"指的是具有美国国籍的华人,包括已经入籍的华人移民和出生在美国的华人后裔,即我国国内所称的"美籍华人"。"华裔美国人"的中心词是"美国人",即"美国公民","华裔"是指其族群类别,与美国的西裔、非裔等族群类别一样。这是很多出生在美国的华人后裔的身份标签,简称"华美"。①

(2)"美国华裔"指的是美国华人移民的后代,如第二代、第三代、第四代等,不包括第一代移民。

4. "美国华人"(Chinese in the U.S.)、"圣地亚哥华人"(Chinese in San Diego)、"波士顿华人"(Chinese in Boston)

(1)一般来说,"华侨"是一个"严格的法律概念",是指"定居在海外的中国公民",②即移居外国,但仍保留中国国籍的中国移民。根据国务院侨务办公室的界定,"华人"(更严谨的称呼是"外籍华人")是指已加入外国国籍的原中国公民及其外国籍后裔。③也就是说,"华人"是指移居外国,并且已经归化入籍的中国移民及其后代。

(2)根据以上的定义,从严格意义上讲,"美国华人"应该指移居美国、并且已经加入美国国籍的华人移民及其后裔。但在本书中,为了行文的方便,"美国华人"包括美国"华侨"和"华人",即泛指在美国已经居住一年以上、持有或未持有美国绿卡的第一代华人移民

---

① 虽然"华裔美国人"和"美籍华人"的所指对象基本相同,但在很多情况下,"华裔美国人"常用于美国,多指美国的华裔后代;而我国常用"美籍华人",多指已经加入美国国籍的华人移民。目前,这些概念的明确界定仍有待学界的进一步探讨。
② 张秀明:《华侨华人相关概念的界定与辨析》,载《华侨华人历史研究》,2016年6月,第1—9页。
③ 同②。

（法律意义上的"华侨"），以及已经加入美国国籍的华人移民和出生于美国或在美国长大和受教育的华人后代（"美籍华人"或"华裔美国人"）。简而言之，本书中的"美国华人"泛指美国所有的华人移民及其后代。当然，在一些章节，为了突出第一代移民与在当地出生的华裔之间的区别，行文中有时也用到"华人移民"和"华裔"的表述。同样，"圣地亚哥华人"和"波士顿华人"也泛指所有在圣地亚哥和波士顿地区居住、工作或学习的华人移民及其后代。

5. 身份认同

"认同"的内容非常丰富，运用十分广泛，而且语义经常模糊不清，复杂抽象，变化难定。因此，想要准确地界定"认同"这个概念，绝非易事。通常来说，"认同"表示"个人或群体的'归属感'，也即个人或群体（行为主体）与其他对象（行为客体，包括个人、团体、观念、理想和事物）产生心理上和情感上的结合关系……"①。通俗地说，"认同"是关于"我是谁"的问题，它既是一个哲学的范畴，也是一个心理学的概念。

在英语中，"身份或认同"的对应单词是 identity，"认同感"可以用 identification 表示。但在汉语中，有些研究者认为，"认同"是动词，表示动态的归属感；而"身份"是名词，表示静态的归属状态。② 本书认为，"身份"和"认同"这两个概念虽然各有侧重，但具有相同的实质内容。因此，除个别特殊注明之处外，本书忽略这两者的细微区别，在行文中一般用"身份认同"揽括两个概念的内涵。

在国际移民研究中，"认同"的概念主要指在国家层面和族群层面

---

① 庄国土、刘文正：《东亚华人社会的形成和发展——华商网络、移民与一体化趋势》，厦门：厦门大学出版社，2009年版，第235页。
② 关于认同含义的辨析，请参阅李其荣：《寻求生存方式的统一性——美加新华侨华人的文化认同分析》，载《东南亚研究》，2008年第5期，第69—77页；李素华：《对认同概念的理论述评》，载《兰州学刊》，2005年第4期，第201—203页；邹威华：《族裔散居语境中的"文化身份与文化认同"——以斯图亚特·霍尔为研究对象》，载《文化研究》，2007年第2期，第83—88页；张向东：《认同的概念辨析》，载《湖南社会科学》，2006年第3期，第78—80页。

上的"我属于谁"的问题,包括心理层面上的个人认同和社会层面上的群体认同。根据具体内容划分认同种类时,王赓武教授将东南亚华人的认同分为两类七种认同:政治类(中国民族国家认同、当地民族国家认同、华人社区认同、种族认同)和文化类(中华历史认同、中华文化认同、文化族群认同)。① 庄国土则将东南亚华人的认同分为政治(国家)认同(法律身份、阶级、国家认同)和族群认同(文化、历史、阶级、法律、社区、种族认同)两类。②

本书主要研究移民在群体层面上的身份认同。本书认为,移民的身份认同主要包括三个内容:族裔认同(ethnic identity)、文化认同(cultural identity)和国家认同(national identity)。"族裔认同"指的是个人作为某个拥有共同文化、起源、历史和利益的族裔群体成员的自我感觉。在一般情况下,族裔认同和种族认同具有不同的含义。"种族认同"指的是作为某个具有相同生理特征和文化的种族群体的自我感觉。因此,族裔认同偏重文化因素,而种族认同偏重生理因素。

在移民研究文献中,有些学者经常把文化认同等同于族裔认同,因为在很多移民国家中,不同的族群常常呈现出不同的文化表征,因此人们理所当然地认为族群就是文化。但本书认为,文化认同和族裔认同是两种不同类型的个人认同。就如华人学者陈志明所说,族裔认同"指对某一特定族群范畴的认同,而文化认同则指文化的表达"③。更具体地说,文化认同指的是个体或群体的文化表征及其对不同文化传统的归属感和文化实践,而族裔认同则侧重于祖先(ancestry)和血缘(blood)。在所有的认同类型中,文化认同包含的内容最为广泛。

---

① 请参阅 Wang Gungwu, *The Study of Chinese Identities in Southeast Asia*, *China and the Chinese Overseas*, Singapore: Times Academic Press, 1991; J. Cushman and Wang Gungwu, eds. *Changing Identities of the Southeast Asian Chinese Since World War II*, Hong Kong: Hong Kong University Press, 1988, p. 7.

② 庄国土、刘文正:《东亚华人社会的形成和发展——华商网络、移民与一体化趋势》,厦门:厦门大学出版社,2009年版,第235页。

③ 陈志明著,段颖、巫达译:《迁徙、家乡与认同:文化比较视野下的海外华人研究》,北京:商务印书馆,2012年版,第27页。

# 绪　论

它既包括行为体的主观感觉，又包括物质的文化表述和主体的文化行为。

国家认同是指移民对居住国的归属感，其中包括国民身份和政治认同。韩震认为，在单一的民族国家中，国家认同与族裔、文化认同相互叠合。但是，在多民族国家中，国家认同与族裔、文化认同只存在着部分的重合。① 本书认为，在作为全球第一移民大国的美国，国家认同与族裔、文化认同的交叠重合情况更加复杂多样。国家认同的内容也很多，包括国民身份意识、政治意识和国家忠诚感等。过去，很多国家（包括政府、民众和学术界）都把国家认同简化为国家忠诚感，这个认识上的误区导致很多国家的族群政策和学术研究存在片面性和主观性。

---

① 韩震：《论国家认同、民族认同及文化认同——一种基于历史哲学的分析与思考》，载《北京师范大学学报（社会科学版）》，2010年第1期，第106—113页。

# 第一章 边界视角下身份认同的解构：有界、无界与跨界

## 第一节 有界性的身份认同
### ——"容器"模型

20世纪90年代以前，欧美国家的移民学界对移民及少数族裔的研究主要集中于移民在居住国边界内的同化和融入问题。有界性是这些传统移民研究的根本出发点。这个出发点有两个基本的假设：一是不同的国家、社会和文化是独立、分离和固定不变的，它们之间具有清晰分明的边界；二是民族国家是移民研究的基本单位，它是一个具有封闭边界、掌控国民流动和身份认同的"容器"。从这两个根本的假设出发，国际移民就是跨越国家边界的流动者，他们的边界移动等于从一个"容器"进入另一个"容器"，其身份认同只能固定于"容器"之内，所以也呈现固定静止、边界分明的特征。因此，在这种"容器"模型下，跨越两国和两种文化边界的移民只能拥有"非此即彼"的单一性认同，双重或多重认同或处于"中间地带"的模糊认同不可能存在，或者即使存在，国家和主流社会也不允许。因此，国家认同（或政治忠诚）和文化适应成为其中的两个关键问题。同化、多元化和涵化等认同理论就是这些"容器"模型的代表。

## 一、身份认同的限制——边界内的同化

众所周知,作为限制人员流动和控制国家边界的"容器",民族国家总是试图在国家的边界内外,对国家公民和社会成员的认同构建进行最大程度的限制。例如,在法律层面上,国家制定了移民和入籍政策,限制人员的流动和合法身份的获得;在社会文化领域中,国家或精英分子通过教育等形式,对国民或社会成员的身份认同施加影响和控制。这些限制措施的根本出发点就是:不同民族、国家、社会和文化之间具有清晰明显、不可超越的"边界"。这个"有界"的出发点成为同化思想的根源。传统的同化思想认为移民从一个相对落后的社会文化"容器"迁移到另一个相对先进的社会文化"容器"中,必定面临着主动或被动的调整和适应,这种调整和适应就是移民努力融入主流社会、学习主流文化的同化过程。下面以美国为例,阐述在美国的历史和现实中,国家边界内的同化思想对移民身份认同的限制。

历史上,美国同化思想的反映首先是"盎格鲁一致"(Anglo-conformity)理念、"大熔炉"(melting-pot)思想和排外(排华)法案及实践,后来就是流行至 20 世纪 60 年代的同化理论(assimilation)。"盎格鲁一致"理念和"大熔炉"思想是同化理论的先驱。

"盎格鲁一致"理念是同化理论的核心内容。众所周知,早期来到美国的移民主要是为逃离宗教迫害的英国清教徒,他们在北美洲建立了 13 个殖民地之后,以"美国的主人"自居,后来经过一系列的吞并和扩张活动,建立了美利坚合众国。因此,这些来自西欧的移民认为美国的国家、社会和文化基础是"瓦士普"(WASP——White, Anglo-Saxon, Protestant,意为白人、盎格鲁-撒克逊民族和新教)。与此同时,他们认为自己是最优秀的民族,具有最高级的文化;认为其他民族是"劣等"民族,其文化是低级文化;认为来自其他地方的移民必须学习盎格鲁-撒克逊民族的文化,努力同化于盎格鲁-撒克逊民族。这种学习和同化是一个"单线性的"的过程,是其他移民转变自身的过程,而以"瓦士普"为基础的美国主流社会文化不须也不会发生任

何改变。随后而至的大批来自地中海沿岸及东欧国家的移民就是这种理念的实施对象。但是，这些主流社会眼中的"低劣民族"，在人种、历史、地理和文化渊源方面都与盎格鲁-撒克逊民族较为接近，所以，对于他们来说，"盎格鲁一致"也许只是一段痛苦的调整适应过程而已，最终的"一致"可能没有多大问题。但对于与欧洲民族和文化相差甚远的亚洲移民，尤其是具有悠久历史和辉煌古代文明并为之骄傲的早期华人移民来说，"盎格鲁一致"似乎是个不切实际的笑话。所以，我们看到早期的华人移民仍然留着长长的辫子，穿着清朝式的长袍，祭拜着家族的祖宗，梦想着"衣锦还乡"的时刻。"盎格鲁一致"的理念在早期的华人移民身上几乎没有显现任何作用。相反，从这些早期的华人移民身上，我们的确看到了不同民族与文化之间鲜明的边界和不可逾越的鸿沟。因此，在这种固定的民族和文化界限中，早期的美国华人移民被贴上"黄祸"和"不可同化"的标签，受到白人的鄙视、侮辱、迫害和驱逐。

与妄自尊大的"盎格鲁一致"理念相比，"大熔炉"思想比较开放温和。melting-pot这个词最初出现在犹太作家赞格威尔（Zangwill）于1908年在纽约创作的同名剧本，"它指的是19世纪末涌入美国的移民被鼓励以美国人的身份思考自身，直到逐渐抛弃他们自己的原文化的方式"[①]。当时的美国政府和精英分子希望国家的推动和"熔炉"同化的过程能使"所有移民都成为享有一种共同文化的美国人"[②]。因此，在"大熔炉"思想中，美国社会是一个"熔化"不同（欧洲）民族和文化的"熔炉"，来自欧洲的移民在这个"熔炉"中冶炼成新的美利坚民族，建立起新的国家、社会和文化边界。公平地说，这种理想化的思想在当时的历史情况下有其合理和进步的一面，因为任何一个新兴国家的建立和巩固都需要一种共同的文化以增强其民族的凝聚

---

① C. W. 沃特森著，叶兴艺译：《文化多元主义》，长春：吉林人民出版社，2005年版，第5—6页。
② 同①。

力。但主要问题是,"大熔炉"思想是建立于单一的种族——白人和单一的宗教文化——基督教新教的基础上,因此它并不是一个包容异己、熔化界限的"大熔炉"。印第安人、黑人、亚洲人等非白色人种并不是"大熔炉"内的冶炼之物。于是,印第安人受到杀戮和灭绝,黑人受到奴役和压迫,亚洲人受到驱逐和排斥。由于这些有色人种永远无法改变自己的肤色,所以永远无法被"熔化"为"美国人"。即使到了21世纪的今天,我们还能看到美国社会中存在着梯级的种族结构和种族歧视:白人处于梯级种族结构的最上层,亚裔少数民族处于第二层,拉美移民处于第三层,黑人还是处于最低一层的地位。在这个种族结构的排行中,肤色成为各个种族阶层的分界线。因此,我们从"大熔炉"的本质、历史经验和现实情况看到的,依然还是那固若金汤、牢不可破的种族边界,肤色永远是种族身份的象征,又是族群和文化的边界线。

经过"盎格鲁一致"理念和"大熔炉"思想的铺垫,20世纪30年代,同化模型开始系统化和理论化。芝加哥学派创始人派克(Park)认为同化包含着两层不同的意义:一是"模仿",二是"开始习惯并融入"。[①] 移民个人通过模仿,习得居住国主流社会的语言、观念和行为模式等。在这个过程中,个人和族裔群体渐渐融入主流社会,这两个共存的过程最后促使国家认同(national identity)的产生。这个思想在派克著名的"族群关系四阶段"中得到了较好的阐释:相遇(contact)、竞争(competition)、适应(accommodation)、同化(assimilation)。族群之间长期互动的最终结果是族群同化。[②] 从最终目的和最终阶段来看,其他族群最终还是必须放弃自己原先的传统文化和身份认同,融入主流社会。因此,族群和文化的边界最终还是存在,并没有因为频繁的接触和移民的调整适应而淡化或消失。移民只能选择归属于其中的一个

---

① Peter Kivisto and Thomas Faist, *Beyond a Border: The Causes and Consequences of Contemporary Immigration*, Los Angeles: Pine Forge Press, 2010, p. 97.

② 同①。

界限,并在其中生活。主流社会文化与移民的传统社会文化永远是两个独立分离的圆圈。因此,究其实质,"同化理论实际上是对(大熔炉)思想这种更具幻想性质理论的修正"①,如果说"大熔炉"思想还对异族文化持开放的态度,还梦想着通过冶炼新的共同文化铸造新的共同民族,同化理论却赤裸裸地提出终点还是主流文化,即盎格鲁-撒克逊的民族文化。从这个意义上来说,同化理论的核心就是"盎格鲁一致"理念。

派克的这些经典的同化理论在20世纪60年代受到诸多质疑,也由于民权运动而受到学术界和社会舆论的抛弃。但是,同化理论的影响力一直存在于美国的白人主流社会中,直至21世纪。1996年,亨廷顿(Huntington)出版了《文明的冲突和世界秩序的重建》(*The Clash of Civilizations and the Remarking of World Orderies*)一书,就是对同化理论的"全面接受和继承"。② 在书中,亨廷顿按照世界上不同的文化和文化认同,把冷战后的世界划分为几大文明地区:中华文明、日本文明、印度文明、伊斯兰文明、东正教文明、西方文明、拉美文明和非洲文明。其中,西方文明"是而且在未来的若干年里仍将是最强大的文明",但"它的权力相对于其他文明正在下降"。③ 非西方文明国家有些"试图竭力仿效和加入西方",有些试图"搭便车"。④ 亨廷顿认为,全球政治中正在出现的冲突和斗争不再是不同意识形态之间的斗争,而将产生于不同的文明集团之间。他指出,"文明的冲突是对世界和平的最大威胁"。⑤ 在书中,亨廷顿还对中华文明和伊斯兰文明尤其担心,认为它们的崛起对西方文明构成了严重的挑战。文明冲

---

① 庄国土:《多元文化或同化:亨廷顿的族群文化观与东南亚华族》,载《南洋问题研究》,2003年第2期,第1—10页。
② 同①。
③ 塞缪尔·亨廷顿著,周琪译:《文明的冲突和世界秩序的重建》,北京:新华出版社,2010年版,第7页。
④ 同③。
⑤ 同③,第335页。

突论让我们再一次清晰地看到了代表美国"瓦士普"主流精英们的文化边界论的思想：世界由边界分明、互相冲突的文明集团所组成，来自不同文明（文化）的移民的身份认同自然也是泾渭分明、非此即彼的。

亨廷顿的文明冲突论在国际舆论界和学术界激起了强烈的反响和热烈的讨论。例如，中国学者李慎之于1997年拟文揭露文明冲突论的实质是"亨廷顿把对美国前途的忧虑投射到全世界去了"，① 他的"难言之隐"是对美国非西方人口的激增而感到深深的忧虑和恐惧，而埋藏在更深层次的思想是美国一些白人对非白人移民的种族主义。李慎之的观点可谓一针见血，因为到了2004年，亨廷顿出版了《谁是美国人？——美国国民特性面临的挑战》一书，就把文明冲突的视角由国际转回美国国内，指出作为美国国家身份和特性的"盎格鲁-新教文化"在拉美和亚洲的移民大潮中所受到的挑战和削弱。在这本书中，亨廷顿不再遮遮掩掩，而是坦然地指出了美国的多文化论和多样性理论等意识形态损害了美国国民身份的中心内容，"即文化核心（WASP）和美国信念的合法地位"②。另外，来自拉美和亚洲的移民浪潮"没完没了"，而美国政府没有采取对移民的美国化措施，法律没有限制移民的数量，因此，"要消除他们对别国的忠诚而把他们同化到美国社会之中，将会慢得多难得多"。③ 由此可见，代表白人主流社会的亨廷顿是"全面接受和继承"同化思想的，他的关注还是移民对"别国"的忠诚和美国化，这是一对永远不可调和的矛盾：对"别国"的忠诚就意味着不够美国化。在这种视角下，文化认同等同于国家认同，或者至少是国家认同的一部分，而不同文化都是独立分离的，它们之间相互冲突、相互排斥。

---

① 塞缪尔·亨廷顿著,周琪译:《文明的冲突和世界秩序的重建》,北京:新华出版社,2010年版,第341页。
② 塞缪尔·亨廷顿著,程克雄译:《谁是美国人？——美国国民特性面临的挑战》,北京:新华出版社,2010年版,第16—17页。
③ 同②,第17页。

在社会学领域,产生于21世纪初的波特斯和周敏等人的"分层同化"理论也是对芝加哥学派同化理论的继承和发展,它同样体现出"有界性"的理论根源。与传统的单一性同化思想不同,"分层同化"理论认为,移民后裔并非只有被主流社会同化这一条路径,而是还存在着被其他族裔社区同化的另一条相反路径。根据对二代移民的统计数据和对海地移民后代的研究,波特斯和周敏等人提出了移民后代三种不同的"分层同化"路径:一是逐渐的文化适应和接受良好的教育后融入白人主流社会的传统路径;二是由于没能接受良好的教育和种族社会结构等原因,一些移民后代融入城市底层的贫民阶层,造成永远的贫穷和落后,这是一条与传统路径相反的路径;三是移民后代取得教育和经济上的成功,但故意保持族裔文化与族裔团结的路径。在探索"分层同化"的原因和过程中,波特斯和周敏指出,除了家庭和个体的因素之外,居住国的社会情况起决定性作用。这些社会情况包括两国的政治关系、居住国的经济结构、经济情况和族群结构等。[①] 从这三条不同的同化路径中,我们既看到了美国社会仍然存在的界限分明的族群和阶层结构,也看到了移民后裔在身份认同方面的分裂:同化进入主流社会的移民后裔认同美国主流文化,同化进入族裔下层社区的移民后裔认同以父母祖籍国文化为基础的族裔文化,而这两个社会和两种文化又是相对独立、截然不同的实体。此外,在第三条同化路径中,移民后裔在结构上同化进入白人主流社会,但在文化身份方面仍刻意保持着族裔认同。这种身份认同在某种程度上包容了两个社会和两种文化,但仍然处于国家的边界内,即居住国的"容器"中。因此,国家、社会和文化的边界仍然是决定移民后裔身份认同的主要因素。

总之,无论是"盎格鲁一致"理念、"大熔炉"思想,还是传统

---

① Alejandro Portes and Min Zhou, "The New Second Generation: Segmented Assimilation and Its Variants", *Annals of the American Academy of Political and Social Science*, Vol. 530, No. 1, 1993, pp. 74-96.

的同化理论或"分层同化"模型,其核心思想都是把国家、社会和文化当作一个边界固定的"容器",在这个"容器"中,总存在着一个占有支配地位、享有主要资源的主流群体,作为弱势群体的移民在这样的"容器"中就不得不进行调整、适应、同化或抗争等活动,以向主流群体靠拢或努力争取自己的权益。在这些模型中,国家、社会、文化的界限是静态和固定的,少数群体与主流群体的互动并没有模糊它们之间的界限,也没有使它们的本质特征产生重大的变化。在这样的"容器"中,移民或少数族裔必须或只能放弃自己原来的身份认同,转变自己的文化,努力同化为居住国主流社会中的成员,最终建立居住国的身份认同。因此,同化理论的本质是国家政府或民族精英试图在国家的边界内对外来移民身份认同进行限制。

从族群边界的角度看,正如阿尔巴和尼所提出的理论一样,同化就是移民融入主流社会三个阶段中的最初阶段——边界跨越,即移民通过习得居住国的一些身份特性而改变自身的过程,其间并没有改变居住国的社会结构,也并未对族群边界造成实质性的影响。

## 二、身份认同的抗争——边界内的多元化

对于国家政府和民族精英的控制,外来移民并不总是逆来顺受。随着社会的进步和外来人口的增加,移民对自身的权益产生了更大的诉求,同时力争掌握自己身份认同的主动权。20世纪60年代兴起的多元文化主义就是移民和少数族裔在身份认同方面进行诉求和抗争的表现。

在不同的国家,多元文化主义有着不同的定义。在1990年美国华盛顿国会图书馆的分类标准中,"多元文化主义"被定义为"种族群体、宗教群体、文化群体共存于一个国家的状态"。在法国,它被定义为"多种文化在同一国家中的共存"。[①] 在实际运用中,多元文化主义

---

① 米歇尔·韦唯卡尔著,李丽红译:《多元文化主义是解决办法吗?》,载李丽红主编:《多元文化主义》,杭州:浙江大学出版社,2011年版,第15页。

也具有相当丰富的内涵。沃特森（Watson）指出，多元文化主义既是一种文化观、历史观和价值观，也是一种教育理念和公共政策。作为一种文化观，多元文化主义认为，没有任何一种文化比其他文化更为优秀，没有一种文化可以把自己的标准作为"正当的"而强加于其他文化；作为一种历史观，多元文化主义关注少数民族和弱势群体，强调少数民族对一个国家的历史和传统所作出的贡献；作为一种教育理念，多元文化主义认为，"传统教育对非主流文化的排斥必须得到修正，学校必须帮助学生消除对其他文化的误解和歧视，学会了解、尊重和欣赏其他文化"；作为一种公共政策，多元文化主义认为，"所有人在社会、经济、文化和政治上机会平等，禁止任何以种族、民族或民族文化起源、肤色、宗教和其他因素为理由的歧视"。① 总之，多元文化主义认为，人类的普遍价值可以在不同的文化中以不同的形式来实现，而且每一种文化都是值得尊重的。②

多元文化主义的核心是承认文化的多样化和文化之间的平等。在多元文化主义者看来，多族裔社会就如一个"色拉拼盘"。在这个拼盘中，"不同的成分保留着他们独特的风味和形态"③。另一个同样形象的比喻是"马赛克拼图"式的社会文化。它意指不同的族群以它们不同的"图案"和"色彩"和谐地拼成一个"马赛克"社会。总之，与同化模型不同，多元文化模型强调的是一种包容差异和提倡多样性的原则。

首先，从边界的角度看，多元文化模型似乎打破了文化边界的束缚，因为它允许不同的文化和认同在一个国家或社会中共存。这似乎与阿尔巴和尼所提出的边界模糊这一阶段相吻合：居住国社会对多重成员身份的宽容和各种集体认同的共存。这个阶段不只是移民自身层

---

① C.W. 沃特森著，叶兴艺译：《文化多元主义》，长春：吉林人民出版社，2005年版，出版导言。
② 李丽红主编：《多元文化主义》，杭州：浙江大学出版社，2011年版，第12页。
③ 同①，第6页。

面上的改变,而是在国家、制度和社会层面上的改变,因此对居住国的社会结构会产生影响,不同族群之间的边界也似乎变得模糊起来。但是,究其本质,多元文化关注的只是族群和文化之间的平等及少数族群和非主流文化的权益,其本质是外来移民或少数族裔对自身权益的抗争。也就是说,多元文化"强调种族平等和宗教宽容,其最终目的并非文化平等而是社会平等"①。其实,这个模型在无意中更加强调了不同族群和不同文化之间的差异,使他们之间的界限变得更加分明。美国历史学家施勒辛格(Schlesinger)就对多元文化持反对和谴责的态度。他认为,多元文化强调种族差异和民族独立,其结果就是牺牲国家的统一,分裂不同的民族,制造不同种族内部的敌意,并在事实上摧毁了多种族和谐平等的原则。②

其次,在提倡多元文化的社会中,有些少数族裔为了迎合主流社会"猎奇"的心理,往往刻意地展现和保留其族裔文化的表征,并刻意强化其文化认同,展示其文化特色,结果就是族裔边界的强化。20世纪六七十年代美国唐人街的兴旺发展就是一个最佳的例证。为了迎合西方人的"猎奇"心理,那时的唐人街刻意保持和发展了中国的传统文化特色,这些做法其实夸大了中西文化的差别,而忽略和掩盖了美国华人社会文化的变迁和华人文化的美国化。在一些华美文学和影视作品中,有些作家或制片人甚至故意夸大中国传统文化中部分落后和愚昧的一面,以迎合西方读者或观众的口味。总之,在这些多元文化的背景中,我们看到了中西文化边界的刻意划分和族群边界的加强。

最后,和"大熔炉"思想一样,和谐美丽的"马赛克"或"色拉盘"社会也往往只是人们心目中美好的理想而已。事实上,由于国家政治的强制或引诱,也由于社会的竞争和生存的压力,少数族裔往往无法或不愿保持自己的传统文化。对于大多数移民或少数族裔的成员

---

① C. W. 沃特森著,叶兴艺译:《多元文化主义》,长春:吉林人民出版社,2005年版,第6页。
② 同①,第25页。

来说，他们的强烈要求是能够进入主流社会，他们只是"希望自己群体的历史被承认具有重要价值，希望在为国效忠时能够保留一些传统服饰，他们只是希望得到承认而已"[1]。因此，在很多移民国家中，各个种族和民族和谐相处、平等共存的情况非常少见。相反，很多国家存在着两种更常见的族群关系：一是文化同化或文化融合，如泰国华人；二是种族歧视和种族冲突。在第一种情况下，移民或少数族裔仅仅保留了自己的族裔认同，其文化身份已经融入了主流社会。在第二种情况下，移民或少数族裔可能仍然保持着自身的文化身份和认同，但其国家认同却经常受到主流社会的怀疑，就如李明欢教授所作的评价："多元文化主义突破了民族国家单一文化的神话，承认各族群保持文化传承、共同组建和谐社会的合理性，并由此关联到社会平等与反歧视，曾经彰显了历史的进步。但是，多元文化主义并没有突破国家的地域观，没有突破移民应当忠诚于一个国家的首要原则，其对'多元文化'宽容的首要前提，仍然是不容置疑的国家忠诚。"[2] 事实上，在提倡社会文化多元化、崇尚自由民主的美国，少数族裔的国家认同和忠诚感还是经常处于被怀疑的状态。

总而言之，多元文化理论的本质是国家边界内不同族裔文化的平等与少数族裔的权益问题，它反映出少数族裔（包括移民）在身份认同（尤其是文化认同）方面的抗争。就目前来说，文化的平等问题就如"大熔炉"思想一样，都是可望而不可即的人类梦想。因为在大部分的移民国家中，每个国家都有占较高人口比例的主流民族或"先到者"，他们占有国家和社会更多的资源，享有很多既定的权益，并掌握着决定国家命运的权力。在这样的情况下，主流民族自然就具有较强的文化话语权。而少数族裔，包括移民，在多元化的社会和国家中永远处于弱势地位，永远面临着被同化的诱惑或威胁，在此背景下产生

---

[1] 李丽红主编：《多元文化主义》，杭州：浙江大学出版社，2011年版，第153页。
[2] 李明欢：《国际移民政策研究》，厦门：厦门大学出版社，2011年版，第220—225、363页。

了争取平等权益的诉求和抗争，多元文化理论和政策由此诞生和推行。但是，在权力不平等的情况下，少数族裔的文化认同和实践即使被允许，移民国家的社会文化即使呈现"多元"的状态，不同族群和文化之间的边界仍然泾渭分明，甚至得到加强。因此，在推行多元文化的国家中，少数族裔永远无法融入主流社会，族裔文化永远无法代替主流文化，就如陈国贲教授所说的，"多元文化主义是一种种族牵制"①。总之，多元化理论的本质是国家边界内少数族裔的身份认同抗争。

### 三、身份认同的妥协——边界内的涵化

由于民族国家的控制和社会的制约，在很多情况下，外来移民在身份认同方面的抗争并非总能成功。相反，在很多情况下，在民族国家的"容器"中，很多移民会主动或被动地放弃抗争，转向妥协。移民身份认同妥协的结果就是移民的文化适应（acculturation），也称"涵化"。华人学者陈志明指出，涵化是"族群（甲）或族群（甲）中部分人口的文化变迁，这种变迁与另一族群（乙）相关，即族群（甲）的某些文化特征逐渐与族群（乙）的文化特征趋同或类似"②。陈志明认为，涵化是地方化的一部分，其原因是族群之间的接触，两个族群都没有改变各自的族裔认同。他认为，涵化与同化的不同之处就在于族群的归属问题。同化了的族群不仅仅产生了社会文化的变迁，而且失去了原初的族裔认同，转变了族群的归属感；而涵化却保留了原先的族裔认同。陈志明对马来西亚的峇峇人进行了长期的深入研究，发现高度涵化了的峇峇人还保留着华人的族裔认同。因此，在陈志明的涵化研究中，族裔认同和文化认同是两个分离的概念，文化认同的改变不一定导致族裔认同的改变。

---

① 陈国贲：《漂流——华人移民的身份混成与文化整合》，香港：中华书局（香港）有限公司，2012年版，第108页。
② 陈志明著，段颖、巫达译：《迁徙、家乡与认同：文化比较视野下的海外华人研究》，北京：商务印书馆，2012年版，第26页。

20世纪后期美国的社会心理学界兴起了研究移民文化适应模式的潮流。文化适应是指移民在与其他族裔的接触中产生文化和心理变化的过程。[①] 文化适应模型认为在多元化社会中,不同的文化或族裔群体生活在一个共同的社会和政治框架中,他们面临着两个主要的问题:一是多元文化群体的持续与否;二是族裔群体在多元化社会中的参与与否。如果多元文化群体无法在一个国家中持续下去,那么这个社会就是"大熔炉"社会,反之则是一个多元文化社会。文化适应模型还认为,族群之间的文化差异越大,少数族群的文化适应就越难,和谐族裔关系的建立也越难。

总的来说,文化适应模型分为两种:一是单维度(unidimentional)模型,二是双维度(bidimensional)模型。单维度模型认为随着移民或少数族群与主流社会文化接触的增加,他们与本族群的接触就必定减少,自身的传统文化实践也随之减少,最后必定同化于主流文化。[②] 双维度模型认为在文化接触中,不同的族裔文化和认同是独立平行的关系,不同的文化认同可以共存于多元化的社会中。在跨文化心理学界中,双维度模型得到更多学者的认可和关注。贝里(Berry)等提出的四种文化适应类型是双维度模型中的典型代表。这个模型是建立在两个维度之上的:第一个维度是族裔群体对自身传统文化的态度和行为,第二个维度是族裔群体对大社会的态度和行为。如表1所示,如果族裔群体对自身的传统文化持否定的态度,抛弃自身的文化传统,积极寻求与大社会的接触,渴望同化于大社会的主流文化,这种态度和做法就是同化(assimilation)的类型。相反,如果族裔群体对自身的传统文化持肯定的态度,坚持自身的文化传统实践,但对主流文化持否定

---

[①] Jean S. Phinney, Gabriel Horenczyk and Karmela Liebkind, et al. "Ethnic Identity, Immigration, and Well-Being: An Interactional Perspective", *Journal of Social Issues*, Vol. 57, No. 3, 2001, pp. 493–510.

[②] Sun-Mee Kang, "Measurement of Acculturation, Scale Formats, and Language Competence: Their Implications for Adjustment", *Journal of Cross-Cultural Psychology*, Vol. 37, No. 6, 2006, pp. 669–694.

的态度，并避免与大社会的接触和与其他文化群体的互动，这就是隔离（separation）的类型。如果族裔群体既对自身的传统文化保持肯定的态度，又对主流的社会文化感兴趣并积极接触，那么他们就属于融入（integration）的类型。最后一种情况是边缘化（marginalization），指的是族裔群体对自身传统文化的保持或是兴趣不大，或是可能性较小，同时与其他文化群体的互动也兴趣不大的情况。因为身份认同与文化适应息息相关，所以这四种文化适应类型也就是移民和少数族裔的文化认同类型。

表1 贝里的四种文化适应类型

|  | 同化 | 隔离 | 融入 | 边缘化 |
| --- | --- | --- | --- | --- |
| 对自身传统文化的态度和行为 | 否定、放弃 | 肯定、坚持 | 肯定、保持 | 否定、放弃 |
| 对大社会的态度和行为 | 肯定、接触 | 否定、避免 | 肯定、接触 | 否定、避免 |

资料来源：作者自制。

文化适应研究者认为，这四种类型中，最理想的类型是融入，也就是涵化，因为它是一种最积极最健康的心理状态和行为实践。融入的结果就是双重文化（biculturalism）的产生。因此，在文化适应研究领域中，关于双重文化与移民融入关系的讨论成为近年来的研究热点。有些文化适应研究者提出融入类型的双重文化者经常面临身份认同的危机，而更多的研究者则认为双重文化可以促进移民的融入与心理健康。

首先，贝里的这四种文化适应类型忽略了一个问题：由于国家政治和种族排外依然存在，移民的行为并不总是其主观态度的反应。虽然贝里承认"个人的偏好和追求（态度）"与"个人实际上所能做的（行为）"往往不可能一一匹配，但是他又认为，态度和行为之间常常存在着正相关的联系，因此可以把态度和行为合成一体对文化适应类型做总体性的考察。然而事实上在很多情况下，移民或少数族裔既面临着社会的限制,也受限于自由选择的机会,态度和行为无法保持一致。如果生活在一个对外来移民敌对或不友好的社会中,为了生存和自身的利益,他们很有可能会隐藏自己真实的态度,表现出同化或融入的行为;如果生活在一个自由开放、多元文化的社会中,他们可能会故意做出符合自己族裔身份的行为以迎合主流社会的品味或获取特殊对待的利益,尽管其内心有可能并不认同族裔文化。就像希勒和莱维特所认为的一样,移民的跨国社会场中存在着"生存方式"(ways of being)和"归属方式"(ways of belonging)的区别。在跨国社会场中,移民的跨国行为属于"生存方式",而移民的认同感(态度)属于"归属方式"。随着现代通信技术和交通工具的快速发展,很多移民的跨国活动越来越频繁,但这些行为并不一定出自其强烈的祖籍国认同,而是因为工作机会或经济利益。同样的,跨国实践和连结不多的移民或少数族裔也并非一定不具备祖籍国认同。因此,在移民或少数族裔复杂多样的生存语境中,简单地把他们的态度和行为画上等号是一种笼统化的做法。总之,在态度和行为发生偏差的情况下,个体的文化适应类型就可能发生变化或者更加复杂化。

其次,双维度文化适应模型忽略了移民文化身份的多重性和复杂性。在全球化时代下,很多移民群体的文化认同和文化实践并不只有两种。例如,艾琳(Irene)和蒂纳(Dina)对美国的苏联犹太难民进行了调查,指出他们的研究对象除了苏联和美国认同外,还有第三种认同,即犹太人认同。犹太人身份是这三种认同中最主要的一种,而且这种认同导致他们与美国主流社会的隔离。因此他们指出文化适应研究应该考虑到某些移民群体自身的文化多样性及大社会对移民认同的制约作用。[①]

再次,文化适应模型往往只关注移民的文化调适和心理健康,而

---

① Irene Persky and Dina Birman, "Ethnic Identity in Acculturation Research—A Study of Multiple Identities of Jewish Refugees from the Former Soviet Union", *Journal of Cross Cultural Psychology*, Vol. 36, No. 5, 2005, pp. 557-572.

影响文化调适和心理健康的政治经济、社会结构、民族种族等其他因素没有受到应有的重视和关注。事实上,在多数情况下,移民和少数族裔的文化实践和身份认同受到国家政治和主流社会的制约。不同的移民或族裔群体所经历过的心理调整和文化适应过程并不相同,最明显的例子就是欧洲的白人移民和亚洲或拉美的有色人种移民,种族歧视对移民和少数族裔身份认同的影响是显而易见的。国家政治的控制和对身份认同的影响也十分明显。例如,有不少研究者指出,"9·11"事件后,美国的西亚移民无法自由选择自身的文化适应类型和身份认同,相反,他们的身份认同受到了国际政治和美国国家政治的制约。因此,移民在大社会中的地位,以及大社会的历史、文化和政治结构等都是制约移民身份认同的主要因素。[1]

最后,文化适应模型虽然意识到了双重文化认同在移民或少数族裔中存在的可能性,但它体现出明显的二元思想,不同文化之间的边界存在清晰可见。上文讲过,从认知论的角度来看,认同在本质上就是心智的一种不断圈划"自我-他者"的倾向,而"边界"的概念正好反映出这种圈划的倾向。在文化适应模型中,少数族裔群体和文化与主流社会和文化被看作两个互不相交的圆圈,它们各有自己的范围和边界。移民在这两个圆圈的内外进行活动,第一种情况是进入主流圈子活动,第二种情况是停留在族裔圈子里面活动,第三种情况是"脚踏两只船"——在两个圆圈之间来回活动,第四种情况是在两个圆圈外面活动。除第三种情况外,其他三种类型的活动都受到封闭圆圈——社会文化边界——的极大限制和约束。"脚踏两只船"的融入类型虽然允许移民或少数族裔跨越两个圆圈的边界,但两个圆圈的边界并没有消失。正如瓦尔丁格所指出的,涵化可能引起主流和少数族裔文化的变化,但族裔特性依然存在。随着移民的融入和涵化,"容器"

---

[1] Sunil Bhatia and Anjali Ram, "Theorizing Identity in Transnational and Diaspora Cultures: A Critical Approach to Acculturation", *International Journal of Intercultural Relations*, Vol. 33, No. 2, 2009, pp. 140-149.

社会依然得到建构和保持。①

总之,在本质上,移民及其后代的涵化(文化适应)是其身份认同主动或被动妥协的结果:少数族裔改变原先的文化实践和文化认同,但保留族裔认同。也就是说,涵化是国家、民族、社会和文化边界内个体或群体在身份认同方面妥协的结果。

综上所述,无论是同化模型、多元化模型、涵化模型,都把国家、社会和文化作为独立分离、边界分明的实体。在这种边界视角下,在国家认同、族群身份和文化等方面,祖籍国和居住国都是一种两元对立、静态独立的关系。因此,移民或少数族裔的身份认同,或是一个线性的从A国或A文化到B国或B文化的发展过程,或是保持两个或多个共存而分离、互相冲突或互相促进的独立体,它们之间永远都存在着或明显或模糊的边界,而这些边界到目前为止还难以消失。那么,在存在这一种主流文化和主流民族的现代国家中,少数族裔和移民的身份认同也只能是"非此即彼"的单一性认同。因此,他们面临着几种选择:同化、多元化和涵化。总之,这几种模型分别反映出移民的身份认同在国家边界内的受限、抗争和妥协。

## 第二节　无界性的身份认同
### ——"去地域化"模型

在第一节中,我们分析了传统的"有界性"身份认同模型的实质:限制性的同化、抗争性的多元化和妥协性的涵化。然而,20世纪下半叶以来,随着冷战的结束和全球化的日益发展,社会科学领域兴起了"去地域化"和"无边界"的浪潮,这股浪潮在移民研究领域的表现就是散居(diaspora)研究、世界主义(cosmopolitanism)研究和跨国

---

① Peter Kivisto and Thomas Faist, *Beyond a Border: the Causes and Consequences of Contemporary Immigration*, Los Angeles: Pine Forge Press, 2010, p. 124.

主义（transnationalism）研究成为新的研究热点。这些"去地域化"的研究范式认为全球化的冲击使民族国家、经济贸易、社会文化和人类的主体意识逐渐走向"无界"。从这些研究范式的角度出发，国际移民作为全球化的一个重要组成部分，其身份认同的"无界性"特征也越来越明显。

## 一、"去地域化"的族裔认同——散居模型（diasporic model）

散居研究始于对散布在全世界各地的犹太人的研究，20世纪六七十年代以后拓展到对亚美尼亚人、爱尔兰人及非洲黑人等的研究，尤其是20世纪90年代后更成为社会科学中的热点研究问题。随着其研究对象和研究范围的迅速拓展，散居研究似乎成为所有跨国流动人员研究的代名词，其中包括对移民、族群、流放者、难民等的研究，如海外华人（Chinese diaspora）、海外印度人（Indian diaspora）研究等。例如，库恩（Cohen）等学者把散居研究主要划分为四个阶段：第一阶段是20世纪六七十年代之前，主要是对犹太人、非洲黑人、亚美尼亚人和爱尔兰人的散居研究；第二阶段是20世纪80年代至90年代初，散居研究拓展至更多族群；第三阶段是20世纪90年代中期，散居研究的主要特征是后现代主义，很多学者对"祖国"和"族群"的概念进行重建，认为后现代社会中的身份认同呈现"去地域化"、复杂化、弹性化和情景化的特征；第四阶段是世纪之交，研究者认为散居者的身份认同越来越复杂，其"去地域化"也越来越明显，但与家园和祖国的连结得到了强调。[①]

在散居研究对象的拓展过程中，研究者的视角经历了从"有限"到"无限"、从"有界"到"无界"的转换。一方面，被认为是散居的民族从有限的几个（犹太人、亚美尼亚人等）到现在的100多个族群，研究范围得到了极大的拓展。另一方面，散居者身份认同经历了

---

① Robin Cohen, *Global Diasporas: An Introduction* (Second Edition), London: Routledge, 2008, pp. 1-2.

从"有界性"到"无界性"的转换。和传统的散居犹太人一样,散居的亚美尼亚人、非洲黑人、爱尔兰人等族群都认为自己散落在世界各地的起因是历史上的灾难事件,因此他们都具有一种受到残酷迫害的"受害者"心态。也就是说,他们在世界各地的散居是"被迫无奈的",因此他们都渴望回到自己的"祖国",或者渴望回到自己或祖先的故土,建立一个属于自己的"家园"。这是一种充满宗教和土地神圣感及回归感的强烈认同,也是一种带有鲜明"地域性"或"领土性"的认同。例如,犹太人悠久的历史、多灾多难的民族经历和辉煌灿烂的古代文化使早期的散居者认为远方的"祖国"是他们永远的心灵家园,是世上的神圣之地,所以他们对解放和恢复被外族侵占的"祖国"具有极大的政治热情。亚美尼亚人同样认为,他们的"祖国"是世界上"第一基督国家"[①],具有神圣的语言和伟大的爱国者。托勒里恩(Tololyan)把这种传统的散居认同称为"流亡的民族主义"(exilic nationalism),它其实也是远程民族主义的一种形式,因为散居者认为自己是居住在"祖国"之外的民族成员,他们关注着"祖国"的存在,或者为"祖国"的建立而努力。因此,这种传统的散居认同具有明显的"地域性"和"边界性",因为"祖国"既是其认同的地理基础,也是其散居认同的中心地点。

然而,20世纪90年代后,散居研究出现了后现代主义和后殖民主义的转向,"混杂性"或者"第三空间"的概念越来越成为散居研究的重点,散居者的身份认同也出现了"去地域化"或"去领土化"的特征。例如,佩尔斯里恩(Payaslian)对亚美尼亚人的散居历史进行了梳理。他认为历史上的亚美尼亚人有过四次大移居的浪潮。第一次是在奥斯曼帝国时期,第二次是19世纪末期,第三次是在一战时期,第四次是苏联时期。亚美尼亚人第一次的散居具有"流亡"的特征,散居者具有强烈的回归愿望。但是,后来的第三次和第四次的散居者

---

① Allon Gal, Athena S. Leoussi and Anthony D. Smith, eds. *The Call of the Homeland: Diaspora Nationalisms, Past and Present*, Leiden: Brill, 2010, p. 3.

与以前的散居者不同，他们不再关心亚美尼亚的历史地理位置究竟在何处的问题，"亚美尼亚"这个地方只是他们心目中"想象的祖国"，同时他们热切地同化于美国社会。① 托勒里恩把这种现代的散居认同称为"散居性的跨国主义"（diasporic transnationalism）。这种新型的散居认同与传统的类型不同，它具有"去（国家）中心化"和非统一性的特征，由散居群体的跨国网络维持。在这些现代散居者心目中，"祖国"已经不再是唯一的中心地了，相反，"祖国"只是这个跨国网络中的一个重要节点。②

现在，在全球化时代下密集的跨国连结和跨国网络中，地域性的"祖国"不再是散居群体的唯一中心和散居认同的唯一来源地，"有界的"地理认同逐步走向"无界的"社会和网络认同。例如，劳德麦托（Roudometof）通过对散居希腊人的研究，认为所有的散居族群都有三种身份认同的选择：第一种是涵化，第二种是结合祖籍国和居住国身份的混杂性认同，第三种是形成居住国少数族裔的认同。最后一种身份认同的选择也就是跨国的族裔认同，其实现方式是通过互联网和移动通信的广泛使用，使散居各地的希腊人保持着希腊人的族裔骄傲感和与"祖国"的联系。因此，这种跨国的族裔认同并不需要一个实际存在的地理空间，互联网虚拟空间是其存在的基础。只要有互联网的地方，就可以发展和保持这种跨国的族裔认同。

在华侨华人研究中，"散居"和"散居认同"的概念也得到很多著名学者的认可和运用，这从很多学者的理论观点中可以反映出来。例如，杜维明的"文化中国"打破了以国家领土为中心的视角，认为"文化中国"是"三个具有象征意义的世界之间的持续互动"：一个是中国大陆、中国台湾、中国香港、新加坡；一个是遍布全球的华人社会；一个是"试图理解中国文化并将他们对中国的理解传递给自己语

---

① Kim Knott and Sean McLoughlin, eds. *Diasporas: Concepts, Intersections, Identities*, London: Zed Books, 2010, p. 2.
② 同①, p. 4。

言圈的个人（包括非华人）"。① 刘宏的"跨界亚洲"是"将灵活的地理空间扩充到整个东亚（包括东南亚）以及海洋亚洲，其核心内涵是机构、群体和个人在跨越民族国家疆界过程中所形成的观念、认同、秩序、模式，以及亚洲现代性"②。陈志明提出在"华人民族学文化圈"中研究世界各地的华人文化。他认为，"华人研究既不取决于个别国家和地理范畴，也不以中国为中心"③。美国著名历史学家西格雷夫（Seagrave）在其《龙行天下：海外华人的巨大影响力》一书中，认为6000多万海外华人通过各种各样的同乡会、同业会和公司等团体联系在一起，构成了一个"没有国界、没有中央政府、也没有国旗的帝国"④。同样，王爱华和诺尼尼也在《无根帝国：现代华人跨国主义的文化政治》中指出，疆域、地区、国籍和族裔等概念都暗示了在前全球化时代中，社会科学受到地理边界的束缚。⑤

总之，现在散居研究的主要内容之一是以某一特定的种族或民族为中心，研究生活在不同国家和地区中的散居者如何在"祖国"以外的地方建立起"隐形的"（invisible）的"国家"。散居认同是一种以民族意识为基础的认同，联系散居民族的是家庭、族裔、经济、社会网络等纽带，而不是以前的地理住所。现在，具体的地域或地理边界对散居民族并不重要，因为大多数的散居者不再选择一个国家或地方永久居住，而是"流浪四方"（sojourning）。但无论他们身在何处，属于某个民族的强烈意识，即族裔认同，永远是他们身份认同中必不可少的一个部分。因此，在这个意义上，散居认同是一种"去地域化"

---

① 刘宏：《跨界亚洲的理念与实践——中国模式·华人网络·国际关系》，南京：南京大学出版社，2013年版，第41页。
② 同①，第6页。
③ 陈志明著，段颖、巫达译：《迁徙、家乡与认同：文化比较视野下的海外华人研究》，北京：商务印书馆，2012年版，第14页。
④ 斯特林·西格雷夫著，林文集、夏如译：《龙行天下：海外华人的巨大影响力》，海口：海南出版社，1999年版，第4页。
⑤ Aihwa Ong and Donald Macon Nonini, eds. *Ungrounded Empires: The Cultural Politics of Modern Chinese Transnationalism*, New York: Routledge, 1997, p. 5.

的族裔认同。

## 二、"超国家"认同——世界主义模型（cosmopolitan model）

20世纪下半期，随着全球贸易联系的加强和现代交通、信息技术的发展，世界开始变得越来越小，人类第一次迎来了真正意义上的"地球村"时代。在这种背景下，社会科学家们打破了受国家地理边界束缚的"容器"模型，纷纷提出带有世界主义性质的理论或观点。在国际关系领域，沃勒斯坦（Wallerstein）提出了"世界体系"理论。在经济学领域，日本管理大师大前研一（Ohmae Kenichi）提出了"无国界的世界"（the borderless world）。在人类学领域，阿帕杜莱（Appadurai）提出了"景观"论等。

在21世纪的今天，全球化已经是一个包括经济、政治、社会、文化和身份认同等多个维度的现象，而文化和身份认同问题又与交通、信息技术的发展所造成的时间-空间观念上的巨变紧密联系在一起的。在喷气式飞机等远距离交通工具、互联网等科技和新型社会组织方式的推动下，人类社会和人们的生产生活方式已经发生了巨大变迁，"在场的东西越来越被在时间-空间意义上缺席的东西所取代"，人类的活动和社会网络不再受限于实际的地理空间。"社会关系被从相互作用的地域性关联中'提炼出来'，在对时间和空间无限跨越的过程中被重建。吉登斯（Giddens）将这种时间和空间的混杂排列称为'时空分延'（time-space distanciation），哈维（Harvey）则将这种时空的复杂交织命名为'时空压缩'。"[①]

世界主义（cosmopolitanism）研究与全球化研究息息相关。在世界各地的交流日益增多，人类和文化的多样性和差异性逐渐凸显的全球化社会，世界主义者认为"世界主义本身已经成为现实"，"它已经变成了一个新时代的符号，反省的现代主义时代的符号"；在这个时代

---

[①] 萨斯基亚·萨森著，李纯一译：《全球化及其不满》，上海：上海书店出版社，2011年版，第2页。

中,"民族国家的边界和差异将会废除,在某种政治意义上重新谈判这些边界和差异"。① 因此,世界主义的观点指的是一种世界意识,一种无国界的意识,它是"一种在差异逐渐模糊不清并且存在文化矛盾的社会环境中适用于矛盾心理的对话的观点。这种观点不仅表露出'内心矛盾',而且还表现出多元文化混合的社会条件下自我生存和共同生存的诸多可能性"②。

"作为个性、社会和政治的地域囚禁理论的对立面",贝克(Beck)认为世界主义的观点可以分为"五个相互提示的结构原则"。第一个原则是"国际社会的危机经验原则"。也就是说,由于人们都具有全球性风险和全球的危机感,因此产生了相互依赖和"促进文明的命运共同体"思想,这个思想"消除了内部与外部、我们与他人、国家与国际之间的界限"。第二个原则是人们对"国际社会差异的认可原则",由此产生了国际社会的冲突特点,"以及对他人另类特点的(受到限制的)好奇"。第三个原则是"世界主义移情作用和展望观点转换原则",以及由此产生的形势的虚拟可转换性原则,这些形势包括机会和威胁。第四个原则是"无国界国际社会不可生存性的原则","以及由此而产生的绘制和确定新-旧国界和城墙的紧迫感"。第五个原则是"混合咖啡原则",也就是指那些"渗透、连结和混合不同地区的、国家、种族、宗教的世界主义的文化和传统"。③

美国著名的政治哲学家阿皮亚(Appiah)认为,人们对世界主义的理解存在着两种不同的观点。第一种观点认为,"我们对其他人承担着义务,这些义务涉及的范畴,超越了亲情关系与仁慈,甚至超越了共同的公民责任这种更为正式的人际联系"④。也就是说,我们每个人

---

① 乌尔里希·贝克著,杨祖群译:《世界主义的观点:战争即和平》,上海:华东师范大学出版社,2008年版,第2页。
② 同①,第4页。
③ 同①,第9页。
④ 奎迈·安东尼·阿皮亚著,苗华建译:《世界主义:陌生人世界里的道德规范》,北京:中央编译出版社,2012年版,第7页。

都与世界上的其他人存在着某种方式的联系，我们都有义务去承担作为世界一份子的责任，而不仅仅承担个人、家庭和国家的义务。第二种观点则认为，"我们不仅高度推崇整个人类的生活价值，还高度推崇特定人群的生活价值"。也就是说，人类社会存在着不同的价值观和文化，其中的某些习俗和价值对特定人群的生活具有重大影响，所以更应该受到推崇，同时持不同价值观的人群可以相互学到很多东西。①

总之，世界主义者持两个主要的基本观点：一是现代社会已是一个人人相互依存、事事息息相关的社会。我们所做的任何一件事，都会对其他人甚至是居住在地球另一边的人产生直接或间接的影响。二是现代社会已经或正在逐步成为无实质性地理边界的"地球村"。这个"地球村"里现在还存在着人群和文化的多样性，但由于日益紧密的联系，不同人群和文化正在相互渗透、混合和连结，因此，它们之间的边界已经变得日益模糊并日渐消失。

在世界主义的研究中，现代大都市是很多学者关注的焦点。现在，世界大都市的景观似乎永远都是一样的。在纽约、东京、中国香港、上海等地，无数的跨国集团和连锁商店云集其中，一样的摩天高楼、立交桥和地铁，肤色相貌各异但穿着打扮相似的人群，车水马龙的街道和步伐匆匆的人们，文明而淡漠的人际关系和快速紧张的生活方式，各式各样的广告牌和闪烁的霓虹灯，随处可见的麦当劳和肯德基快餐店，这一切都使全球的大都市变得如此相似。如果不是仍然存在的不同语言和不同肤色，我们在世界大都市中可能都不会有"身在异乡"的感觉，因为周围的一切都是如此的熟悉。因此，在全球化的现代社会中，一个不可否认的事实是：很多世界大都市已经失去了个性和地域性，它们都成为全球密集网络中的一些重要"节点"。

在这些世界大都市中，居住着一些"世界公民"，跨国企业家、跨国公司里的高级员工等就是这类"世界公民"的典型代表。例如，贝

---

① 奎迈·安东尼·阿皮亚著，苗华建译：《世界主义：陌生人世界里的道德规范》，北京：中央编译出版社，2012年版，第7页。

克讲到他有过一次亲身经历：在一次飞机旅途中，邻座是一个丹麦商人。当这个丹麦商人被问到感觉自己是丹麦人还是欧洲人时，他的回答是"既不是丹麦人，也不是欧洲人"，而是"一个世界公民"。他说，他的家乡是世界上任何一个国家，他的英语熟练得如同第二母语。"对于他而言，随处都有一张旅馆的床铺为他准备着。而他选择熟悉的、预计与地域差别毫无关系的同一类型的旅馆床铺。在中国他吃印度菜，而在印度他吃法国菜。他的商业伙伴看待事物的视角都与他类似。"① 因此，从这些"世界公民"身上，我们看到了人类社会的地域性和民族、文化边界的消失，人类主体意识的逐渐开放和对国家及地方认同的淡化。

世界主义研究者认为，全球化社会对19世纪以来统治人类意识领域的国家认同和地方认同提出了极大的挑战和质疑，于是他们提出了多种替代性的认同。在这些替代性的认同中，有三种颇具代表性：世界主义认同、超民族认同和族裔认同，而世界主义认同最有可能是人类未来身份认同的主体。他们认为，在现代社会中，"杂合式的生活方式是唯一恰当的选择，传统文化必然在全球化中发生错位，最终淹没在世界大潮之中，因此，人们认同的应该是一种'与传统离异的、非本真性的、杂交的'世界文化"②。

全球主义者安东尼·吉登斯则提出较为折中的世界民族主义。他认为，一个世界性的民族需要具备约束所有人的某些价值和公民乐于接受的某种认同，但是它必须承认不确定性和文化的多样性，以新的、开放的方式来表达民族的特殊性。中国学者戴晓东比较认同吉登斯的世界民族主义思想，他认为这种认同模式是世界主义和民族主义的有机结合。因此，戴晓东提倡"以多重认同模式为参照，发展出世界民

---

① 乌尔里希·贝克著,杨祖群译:《世界主义的观点:战争即和平》,上海:华东师范大学出版社,2008年版,第5页。
② 戴晓东:《民族认同与全球化》,载何佩群、俞沂暄主编:《国际关系与认同政治》,北京:时事出版社,2006年版,第22页。

族主义的认同模式"①。

总而言之,在以越来越难以否认的全球化事实为支撑的世界主义理论模型中,人类的身份认同不再以国家认同和地方认同为中心。相反,随着人类社会的相互依存和边界的消失,人类的身份认同也必将是"无界"的。因此,世界主义认同也是一种"超国家"和"去地域化"的认同模型。当然,在目前国家政治依然强大、国际政治斗争激烈的阶段,世界主义认同模型的普遍存在仍需拭目以待。

### 三、跨国认同——跨国主义模型(transnationalism model)

20世纪90年代美国的人类学家席勒等人首先提出了移民跨国主义的研究模型。通过对美国来自加勒比海和拉美等地移民的跨国活动的描述,席勒等人认为,移民研究学界必须重新界定移民的跨国经历,建立新的分析框架。这种新的分析框架也是一种以"去地域化"为根本出发点的理论视角。在这种新的理论视角下,国家和社会等实体再也不是封闭的"容器",移民的身份认同可以是"既彼又此"的双重认同,而不是"非此即彼"的单一性认同。

跨国活动、跨国网络和跨国社会场是跨国主义研究的主要内容,很多研究者从政治、经济、社会、文化、宗教、家庭等方面描述跨国移民在居住国和祖籍国之间的跨国活动和网络联系,反映跨国移民生活在一个跨越国界的社会场中。

首先,跨国主义研究者主要通过描述当代移民的跨国活动和跨国网络来体现其跨国身份认同。研究者认为,移民向祖籍国的汇款、投资、捐助,回国,参加祖籍国政治活动,以及各种类型的跨国网络联系都是其跨国认同的最好体现。例如,在最初的理论建构阶段,席勒列举了在纽约长岛的海地移民同乡会作为证明跨国活动和跨国认同的

---

① 戴晓东:《民族认同与全球化》,载何佩群、俞沂暄主编:《国际关系与认同政治》,北京:时事出版社,2006年版,第25—28页。

实例:该同乡会的每个会员每月捐款 10 美金帮扶家乡的一位贫困老人。其中有一位医生已经在家乡买下了一块地,并捐赠了四五千美金,打算为家乡修建一个体育中心。① 在学术专著和多篇学术论文中,席勒等学者从家庭网络、移民经济和族裔社团三个层次出发,对美国加勒比海岛国和菲律宾移民进行了研究。结果表明,相当一部分的国际移民并不属于传统意义上的"连根拔起"者,相反,这些移民是"脚踏两只船"的"跨国移民"。他们指出,这些跨国移民并不是"侨居者",因为他们已经在美国安居乐业,并在经济、政治和社会等方面都融入了美国的主流社会。但是,他们仍然和祖籍国保持着多层次、多方面的联系,并且通过这种多维的联系,把祖籍国和居住国紧密地连成了一个跨国社会场。在他们的研究中,席勒等人给出了第一个经典的"跨国主义"和"跨国移民"的定义:

"跨国主义"是指移民通过建立和保持连接祖籍国和居住国的多重社会关系的过程。我们把这些过程称为"跨国主义",目的是强调一个事实:今天很多移民建立了跨越地理、文化和政治边界的社会场。(We define "transnationalism" as the process by which immigrants forge and sustain multi-stranded social relations that link together their societies of origin and settlement. We call these process transnationalism to emphasize that many immigrants today build social fields that cross geographic, cultural, and political borders.)

那些建立和维持跨国家庭、政治、经济、社会、宗教和组织的多重关系的移民,称为"跨国移民"。② (Transmigrants—Immigrants who develop and maintain multiple relationships—familial, economic, social, organizational, religious, and political—that span borders.)

---

① Nina Glick Schiller, Linda Basch and Cristina Szanton Blanc, "Transnationalism: A New Analytical Framework for Understanding Migration", *Annals of the New York Academy of Sciences*, Vol. 645, No. 1, 1992, pp. 1-24.

② 同①。

莱维特等人在《跨国移民研究：历史发展及未来趋势》("Transnational Migration Studies: Past Developments and Future Trends")一文中，归纳了学界对移民跨国活动的研究：以汇款、投资、贸易为主体的经济跨国活动，以选举、双重国籍、游说为主体的政治跨国活动，以家庭结构、阶层和性别等变化为主体的社会跨国主义，以文化的变化、混合及边境文化的产生等为主体的文化跨国主义，还有宗教方面的跨国活动等。[1]

其次，当代移民的跨国认同经常体现在以现代通信网络为基础的跨国社会场和生活场景中。与散居认同和世界主义认同一样，跨国主义研究者认为，跨国认同的构建和维持也主要依靠现代的通信网络技术。例如，普拉扎（Plaza）对由美国、加拿大、英国的加勒比海裔大学生所创建和管理的 50 个网站进行分析，揭示了很多加勒比海裔二代大学生的跨国生活场景。普拉扎指出，这些互联网站是一种工具，它使加勒比海裔大学生能够参与跨国文化的建设，又能体现自己的作用和价值，从而反抗居住国的种族歧视并改变他们所处的弱势地位。另外，跨国互联网络的建立和维持使这些二代移民在双重的文化场景中游刃有余：加勒比海的文化背景和价值观使他们保持了族裔的骄傲感和自尊，居住国的文化背景又使他们能在未来的就业和生活中取得成功。因此，他们的跨国认同就建立于这两种边界和文化的协商和变化之上。可以说，以现代技术为基础的跨国认同就是当代移民与过去移民的主要不同之处。[2]

费斯特认为，在跨国社会场中，移民经历的是一种比过去更为流动和复杂的适应过程。与"连根拔起"的同化者（the uprooted）和"移植"的文化多元者（the transplanted）不同，跨国移民是一种"翻

---

[1] Peggy Levitt and Bernadette Nadya Jaworsky, "Transnational Migration Studies: Past Developments and Future Trends", *Review of Sociology*, Vol. 33, 2007, pp. 129-156.

[2] Plaza Dwaine, "Transnational Identity Maintenance via the Internet: A Content Analysis of the Websites Constructed by Second Generation Caribbean-Origin Students in Post-Secondary Institutions", *Human Architecture: Journal of the Sociology of Self-Knowledge*, Vol. 7, No. 4, 2009, pp. 37-52.

译者"(the translated),他们"不断地从事着语言、文化、准则、社会和象征性连结纽带的翻译工作"。也就是说,跨国移民的身份认同不是通过丢弃或简单地复制某种文化和身份,而是通过对新旧两种文化因素的"混杂"(bricolage)建构。[①]

身份认同的"去地域化"或"去(国家)中心化"是跨国认同与散居认同和世界主义认同的共同特征。在跨国主义模型中,移民是"脚踏两只船"或"身在曹营心在汉"的人,他们的身份认同不再受限于居住国的边界。也就是说,单一的居住国或祖籍国的身份认同不再是移民所必须面临的选择。相反,他们在跨越两国或多国的社会场和跨国网络中自由穿梭着,同时构建着伸缩自如的双重或多重认同。

与散居认同和世界主义认同一样,具体的地理位置已经不再重要,重要的是有形或无形的跨国网络和社会资本。跨国主义研究者认为,跨国移民经常往返于两个或多个国家或社会之间,与两国的社会和群体保持密切的联系,他们保持着弹性流动的双重身份认同,以便把在一个国家的社会、经济、文化资本转变为在另一个国家的资本。

然而,与散居理论和世界主义理论不同的是,在跨国主义理论中,民族国家仍然被认为是控制移民身份认同的一个重要因素,跨国认同与世界主义认同仍然具有明显的不同。例如,史密斯对"全球化"和"跨国主义"这两个概念作了详细的辨析。他指出,全球化和跨国主义除了在范围和程度上有明显的区别外,它们对国家的作用也有很大的差异。前者认为社会活动不再以国家领土为中心,而是发生在一个"流动的空间"内,而后者认为社会关系和活动仍然"停泊"在国家的领土内,只是跨越一个或多个国家而已。因此,全球化理论认为民族国家的领土、边界和身份认同越来越不重要,而跨国主义理论认为

---

[①] Peter Kivisto and Thomas Faist, *Beyond a Border: The Causes and Consequences of Contemporary Immigration*, Los Angeles: Pine Forge Press, 2010, p.142.

国家的边界、政策和身份认同仍然具有重大的作用。① 总之，在世界主义理论家眼里，全球化与民族国家是一种此消彼长的"零和"关系，而跨国主义理论家们认为跨国活动与民族国家是"相互建构"而不是相互排斥的关系。同样，很多学者指出，跨国主义研究关注的两个问题——民族国家与民族主义的问题和对跨国行为体的理解问题——并没有带领人们进入一个统一的世界民族时代，它反而使人们更加关注现代民族国家的持续作用。跨国主义活动反而激发了输入国与输出国的民族国家控制和民族主义。因此，跨国移民是集性别、种族、民族、阶层和国家等各种不同标识于一身的行为者，其自我认同在跨国的社会空间中不断地与自己和他人进行协商。②

总之，就如一些跨国主义者所指出的，跨国移民高度的流动性和对国家边界的轻易跨越并不一定使每个人都挣脱了民族国家所结下的认同"罗网"，跨国移民也并非一定就拥有全球视角的社会主体意识；相反，弹性流动的跨国认同仍然建构于某些特定的时间和某些特定的地点中。"一方面，跨国认同的建构虽与国家身份息息相关，但也并非以文化认同和国家领土或国民意识为基础而建立；另一方面，跨国认同同样与由公民身份与（居住）地点的分离所造成的'无地性'（placelessness）紧密相关。"③

然而，到目前为止，移民跨国认同还是存在着研究不足、概念模糊或概括笼统的问题。有些学者把跨国认同等同于世界主义认同，或把跨国认同与散居认同混为一谈。例如，沃托维克把移民的跨国认同称为一种"双重或多重的散居意识"，它是一种"去中心""既此又彼"的个体归属意识。沃托维克还引用了库恩、霍尔（Hall）和阿帕杜莱等人的观点去阐述跨国移民的"散居意识"："跨国纽带（的维

---

① Michael Peter Smith, "Transnationalism and Citizenship", in Brenda S. A. Yeoh, Michael W. Charney and Tong Chee Kiong, eds. *Approaching Transnationalism*, Norwell: Kluwer Academic Publishers, 2003, pp. 17-18.
② 同①, pp. 2-3。
③ 同①, p. 3。

持）再也不需以迁移活动或地域要求为基础。在网络时代中，散居团体的联系可以通过思想、文化产品和共同的想象。""（跨国移民的）多地区意识使他们产生与他人联系的欲望，那些既在'此地'又在'他处'的人分享共同的'路线'和'根源'。""不管发展轨迹如何，散居群体总是拥有一系列的关于另一个地方和时间的集体记忆，因此产生了新的归属感。"① 总之，在沃托维克等人的理论中，跨国移民的身份、记忆、意识和文化都和散居所具有的"多重性、多地性、流动性和复杂性"一样，因此跨国认同也是一种"散居意识"。

究其跨国认同概念不清、指代不明的原因，除了人类身份认同的复杂性和抽象性之外，其多学科的广泛使用是主要原因。② 例如，在全球化理论和国际关系学术界中，跨国认同经常用来指代超越民族国家界限的全球认同。其实，这种跨国认同是一种"以全球化为基础的跨国认同"（globalization-based transnational identity），它更多地存在于跨国公司的高层管理人员、跨国商人和很多知识分子、技术工人等中间。而在移民研究领域，与"跨国主义"相对应的"跨国认同"的内涵和其他领域的"跨国认同"概念并不尽相同，它经常包括两层含义：第一层特指移民或其后代与祖籍国的连结纽带和对祖籍国的认同，第二层是指移民或其后代的双重身份认同，具有流动和复杂等特性。与跨国精英或跨国商人的跨国认同不同的是，国际移民的跨国认同是一种"以迁移为基础的跨国认同"（migration-based transnational identity）③，它产生于从移民的迁移活动和居住的社会环境中，并非产生于频繁的国际商务旅行或与世界各国的商务联系中。当然，这两种跨国认同并

---

① Steven Vertovec, *Transnationalism*, London: Routledge, 2009, p. 7.
② Christian Collet and Pei-te Lien, "The Transnational Politics of Asian Americans: Controversies, Questions, Convergence", in Christian Collet and Pei-te Lien, eds. *The Transantional Politics of Asian Americans*, Philadelphia: Temple University Press, 2009, p. 11.
③ Sylvia Xiaohua Chen, Veronica Benet-Martinez and Michael Harris Bond, "Bicultural Identity, Bilingualism, and Psychological Adjustment in Multicultural Societies: Immigration-Based and Globalization-Based Acculturation", *Journal of Personality*, Vol. 76, No. 4, 2008, pp. 803-838.

没有清晰的分界线。相反，由于国际移民是全球化的一个组成部分，所以从严格意义上来说，"以迁移为基础的跨国认同"应该是"以全球化为基础的跨国认同"的一种特殊形式，但毋庸置疑的是，两者的成因、内容和表现形式等都有很大的不同。尽管如此，这两种跨国认同仍然具有相同的本质，即都属于一种试图突破民族国家政治经济等边界限制的后现代主体意识。因此，这两类跨国认同并非泾渭分明，而是互相交错、相互联系。

综上所述，由于研究对象和研究内容相近，也由于不同学科的相互交叉和逐渐渗透，散居、世界主义和跨国主义这三个研究领域似乎没有明确的分界线，有些著作和学者还经常把它们作为可以相互替换的同义词。归纳起来，与传统的研究范式相比，散居、世界主义和跨国主义研究都强调后现代社会文化的"去边界化"和身份认同的"无界性"，并试图从"去地域化"的研究角度探索后现代主体既在"此处"又在"彼处"的身份构建和重建。[①] 现在，散居、世界主义和跨国主义研究者的共识是移民的"无界性"身份认同和归属感不仅是常见的，而且是必需的，因为全球化的社会经济和文化背景给人们提供了多样化的选择和无限的流动性。

通过对散居研究、世界主义研究和跨国主义研究的理论分析，本书认为：第一，散居认同是一种以族裔认同为基础的认同模型，它具有"去（国家）中心化"的特征，强调原生的民族血统和现代的社会虚拟网络在身份认同中的建构作用，因此，它是一种"去地域化"的"无界性"认同模型。第二，世界主义认同模型是以全球化为基础，以"去国家、社会和文化边界"为主要特征，它强调现代人类和社会的相互依存和边界消失，因此，它是一种最彻底最真实的"无界性"认同模型。第三，跨国主义研究中的跨国认同模型虽然目前处于研究不足的状态，但其"跨国性"和"去地域化"的本质特征已是很多研究者

---

[①] Kuah-Pearce Khun Eng and Andrew P. Davidson, eds. *At Home in the Chinese Diaspora*, New York: Palgrave Macmillan, 2008, p. 35.

的共识，在这个意义上，跨国认同也是一种"无界性"的认同模型。

## 第三节 跨界性的身份认同
——以圣地亚哥和波士顿的华人群体为例

前面两节分析了国际移民学界对身份认同研究的两种不同的范式：一是传统的"有界性"的"容器"范式，如同化、多元化和涵化理论等；二是"无界性"的"去地域化"范式，如散居研究、世界主义研究和跨国主义研究等。这两种不同范式的观点虽然不同，但其研究方法都有一个共同的特征：以边界为视角。本节拟延续这两类范式的边界研究视角，以美国圣地亚哥和波士顿两地的华人群体为研究对象，分析其身份认同的主要组成部分和基本特征，并验证其有界性或无界性，进而提出本书的中心论点：在目前阶段，受访华人群体的身份认同状态是以上两种不同范式的结合。也就是说，这两个群体的身份认同既是"有界"的，又是"无界"的。具体来说，这两个群体的族裔认同和国家认同仍是"有界"的，而其文化认同则呈现"无界性"的特征。因此，族裔认同、国家认同和文化认同的有机结合是受访华人群体跨界认同的核心内容，情景性、实用性和工具性是其主要特征。

本书的第一次田野调查是在2012年2月至2013年2月。当年作者获得国家留学基金管理委员会的资助，赴加州大学圣地亚哥分校的移民研究中心进行为期一年的访学，于是利用这个机会进行了一年的田野调查。在这次的调查中，作者采用目的性抽样和方便抽样相结合的方法，选取了两个较有代表性的华人群体——华人专业技术移民和华裔大学生——分别代表当地华人的第一代和第二代，作为个案研究对象。

经过几个月的实地考察，作者发现美国的华人教会是接触华人专业技术移民最好的场所之一。与美国主流社会的教会不同，华人教会一般聚集了来自不同地区、不同职业、不同身份的移民，它是华人专业技术移民的社交场所，也是一个考察文化认同的理想之地。因此，作者选择了圣地亚哥市区最大的华人基督教会西区主恩堂作为开展田野调查的主要场所。但是，本书所收集到的问卷调查表和访谈资料等并不局限于西区主恩堂教会。通过一些华人朋友的推荐和热心帮助，本书的样本既包括了圣地亚哥的华人基督徒，也包括非基督徒，样本的人口特征如表2所示。①

表2 华人专业技术移民样本的人口特征

| 样本变量 | 性别 | | 年龄 | | | 教育 | | | 职业 | | | 在美居住时间 | | | 法律身份 | | |
|---|---|---|---|---|---|---|---|---|---|---|---|---|---|---|---|---|---|
| | 男 | 女 | 青年（18—34岁） | 中年（35—55岁） | 老年（56岁以上） | 高中 | 大学 | 研究生 | 工程师、科学家等 | 会计、教师等 | 无业或空白 | 5年或以下 | 6—10年 | 10年以上 | 美国国籍 | 持有美国绿卡 | 中国国籍 |
| 人数 | 36 | 46 | 6 | 74 | 2 | 3 | 12 | 67 | 44 | 13 | 25 | 7 | 12 | 63 | 43 | 21 | 18 |
| 比例（%） | 44 | 56 | 7.3 | 90.2 | 2.4 | 3.7 | 14.6 | 81.7 | 53.7 | 15.9 | 30.4 | 8.5 | 14.6 | 76.9 | 52.4 | 25.6 | 22 |

资料来源：作者自制。

本研究对华裔大学生的考察主要是以加州大学圣地亚哥分校的本科生为基础，样本的人口特征如表3所示。加州大学圣地亚哥分校位于加州最南端的圣地亚哥市，是该市最大的公立大学。该校临近太平洋海边，风景优美，气候宜人。2011年该校的在校本科学生有23 046人、研究生4529人。如图1所示，在本科学生中，亚裔学生占45%，是最大的一个族裔群体。白人本科学生占25%。墨西哥裔本科学生占12%。华裔本科学生的总数达到5474人，接近白人学生的总数。如表4所示，超90%的学生是加州本地的学生，因此本研究的考察对象在一定程度上代表了加州的华裔大学生。

---

① 本研究主要通过考察受访者日常生活中的行为，探索圣地亚哥和波士顿华人的身份认同。必须说明的是，虽然宗教属于文化的一个内容，但本书主要研究受访者世俗方面的文化内容，包括中美价值观、日常生活中的中美文化行为等，因此，本书不涉及受访者的宗教认同。

表3 加州大学圣地亚哥分校华裔大学生样本的人口特征

| 样本变量 | 性别 | | 出生地 | | | | | 在美居住时间 | | | 法律身份 | | | | 父亲出生地 | | | | | 母亲出生地 | | | | |
|---|---|---|---|---|---|---|---|---|---|---|---|---|---|---|---|---|---|---|---|---|---|---|---|---|
| | 男 | 女 | 美国 | 中国大陆 | 中国台湾 | 中国香港 | 其他 | 10年以上 | 6—10年 | 1—5年 | 美国国籍 | 美国绿卡 | 中国国籍 | 其他国籍 | 美国 | 中国大陆 | 中国台湾 | 中国香港 | 其他 | 美国 | 中国大陆 | 中国台湾 | 中国香港 | 其他 |
| 人数 | 77 | 98 | 121 | 28 | 15 | 7 | 5 | 157 | 22 | 7 | 155 | 10 | 9 | 1 | 3 | 65 | 38 | 37 | 32 | 3 | 70 | 39 | 35 | 28 |
| 比例（%） | 44 | 56 | 68.8 | 15.9 | 8.5 | 4 | 2.8 | 83.5 | 12.5 | 4 | 88.6 | 5.7 | 5.1 | 0.6 | 1.7 | 37.1 | 21.7 | 21.1 | 18.3 | 1.7 | 40 | 22.3 | 20 | 16 |

资料来源：作者自制。

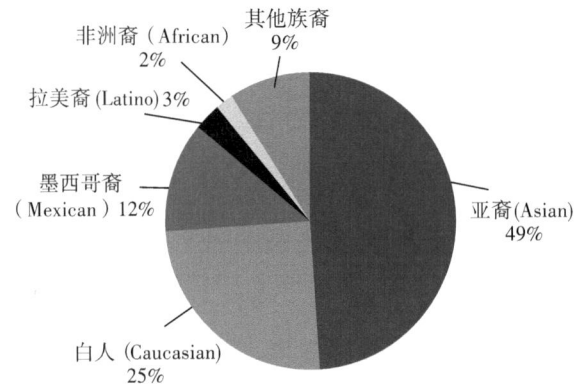

**图1 2011年加州大学圣地亚哥分校本科生的族裔统计图**

资料来源：加州大学圣地亚哥分校学生事务处——学生研究与信息。

**表4 2011年加州大学圣地亚哥分校本科生家庭所在地情况**

| | 人数（人） | 比例（%） |
|---|---|---|
| 圣地亚哥/帝王县 | 4530 | 19.7 |
| 洛杉矶/橙县 | 9467 | 41.1 |
| 旧金山/湾区 | 4811 | 20.9 |
| 加州其他地区 | 2030 | 8.8 |
| 外州 | 697 | 3.0 |

续表

|  | 人数（人） | 比例（%） |
| --- | --- | --- |
| 外国 | 1511 | 6.6 |
| 合计 | 23 046 | 100.0 |

资料来源：加州大学圣地亚哥分校学生事务处——学生研究与信息。

本书的第二次田野调查是在2018年9月至2019年9月。作者获得国家留学基金管理委员会的第二次资助，赴波士顿大学人类学系进行为期一年的访学，于是再次利用访学机会进行第二年的田野调查研究。在这次调查中，作者同样采用目的性抽样和方便抽样相结合的方法，在大波士顿地区进行了深度访谈、亲身参与及观察和问卷调查等田野调查。波士顿有历史悠久的唐人街和较大规模的郊区华人聚居区，于是作者广泛走访了这些华人聚居区的华人团体和个人，收集到范围更广、群体更多样的第一手资料。同时，由于微信群已经成为全球华人的日常交流平台和主要虚拟社区，作者在加入波士顿地区的几个华人微信群后，时刻关注微信群中的聊天记录，从中体验和观察当地华人的日常活动和身份认同感，并截屏保留和本研究相关的、具有研究价值的聊天信息。

经过几个月的融入与关系搭建后，作者主要观察和参与了大波士顿地区和平统一促进会、华夏文化协会、亚美会、中华文化协会、波士顿广州联谊会、波士顿郊区华人圣经教会、纽英伦华人基督教会、波士顿文化沙龙、世界旗袍协会波士顿分会、唐人街华人布道会、巾帼舞狮团和波士顿潮州同乡会等华人社团的活动和聚会，走访了位于波士顿唐人街的纽英伦中华公所、波士顿华埠公共图书馆、广教中文学校、华林派国术总会、昆西公民联盟协会、波士顿易学研究社、佛光山波士顿三佛中心等华人组织或场所，并对一些华人社团和组织的领导人和成员进行非正式访谈。

## 一、跨界认同的核心内容：多重认同内容的有机结合

1. 原生性和建构性的族裔认同——有界性认同

目前，世界仍然存在着不同肤色、体型和基因的人种和民族，毫无疑问，对于国际移民来说，族裔认同是其身份认同中的一个重要成分。当代的美国华人也不例外。这种族裔认同在美国华人身上的具体表现就是中国人认同，它是一种由血统、家庭和出身所决定的"原生性认同"（primordial identity）。对于华人移民及其后裔来说，除非经过几代人的异族通婚，否则，中国人的血统和基因是一个无法改变也无法否认的事实。

在两年的田野调查中，作者发现很多华人专业技术移民的主要身份认同类型就是中国人的族裔认同。在圣地亚哥收集到的问卷调查结果较好地表明了这一点，如表5所示：95.5%的受访者认为自己是中国人，93.9%的人声称自己的好朋友几乎都是华人，87.8%的人感觉中国人更加亲近，75.6%主要和中国人交往及参加中国人的活动或聚会，同样多的人在奥运会上主要为中国队加油，74.4%为自己是中国人而感到骄傲，62.2%的人认为中国是自己的家园。

表5 两个受访华人群体的中国人认同

|  | 华人专业技术移民 | | 加州大学圣地亚哥分校华裔大学生 | |
| --- | --- | --- | --- | --- |
|  | 人数（人） | 比例（%） | 人数（人） | 比例（%） |
| 认为自己是中国人 | 78 | 95.5 | 135 | 76.2 |
| 为中国人而骄傲 | 61 | 74.4 | 133 | 75.1 |
| 奥运会上为中国加油 | 62 | 75.6 | 52 | 29.4 |
| 认为中国人更加亲近 | 72 | 87.8 | 81 | 45.8 |
| 认为中国是自己的家园 | 51 | 62.2 | 22 | 12.4 |

资料来源：作者自制。

作者的亲身观察和深度访谈同样证明了华人专业技术移民受访者强烈的中国人认同感。例如，一个早就加入美国国籍的华人工程师在一次华人的家庭聚会上对作者说："不要以为我们移民美国了，就不爱（中）国了。中国发射卫星我们激动得要命！奥运会金牌榜也会关注中国的！"在聚会上，这些在美国已经居住了十几年甚至二十几年的移民还热烈地讨论着中日钓鱼岛之争和国内的热点新闻。当时的情景给人的感觉，好像这一幕不是发生在美国中产阶层郊区的一幢美式别墅里，而是在中国国内，仿佛他们从来就没有离开过中国一样。[①] 早在1985年就移居美国的张女士这样说道："我们吃中餐，去中国超市买菜，周围的朋友基本上都是中国人。"[②] 高中毕业后就随父母移民美国，现在是圣地亚哥一家高科技公司律师的王先生说，他感觉自己仍是中国人，最多也就是个美国华人，不是纯粹的美国人。[③] 从这些例子中，我们看到了原生性的族裔认同在这些美国华人身上的根深蒂固。

在波士顿的田野调查中，受访的华人专业技术移民大多具有强烈的中国人认同感。20世纪50年代出生在上海并在那里度过童年生活的胡先生是波士顿侨界公认的领导人，也是波士顿有名的华商。他在香港长大，在美国接受高等教育，博士毕业后进入美国著名的化学公司工作了几十年，临近退休时接管了家族生意。在与胡先生的多次接触和聊天中，作者深深感受到胡先生对中国的深厚感情，他尤其怀念50年代的上海民风，并对香港的"港独"分子恨之入骨。他与另一位华人专业技术移民梁先生一起，创办了大波士顿地区和平统一促进会，希望能在有生之年为中国的和平统一贡献力量。在多次的聚会和活动中，胡先生一再强调中国改革开放过去40多年所取得的非凡成就，坚

---

[①] 据2012年9月22日晚上作者于华人朋友廖先生家中的周末聚会谈话和观察记录整理而成。

[②] 来源于作者与张女士的谈话，2012年9月15日与张女士前往圣地亚哥大华超市购物途中的车上。

[③] 来源于作者对王先生的非正式访谈，2012年12月8日中午于作者的公寓中。

信中国必将实现中华民族的伟大复兴。①

20世纪80年代末从北京移民到波士顿的芳女士和陈老师同样对中国怀有强烈的感情。芳女士对中共十八大以来的反腐倡廉行动赞不绝口，认为在习近平总书记的领导下中国一定会越来越繁荣昌盛。芳女士坚决拥护中国共产党的领导，认为没有中共的正确领导就没有今天强大的中国。在一家公立小学任教中文的陈老师是波士顿中文教育的元老，她是波士顿最早教授普通话的华人教师之一。与芳女士一样，陈老师坚决拥护中国共产党的领导，反对"台独""港独""藏独""疆独"等一切分裂中国的行为。

其实，对于出生和成长在中国的华人专业技术移民来说，这种根深蒂固的中国人认同不仅仅是一种原生性的血缘认同，还是一种经过复杂社会化的、众多宏观和微观因素共同作用的建构结果（关于其成因的具体论述将在后面章节展开）。因此，族裔认同也是一种建构性的认同。

两年的田野调查同样发现，除华人专业技术移民外，很多出生于美国或其他国家的华裔大学生对中国人的族裔认同感也十分强烈。首先，对加州大学圣地亚哥分校华裔大学生的问卷调查结果证明了这一发现。如上述表5所示，76.2%的受访者认为自己是中国人，75.1%的受访者为自己是中国人而骄傲，接近一半的受访者感觉中国人更加亲近。在一次访谈中，父母是越南华人的萨布丽娜（Sabrina）这样讲述道："我出生于越南，也从没有去过中国。但我总觉得自己是中国人，我会说中文，也听中文歌曲，奥运会上为中国队加油！"② 12岁移民美国的艾伦（Alan）说："我的思维方式应该完全是美国人的方式了，但内心深处还是感觉自己是中国人多一些。"③

---

① 来源于胡先生的聚会发言和与作者的多次聊天记录，2019年5月至8月于大波士顿地区。
② 来源于作者对萨布丽娜（Sabrina）的正式访谈，2012年11月12日于加州大学圣地亚哥分校移民比较研究中心办公室。
③ 来源于作者与艾伦（Alan）的谈话，2012年12月6日于加州大学圣地亚哥分校校园。

对于华裔大学生来说，中国人的族裔认同更多的是一种原生性的认同，它主要来源于血统、出身和家庭文化。但是，个人的成长经历和生活环境等微观因素，以及中美两国社会、文化、经济等宏观因素也一直对华裔大学生的中国人认同产生建构性的作用。例如，萨布丽娜说："中国有那么悠久的历史和灿烂的文明，历史书上都有记录。现在中国也越来越强大了，很多新闻都谈到中国。我很愿意成为中国人。"① 事实上，由于中国的优秀传统文化和日益增强的经济实力和国际地位，也由于很多美国华人出色的学习成绩和经济成就，大部分华裔大学生对自己的中国人血统都感到非常自豪，原生性的族裔认同也得到了建构和增强。

总之，只要不同的种族和民族特征依然存在，那么，国际移民的身份认同就会不可避免地包含着祖籍国的族裔认同，它经常与居住国的族裔认同相背离。因此，这是一种"有界性"的认同，它体现了民族边界的清晰可辨。

当然，随着现代社会的进步和人们思想的逐渐开放，"有界"的族裔认同也已经或开始走向"无界"。例如，很多美国华人虽然希望子女保持中华文化传统，但并不反对异族通婚。华裔大学生小陈十分坦白地说："我比较喜欢白人女孩，因为（我觉得）她们很漂亮。"② 家在北加州的薇薇安（Vivian）说，虽然在家中妈妈要求她表现得像个传统的中国女孩，但并不限制她的交友或婚嫁选择，她说："我妈妈说只要他对我好，是不是中国人都无所谓的。"③ 因此，我们可以预测，随着异族通婚率的上升，民族的融合是未来世界的潮流，种族和民族的边界也将随之逐渐消失。到了那时，移民的身份认同终将成为真正的

---

① 来源于作者对萨布丽娜的正式访谈，2012 年 11 月 6 日于加州大学圣地亚哥分校移民比较研究中心办公室。
② 来源于作者对小陈的正式访谈，2012 年 11 月 27 日于加州大学圣地亚哥分校移民比较研究中心办公室。
③ 来源于作者对薇薇安（Vivian）的正式访谈，2012 年 10 月 17 日于加州大学圣地亚哥分校移民比较研究中心办公室。

"无界"。

2. 政治性和社会性的国家认同——有界性认同

到了 21 世纪的今天，民族国家仍然是人类社会的组织单位。20 世纪末加速发展的全球化虽然使各国之间的往来得到了前所未有的强化，国与国之间的边界也似乎得到了一定程度的弱化。但是，无可否认的是，国家仍然是目前国际社会主要的行为体，不同的国家有着不同的特性和利益。国家认同还是人们身份认同的主要类型之一。因此，除原生性和建构性的族裔认同外，政治性和社会性的国家认同是国际移民身份认同的另一个重要组成部分。具体到当代美国华人的身上，其国家认同就是美国人的身份以及作为美国人的权益和义务。

表 6 两个受访华人群体的美国认同

|  | 华人专业技术移民 | | 加州大学圣地亚哥分校华裔大学生 | |
| --- | --- | --- | --- | --- |
|  | 人数（人） | 比例（%） | 人数（人） | 比例（%） |
| 认为自己是美国人 | 27 | 32.9 | 130 | 73.5 |
| 为美国人而骄傲 | 29 | 35.4 | 118 | 66.7 |
| 奥运会上为美国加油 | 18 | 22.0 | 87 | 49.1 |
| 认为美国人更加亲近 | 24 | 29.3 | 91 | 51.5 |
| 认为美国是自己的家园 | 58 | 70.7 | 107 | 60.5 |

资料来源：作者自制。

注：本调查问卷中的"美国人"主要是指法律意义上的美国国民，不特指任何一个族裔。但作者在田野调查中发现，很多美国华人下意识中都把"美国人"特指为美国白人。

上文的分析指出，很多美国华人具有较强的中国人族裔认同，但这种族裔认同并不等同于对中国的国家认同，更不等同于对中国的忠诚感。其实，很多受访华人具有较强的政治性国家认同，或者很多人至少经常比较清醒地意识到自己的美国国民身份。如表 6 所示，

73.5%的受访华裔大学生认为自己是美国人，66.7%为自己是美国人而骄傲，60.5%认为美国是自己的家园，51.5%认为美国人更加亲近，49.1%在奥运会上主要为美国队加油。对华人专业技术移民群体的调查结果也显示，30%左右的受访者认同自己是美国人，具有美国人的自豪感，并和其他族裔的美国人密切交往；40%以上的人有很多非华人的好朋友；30%左右受访者经常参加美国人的活动或聚会，并认为美国人更加亲近；20%左右的受访者在奥运会上主要为美国队加油；超过70%的受访者认同美国是自己的家园。

另外，受访华人的复合型身份认同——华美认同同样较强。如表7所示，87.0%的华裔大学生认为自己是华裔美国人，74.0%为身为华裔美国人而感到骄傲，58.2%在奥运会上为两国加油，50.8%感觉中美两国人都同样亲近。在访谈中，很多受访者都用"华裔美国人"来描述自己的身份，很多人都这样说道："我的一半是中国人，一半是美国人。因为我的父母是中国人，所以我肯定也是中国人了；但美国是我出生和生活的国家，所以我也是美国人。"①

表7　两个受访华人群体的华美认同

|  | 华人专业技术移民 | | 加州大学圣地亚哥分校华裔大学生 | |
| --- | --- | --- | --- | --- |
|  | 人数（人） | 比例（％） | 人数（人） | 比例（％） |
| 认为自己是华裔美国人 | 58 | 70.7 | 154 | 87.0 |
| 为华裔美国人而骄傲 | 50 | 61.0 | 131 | 74.0 |
| 奥运会上为中美两国加油 | 42 | 51.2 | 103 | 58.2 |
| 认为中美两国人同样亲近 | 24 | 29.8 | 90 | 50.8 |
| 认为中美两国都是自己的家园 | 61 | 74.4 | 60 | 33.8 |

资料来源：作者自制。

---

① 据作者于2012年2月至2013年2月在加州大学圣地亚哥分校访学期间与华裔大学生的交谈和访谈资料整理而成。

针对华人专业技术移民的调查结果显示，70%以上的受访者同样认可"华裔美国人"的身份标签，并认为美国和中国都是自己的家园；60%以上的受访者为自己华裔美国人的身份感到骄傲，超过一半的受访者在奥运会中既为中国队加油，又为美国队加油。

在很多公共场合和聚会上，我们可以看到或听到很多华人经常明确地表示自己是美国公民，为美国的利益服务。例如，美国第36任商务部长和第10任驻中国大使骆家辉在很多场合下的发言和做法都表明了他是"百分之百的美国人"，所以他代表的是美国，而不是中国。出生并成长于加州洛杉矶的柯罗伊（Chloe）说："当我被别人问到是哪国人时，我认为自己完全是个美国人，因为我出生在这个国家，所以就是美国人。"[1] 七岁移民美国的戴维（David）是加州大学圣地亚哥分校的本科学生，曾经服过一年美国陆军兵役，虽然周围有很多华人同学和熟人，但他总认为自己是美国人，认为他的祖国就是美国。在一次聚会上，当大家为中国的繁荣昌盛而举杯时，他却为美国的富强而举杯，并明确宣称自己的祖国就是美国。在日常生活中，他时时刻刻记住自己的美国人身份，经常站在美国政府的立场批评中国政府和中国人。[2] 从他们的身上，我们看到了国家政治边界的强大和国家政治对身份认同的影响。

其次，两年的田野调查结果表明，很多美国华人的美国家园感和社会认同感其实非常强烈，尤其是移民二代的华裔大学生。大部分的华人专业技术移民和华裔大学生都认为美国是自己的家园，这就表现出他们对美国国土和社会的热爱和忠诚。另外，在很多聚会上，华人专业技术移民经常讨论的话题就是美国的政治社会问题，很多人都参加美国总统的选举投票活动。例如，在圣地亚哥西区主恩堂的一次周五团契晚餐中，曾经是国内某大学教师的刘女士说："来这个教会的中

---

[1] 来源于作者对柯罗伊（Chloe）的正式访谈，2019年7月22日于波士顿大学校园。
[2] 据作者在圣地亚哥参加中国访学朋友国庆聚餐时的观察记录整理而成，2012年10月1日于圣地亚哥朋友所租的房子中。

国人属于正在为生活而奔波的移民,最多也是中产阶层。如果你去其他一些地方,会发现更多美国化的人,他们在美国已经相当成功了,所以关注的问题是怎样回报美国社会的问题。"① 在与受访者的访谈中,作者也明显感觉到很多受访者在美国有"在家"(feel at home)的感觉,而回中国探亲时反而感到"很不习惯"。移民美国已有十几年的小丽说:"我在美国居住久了,回国很不适应,国内的关系太复杂了,我喜欢简单的生活。所以在这边久了,我觉得自己变得很'笨'了。"② 任职于一家信息技术公司的博士后阿芳说:"虽然我还没有感觉到美国是我的国家,但我自己的家还是在这儿(美国)。"③ 从这些例子看出,受访华人专业技术移民的美国认同既是一种受法律身份制约的政治性认同,也是一种对美国社会的自发性认同。

华人专业技术移民潘女士住在大波士顿地区布鲁克莱恩市(Brookline),她在政府机构工作,平时兼职房地产中介服务,先生在金融行业工作。她说,自己的老板和很多邻居都是美国白人,她跟他们的关系都很好,有时会参加他们的聚会。她说:"这里的中国人必须有服务于社区的意识,才能更好地融入美国社会。"在 2020 年的新冠疫情中,她积极参加波士顿华人组织的为当地医务人员提供"爱心午餐"的活动,④ 为当地社会贡献自己的力量,体现出她对美国国家和社会的认同感。

大波士顿地区的摩顿市是近年来发展迅猛的华人郊区聚居地。设立于此地的华夏文化协会致力于服务华人社区、促进华人融入主流社会、沟通中西文化交流、帮助居民了解自身权益与责任,以及提高华人社会地位。该协会在波士顿华人界久负盛名,各种文化活动开展得

---

① 来源于作者与刘女士的周五团契晚餐谈话,2012 年 12 月 14 日于圣地亚哥西区主恩堂的聚餐大厅。
② 来源于作者与小丽的谈话,2012 年 8 月 25 日于圣地亚哥康拉德大道(Conrad Avenue)小区游泳池旁边的沙滩椅上。
③ 来源于作者对阿芳的非正式访谈,2013 年 1 月 11 日于阿芳家中。
④ 来源于作者与潘女士的多次聊天记录,2019 年 4 月至 8 月于布鲁克莱恩市。

如火如荼。协会主席洪梅女士也是波士顿华人界的知名人士，她师从甄子丹的母亲麦宝婵女士修习太极拳，在波士顿大学教授太极拳。洪梅女士利用自己与美国主流社会的良好关系，经常积极与美国机构开展合作。例如，波士顿邮政局连续几年都跟华夏文化协会联合做推广活动，面向全美发行中国的生肖邮票。另外，每年华夏文化协会都跟大波士顿地区的城镇规划局（Metropolitan Area Planning Council, MAPC）联合举办"探索摩顿河边公园"活动，宣传当地的城镇开发计划，促进社区华人关心当地事务，帮助华人更好地适应和融入当地主流社会。① 由此可见，很多华人组织和华人自身的目标和行动是积极融入美国社会，并增强华人对美国社会的认同感。

2020年5月，在美国新冠疫情持续恶化时，美国华人发起了"全美华人爱心中餐日"，大波士顿地区的华人也积极响应。韦斯顿联盟（WeStar）、美国华人联合会马萨诸塞州分会（UCA-MA）和其他华人团体一同发动起来，"莱克星顿镇华协（CAAL）、吕令子基金会、卫斯理华协（WeCAN）、卫斯理中文学校（WCLS）、沙龙华协（SCA）、纽英伦中华资讯网络协会（CFN）、Belmont华协（BCAA）、Needham华协（CFN）、牛顿华协（CAAN）、北美杭州同乡会（NAHA）、美中生物医药协会（CABA）、美东云南同乡会、北美南宁同乡总会（NANA）、CEA公盟教育等纷纷响应号召，踊跃加入，形成了声势浩大的规模"。② 这些华人协会和组织号召当地华人积极捐款，为当地的医院、警察局、消防站、政府部门和学校等在疫情中坚持工作的一线人员和志愿者们提供中餐，体现出其深厚的保家卫国情怀和对美国社会的强烈责任感，为美国当地的抗疫救灾作出了贡献，提高了华人社区的形象和社会影响力，也增强了华人的美国归属感。

---

① 来源于作者对洪梅的非正式访谈记录，2019年7月31日于摩顿市华夏文化协会办公室。

② 来源于CEA（Civic Education Alliance）公盟教育微信公众号于2020年5月26日发布的文章《春天的故事——全美华人爱心中餐日》。

第二代以上的华裔青年更倾向于认为自己是"美国人"。五岁移民美国的小方说:"我就是美国人,我不喜欢那个称呼(指华裔美国人)。"① 其实,对华裔美国人所谓的"香蕉人"称呼就体现了他们的美国身份认同。从很多华人受访者对身份标签的第一选择来看,Chinese Americans 的核心是 Americans,Chinese 只是一个修饰语,它表明受访华人认为自己是美国社会中的一员,是具有中华民族血统的"美国人"。

在波士顿某知名大学里工作的伊恩(Ian)是波士顿退伍华裔军人会的成员,他参加过海湾战争,认为自己为美国作出了很大贡献,理所当然是美国人。空余时间他在波士顿唐人街的中华公所当义工,帮助美国华人学习英语、申请社会福利和绿卡。他说:"作为美国华人,就必须融入主流社会,学习美国文化。"② 跟父母一起住在昆西的华裔二代雷恩(Rayne)告诉作者,他的哥哥姐姐都非常美国化,他们不认同中国文化,在家里都不讲中文。③ 很多受访的波士顿华裔大学生都表示,他们很少意识到自己的族裔身份,并不认为自己与其他美国人不同。

总而言之,美国认同也是受访华人身份认同中必不可少的一个组成部分。这是一种政治性和社会性的国家认同,它同样体现出中美两国之间清晰的边界,因此,它也是一种"有界性"的认同。

3. 开放性和混杂性的文化认同——无界性认同

在人类学和文化研究领域,文化的混杂性和"无边界"性已是很多学者越来越认同的观点。生活在 21 世纪中的人们早已不再固守成规、固步自封了,生活方式和思想观念越来越开放包容。作为跨越两

---

① 来源于作者对小方的正式访谈,2012 年 10 月 12 日于加州大学圣地亚哥分校移民比较研究中心办公室。
② 来源于作者对伊恩(Ian)的正式访谈记录,2019 年 7 月 22 日于波士顿唐人街附近星巴克咖啡店。
③ 来源于作者对雷恩(Rayne)的正式访谈记录,2019 年 8 月 25 日于昆西地铁站附近的星巴克咖啡店。

个社会和文化边界的移民，文化上的开放和混杂自不待言，不少受访者甚至开始拥有较为明显的全球文化认同。

首先，作者对圣地亚哥华人专业技术移民的调查结果显示出其开放性和混杂性的文化认同，在自我文化定位上，90%以上的受访者认为自己的文化还是中国文化；60%以上的受访者感觉自己完全可以适应中美两国的文化，或认为自己的文化就是中美文化的结合。在对中国传统文化的保持态度方面，60%以上的受访者认为应该保持中华文化传统，应该照顾年老的父母，并认为子女最好和华人结婚；接近80%的受访者认为尊重权威和谦虚是一种美德；80%以上的受访者认为子女应该学好中文。在语言的使用上，80%多受访者的工作语言是英语；接近90%受访者的家庭语言是中文，但60%的受访者在家也经常或有时使用英语；80%以上的受访者经常或有时阅读中英两种语言的图书、报纸和杂志；90%以上的受访者经常或有时观看中文影视，80%的受访者观看英文影视。在日常文化行为方面，90%以上受访者的食物选择是中餐（包括经常或有时到中国超市购物，并在家做中餐或到中餐馆吃饭），但70%受访者也经常或有时选择西餐；90%以上的受访者经常和中国人交往，但80%的受访者也经常或有时和其他族裔的美国人交往；约80%的受访者经常或有时参加中国人协会和活动，但约50%的受访者也经常或有时参加美国人协会和活动；约60%的受访者经常或有时观看中文展览，但也有约50%的受访者经常或有时观看英语展览。如图2所示，这个调查结果表明，大多数受访者的日常生活仍然保持着浓厚的中国文化特征。但与此同时，他们的日常活动也有很多美国文化的混杂。因此，他们的中国文化保持和美国文化适应程度都较强。

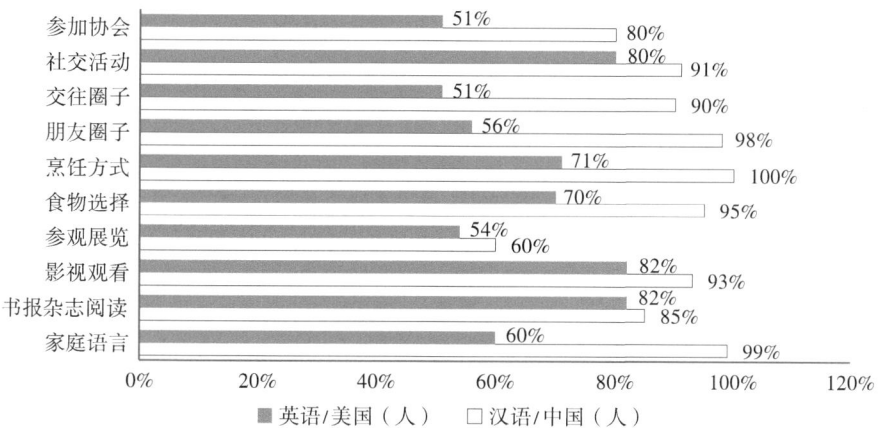

**图 2　受访华人专业技术移民的文化实践**

资料来源：作者自制。

其次，对圣地亚哥华裔大学生的调查结果也显示出其混杂性的文化行为和文化认同。在自我文化定位上，43.5%的受访者认为在总体上自己的文化是中国文化，49.1%的受访者认为在总体上自己的文化是美国文化，79.1%的受访者认为自己的文化是中美文化的结合，68.4%的受访者认为自己能很好地适应中美两国文化。对中国传统文化的保持态度方面，71.7%的受访者认为应该照顾年老的父母，79.7%的受访者认为尊重权威和谦虚是一种美德，77.9%的受访者认为应该学好中文，68.4%的受访者认为应该保持中国文化传统。在日常文化行为方面，85%的受访者家庭常用语言是中文，但经常在家中讲英文的也有82%；经常吃中餐的有96%，但经常吃西餐的也有93%；经常采用中式烹饪方式的有93%，但经常采用西式烹饪方式的也有85%；经常参加华人社交活动的有90%，但经常参加美国人社交活动的也有93%；有很多华人好朋友的有79%，但有很多美国人好朋友的也有80%。如图3所示，由于受访者都是在校的美国大学生，所以在阅读报刊、观看影视、参观展览和参加协会等方面，很多受访者的美国文化行为比较频繁。总之，调查结果表明了受访华裔大学生在高度的社会文化融入的同时，也保留着很多中国的文化行为和传统观念。

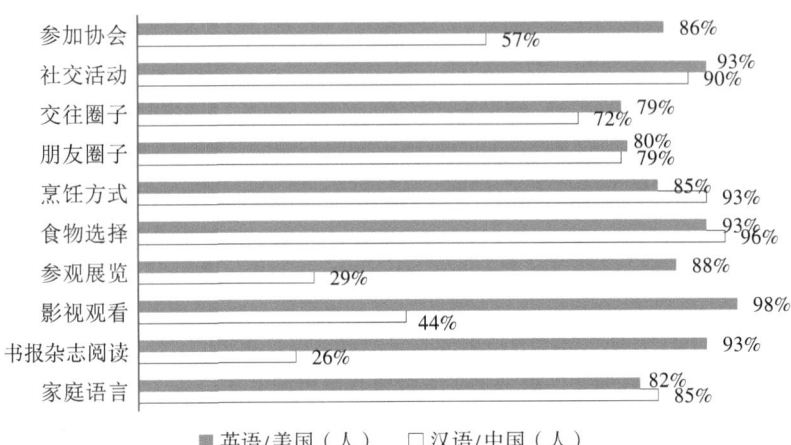

图3 受访加州大学圣地亚哥分校华裔大学生的文化实践
资料来源：作者自制。

在圣地亚哥为期一年的访学期间，作者也亲身观察到美国华人日常生活中文化实践的双重性和混杂性。例如，在很多华人朋友的家庭聚会上，作者发现很多华人的生活方式已经非常美国化了：周末是烧烤聚会，过节是Potluck聚会①，连家中的餐具都主要是盘碟和刀叉。但这些华人的日常食物还是以中餐为主，华人超市或亚洲超市是他们经常购物的地方。华人专业技术移民曹女士在家中招待中国客人时，也是采用美国人的方式，餐前的点心是墨西哥煎玉米卷（Taco），但她又酷爱中国的工夫茶。②加州大学圣地亚哥分校博士后陈女士前来探访作者室友时，连盘端来了自己在家烘烤出来的玛芬蛋糕（Muffin）作为礼物，而不是中国人传统的烟酒茶等。在她的家里，既有制作小蛋糕的烤盘和咖啡壶，又有中国传统的蒸笼和擀面杖。这些饮食文化和交往礼节虽然是浅层的文化内容，但"文化是普普通通的"③，日常的生

---

① 每人自带一个菜的家庭聚会，是美国人典型的聚会方式。
② 据2012年9月29日作者应邀到曹女士家中做客时的观察记录整理而成。
③ 约翰·汤姆林森著，郭英剑译：《全球化与文化》，南京：南京大学出版社，2002年版，第26—27页。

活方式也能反映出华人专业技术移民在文化上的改变或融合，文化边界的日渐模糊也可见一斑。

当然，这种双重性的混杂文化不仅仅是中美文化"1+1"的结合，它已经成为一种独特的华美文化或亚美文化。在很多华人专业技术移民身上，它体现在中华传统文化一定程度上的丢失和一定程度上的美国化或西方化。例如，在中国传统观念的保持方面，只有60%的华人专业技术移民认为子女应该照顾年老的父母，可见孝顺父母和"养儿防老"等中国传统观念的日渐淡化。这个结果当然可能也是因为华人专业技术移民远渡重洋而无法照顾在中国的父母。但是，在关于是否应该保持中国传统文化、认为谦虚和尊重权威是一种美德这两个方面，也分别只有约60%和80%的华人专业技术移民表示赞同，与华裔大学生的比例接近。从这些结果可以看出，受访的华人专业技术移民在价值观这些核心的文化内容上的开放和混合。

同样，对于成长和生活在21世纪的青年学生来说，这种开放性和混合性的文化实践和文化认同就更加普遍了。例如，有学者对一个来自中国香港的美国高中生的课余爱好——阅读日本漫画书进行了深入的分析，指出该学生既不认同美国文化，也不认同香港（中国）文化，而认同于"第三个空间"（a third space）——日本漫画书读者的跨国文化社区。该作者指出，对于现在的青年移民来说，他们的世界存在着多种语言和文化归属，他们身份认同的形成超越国界。[1] 在作者的访谈中，父母来自中国台湾的加州大学圣地亚哥分校华裔大学生魏文（Wiwin）说："我非常喜欢日本文化，所以去日本访学了一年。在日本时，观看奥运会比赛我也为日本队加油。"[2] 父母来自杭州的小陈也

---

[1] Wan Shun Eva Lam,"Border Discourses and Identities in Transnational Youth Culture", in Jabari Mahiri, ed. *What They Don't Learn at School: Literacy in the Lives of Urban Youth*, New York: Peter Lang Publishers, 2004, pp. 2-16.

[2] 来源于作者对魏文（Wiwin）的非正式访谈，2012年10月15日中午于加州大学圣地亚哥分校学生中心（Price Center）中的日本餐厅。

如此说道："奥运会上我为长得好看的选手加油。"①

波士顿的华人社团经常举办旨在宣扬中华文化、促进各族裔文化交流的活动。例如，成立于2010年的波士顿亚美会从2016年到2018年连续三年在市中心的波士顿公园举办亚美节，每年的参加人数达到几万人次。亚美节的一大特色是联合了意大利、韩国、越南和柬埔寨等族裔的社团参加活动，其合作伙伴包括意大利全国联盟、非裔联盟等。2018年9月的亚美节主题是"无边界"，主办方邀请了波士顿旗袍协会、舞狮队、武术队、爵士乐队、韩国流行乐队、马萨诸塞州本地摇滚乐队等登台表演。这些文化活动充分展示出波士顿华人混杂多重、开放自由的文化认同。②

由此可见，在文化全球化的今天，人们的文化认同已经不仅仅局限于一个民族或一个国家，而受访华人的文化实践和文化认同也不仅仅是中美文化的"择一而终"或简单叠加。相反，受访华人的文化认同是多重复杂的，且已经带有一定程度的世界文化认同。因此，受访华人多重混杂的文化认同体现了其身份认同的"无界性"。

4. 跨界认同——族裔认同、国家认同和文化认同的有机结合

至此，本节分析了受访华人身份认同中的多重认同内容：原生性和建构性的族裔认同、政治性和社会性的国家认同、开放性和混杂性的文化认同。"有界"的族裔认同和国家认同与"无界"的文化认同在受访华人身上和谐共存，并结合成一个有机的整体，这就是本书所提出的"跨界认同"的核心内容。

其实，在多元的现代社会中，身份认同的多重性已是众多学者的共识。例如，帕克（Park）对30名美国韩裔移民进行深度访谈，结论是"韩国人"或"韩裔美国人"这个身份标签包括了三重内容：族

---

① 来源于作者对小陈的正式访谈，2012年11月27日于加州大学圣地亚哥分校移民比较研究中心办公室。
② 刘燕玲：《当代海外华人的双重文化认同特征探析》，载《华侨华人历史研究》，2021年第1期，第45—53页。

裔、文化和美国的国家身份。族裔指血统或出生地，文化指对某个文化的熟悉度。对移民来说，在某些时候这三个层次的身份意义并不一致。因此，这些韩国移民的身份认同具有多重性：族裔的根（ethnic roots）、文化的熟练（不熟练）度、矛盾的国家认同感和对族裔社区的归属感。① 同样，丁拉（Dhingra）通过深度访谈和参加者观察法，分析得州达拉斯的 90 名二代韩裔和印度裔美国专业技术人员的身份认同，深入研究他们怎样区分和整合自己身份认同中的三重性：族裔认同、种族认同和美国认同。② 华人学者杨凤岗对美国华人基督徒进行了深入的研究之后，也指出了美国华人基督徒同样具有三重身份：中国人、美国人和基督徒身份，这三种身份具有很强的包容性，它们处于和谐叠合的状态。③

在本书的个案研究中，大部分受访华人的身份认同也呈现明显的三重性：中国人的族裔认同、美国的国家认同和混杂性的文化认同。这三个方面的认同在受访者的身上是和谐统一、不可分割的。例如，在美国驻广州总领事馆举办的一次讲座中，一位华裔二代谈到了她对自己身份的感受："我既是华人也是美国人。这两个身份无法分开，也不必分开。在中国，很多时候人们把我看成美国人，因为我说地地道道的英语。但在美国，很多时候人们把我当成中国人，因为我有中国人的面孔。"④ 因此，跨界认同是由多种不同的认同类型和内容所组成的有机结合体，其中不同的组成部分无法分离，也无法计算确切的比例，因为不同的代际、不同的个体存在不同的感觉。乔安娜（Joanna）

---

① Keumjae Park, "Constructing Transnational Identities Without Leaving Home: Korean Immigrant Women's Cognitive Border Crossing", *Sociological Forum*, Vol. 22, No. 2, 2007, pp. 200-218.

② Pawan Dhingra, *Managing Multicultural Lives—Asian American Professionals and the Challenge of Multiple Identities*, Stanford: Stanford University Press, 2007.

③ 杨凤岗著，默言译：《皈信·同化·叠合身份认同——北美华人基督徒研究》，北京：民族出版社，2008 年版，第 187—195 页。

④ 据作者于 2014 年 5 月 23 日参加美国驻广州领事馆的一次美国华人文化讲座记录整理而成。

的父母是来自越南的移民，她说："如果问我爸爸（这个问题），他会说自己是 100% 的中国人。如果问我妈妈，她会说自己是 50% 的中国人，50% 的越南人。如果问我自己，我会倾向于自己是中国人多一些。"① 五岁移民至美国的小陈则说自己 80%—90% 是美国人。② 出生于美国的雪丽（Shirley）说自己一半是中国人，一半是美国人。③ 其实，对于和平时期的移民来说，拥有两种或多种身份认同是完全合理和可行的，这些身份认同之间并不相互冲突，而是和谐共存的。

最后，由于族裔认同和国家认同具有鲜明的"有界性"特征，而文化认同却呈现"无界性"特征，这三者的和谐共存就体现了"有界"与"无界"的有机结合，也反映出个体或群体的身份认同在整体意义上的"跨界性"。因此，本研究认为这三种认同类型的有机结合构成了美国华人"跨界性"的身份认同。

### 二、跨界认同的本质特征：混杂性、情景性、实用性和工具性

西方对少数民族族裔认同的研究理论中，主要存在着三个流派：一是原生学派（Primordialism），二是建构学派（Constructionism），三是工具学派（Instrumentalism）。原生学派认为人的族裔认同是建立在共同的生理特性和文化背景之上，强调少数民族的身份认同主要由血统和出身所决定，因此其主要的身份认同很难改变。由于生理特性无法改变，文化也是根深蒂固的，所以移民的族裔归属感一般是无法改变的。这种理论主要流行于 20 世纪 60 年代以前，后来这个学派的观点受到了很多学者的批判，认为它是一种过时的"本质主义"（essentialist）的错误观点。开始于 20 世纪 70 年代的建构理论认为族

---

① 来源于作者对乔安娜（Joanna）的正式访谈，2012 年 11 月 2 日于加州大学圣地亚哥分校移民比较研究中心办公室。
② 来源于作者对小陈的正式访谈，2012 年 11 月 27 日于加州大学圣地亚哥分校移民比较研究中心办公室。
③ 来源于作者对雪丽（Shirley）的正式访谈，2012 年 12 月 10 日于加州大学圣地亚哥分校移民比较研究中心办公室。

裔认同并不是固定不变的,相反,它是一种处于不断变化和流动中的社会建构,在与他人的社会交流中形成。建构理论认为,移民的族裔认同受到社会期望和结构障碍的极大制约,但少数群体并不是被动地接受主流群体强加给他们的身份标签,相反,在与后者的社会交往过程中,他们主动地协调自己的族裔身份标签,拒绝负面的身份,选择正面或对自己有利的身份。建构理论强调族裔认同的流动性和情景性,认为族裔认同建构于具体的历史和社会情况之中,会依据不同的情景和场合作出不同的反应和表现。工具学派认为,少数民族的身份认同更多的是一种工具,它主要为自身或群体的利益服务。这种理论认为族裔认同是人们为了某种实用的目的和利益而采取的策略。这些利益包括从族裔群体中得到的道德、物质和政治上的支持等。①

菲利普·杨(Philip Yang)指出这三种理论各有长短:原生理论注意到了族裔认同中的生理和文化因素,但无法解释为什么现实中存在着一些移民族裔认同的改变和消失,并且它忽略了历史、社会、政治和经济等因素对族裔认同的建构性作用。建构理论虽然强调了历史和社会结构对族裔认同的建构和保持的制约作用,但往往又忽视了族裔认同中的祖先基础,对族裔认同建构中的政治经济利益也没有足够的重视。工具理论强调了族裔认同的可选性和工具性,但忽视了族裔选择的有限性和社会的制约性;另外,并非所有的族裔认同都是赤裸裸的"利益"选择,情感上的满足、怀旧的思想和社会归属感等同样是族裔认同的常见功能。②

本书认为,这三个学派都只强调了移民身份认同众多特征中的一

---

① 请参阅 Caroline B. Brettell, "Theorizing Migration in Anthropology—The Social Construction of Networks, Identities, Communities, and Globalscapes", in Caroline B. Brettell and James F. Hollifield, eds. *Migration Theory*: *Talking Across Disciplines* (*Second Edition*), London: Routledge, 2008, p. 141; Pyong Gap Min, ed. *The Second Generation*: *Ethnic Identity Among Asian Americans*, Wlanut Creek: AltaMira Press, 2002; Philip Q. Yang, *Ethnic Studies*: *Issues and Approaches*, New York: State University of New York, 2000。

② Philip Q. Yang, *Ethnic Studies*: *Issues and Approaches*, New York: State University of New York, 2000, pp. 42-56.

个方面,而忽略或低估了其他的方面。其实,在这个复杂流动的后现代社会中,国际移民的身份认同具有混杂性、情景性、工具性和实用性等特征,而这些就是美国华人跨界认同的主要特征。关于跨界认同的混杂性特征,上文已经作了分析,在此不再赘言。本节先就跨界认同中的情景性、实用性和工具性特征进行简述,以后的各个章节将对这些特征作进一步的阐述。

1. 情景性特征

社会学研究表明,人们的日常活动产生于不同的空间中,这些空间也就是情景化的场合。在不同的场合表现出不同的身份认同是人类普遍的行为规律。例如,一位中国的女性科学家在一群男性科学家中会意识到自己的女性身份,在一群女性中会意识到自己的科学家身份,在一群外国人中会意识到自己的中国人身份,在一群孩子中可能会意识到自己的母亲身份,等等。因此,在不同的群体和情境中,移民对自己的身份认同会产生不同的意识和选择,这就是身份认同的情景性特征。在移民研究中,有些学者指出,移民在公共场合下表现出来的身份认同主要是国家认同,在私人场合下则经常表现出族裔认同。[①] 美国的很多族裔研究也表明,少数族裔在公众场合和主流社会中往往扮演着"美国人"或"泛族裔"的角色,在私人和边缘场合倾向于扮演"族裔"或"种族"的角色。也就是说,少数族裔在公众场合和主流社会中更可能突出其国家认同,而在私人和边缘场合中更可能表现出其族裔认同。同样的道理,在美国的公众场合(如工作单位等地方),和美国人在一起时,尤其在一些对外来移民怀有敌意的人士面前,为了捍卫自己的利益,美国华人就会更加展现自己的美国认同;而到了中国,或者面对中国人的时候,美国华人可能就会更加表现自己的中国认同。

在本书中,受访华人的身份认同就体现出较为明显的情景性特征,

---

① Chan Kwok-bun, *Chinese Identities, Ethnicity and Cosmopolitanism*, London: Routledge, 2005, pp. 19-20.

尤其在华裔二代的身上。本书的调查表设计了这样一个陈述："有时候我觉得自己是中国人，有时候觉得是美国人，有时候觉得是美国华人。看情况场合而定。"结果显示，超过四分之一的华人专业技术移民和一半以上的华裔大学生认为这个陈述是"正确"或"非常正确"。在一次采访中，加州大学圣地亚哥分校华裔大学生雪丽说："我爷爷奶奶移民到泰国，我爸爸是在泰国出生的，妈妈是在汕头出生和长大的，跟我爸爸结婚后才来到美国。我是在美国出生的，所以我的一半是中国人，一半是美国人。奥运会加油的问题对我有点难，要看我当时和谁在一起。在中国看奥运会时，可能就会说中国加油。但如果在美国，和美国朋友一起看比赛，就会为美国队加油。如果和美国华人朋友在一起看，就要看什么比赛项目了。"[1] 祖籍台山的陈先生5岁移居香港，12岁移居美国。他也这样说道："在很多方面我的思考方式是美国人，但内心深处可能是中国人。我究竟是美国人还是中国人？这个问题要看我和谁在一起。"[2] 戴维也这样叙述道："我是中国人还是美国人的问题要看具体的情况而定。如果有人问我是哪里人，我会说我来自加州。如果还被追问，我就会说我的父母来自中国。"[3] 同是加州大学圣地亚哥分校华裔大学生的薇薇安这样说道："看奥运会比赛时，如果是中国队和其他国家比赛，我为中国队加油。如果是美国队和其他国家比赛，我为美国队加油。如果是中国对美国，我还是为美国队加油。"[4] 大学毕业后移民美国的小丽也有类似的表述，作为第一代移民的她表示还是会在中美对抗赛中为中国队加油。[5] 由此可见，奥运会加

---

[1] 雪丽几乎每年暑假都回其母亲的老家汕头度长假，会说流利地道的普通话和潮汕话。来源于作者对雪丽的正式访谈，2012年12月10日于加州大学圣地亚哥分校移民比较研究中心办公室。
[2] 来源于2012年5月19日作者在圣地亚哥公寓中与陈先生的Skype视频访谈记录。
[3] 来源于作者与戴维的非正式访谈，2012年4月20日于加州大学圣地亚哥分校移民比较研究中心办公室。
[4] 来源于作者对薇薇安的正式访谈，2012年10月17日于加州大学圣地亚哥分校移民比较研究中心办公室。
[5] 来源于作者与小丽的谈话，2012年8月25日于圣地亚哥康拉德大道小区游泳池旁边的沙滩椅上。

油问题既反映出受访者的身份认同层次（主要认同与次要认同），也反映出他们在不同的情况下对身份认同所作出的不同选择。

实际上，通过在不同情况下对身份认同作出的不同选择和表现，移民是在根据不同的情景切换不同的认同内容，变换不同的身份角色。这种身份认同的不断切换就是他们在不同社会和认同边界中的自由穿梭。因此，情景性的认同特征体现出身份认同的"跨界性"。

2. 实用性和工具性特征

在人类的迁移活动中，经济理性主义是其众多迁移目的中最重要的一个。其实，如果从经济理性主义的角度来看，国际移民的身份认同问题也许成为"无病呻吟"的假命题了。这个假命题提出两个问题：如果你还那么认同你的祖国，为何要离开它？如果你不认同你的居住国，为何要千辛万苦地迁移进来？不可否认，过去的国际移民当中有很多是被迫或被动的迁移者，如非洲的黑奴和中国的华人劳工，或遭受饥荒、战乱和政治迫害的难民和犹太人等。对于这类国际移民来说，其"身在曹营心在汉"的身份认同也许是十分正常的事情。但对于那些为了自身的经济利益、为了更好的生存环境而主动迁移（voluntary migration）的人来说，尤其在当代的开放性社会中，身份认同的困境或危机也许只是其经济理性活动所带来的不曾意料到的后果而已。也就是说，在很多情况下，移民的身份认同只是其经济理性主义的一个借口而已。

例如，绪论中提到陈先生几年前在珠海购买了两套房子，现在每年都会多次回珠海度假。当作者问他为什么在珠海买房时，他是这样解释的："主要是为了投资赚钱，另外也想多一个住处，可以经常改变生活环境。"关于在哪里养老的问题上，陈先生的回答是："这要看中国的发展怎么样，如果在中国有更多的机会，生活更方便、更自由，办事更有效率，我也可能回中国来养老。但现在中国物价这么高，我也不知道以后会不会住在这边。"① 这些回答非常明显地体现出当代移民的实用主义和流动性。陈先生回国置业和度假并不完全是因为认同中国,也并不是为了"落叶归根",而是为了投资赚钱。哪里有更好的投资机会,哪里有更好的生活环境,哪里就是当代移民的家园。就如回国创业而频繁往返于中美两国之间的杨先生所说:"我们这些人以前都往美国这边跑,现在有很多人都往中国跑。所以人都是跟着饭碗走的,都是为了生存。"②

身份的政治工具性也是美国华人跨界性认同的本质特征之一。其实,在很多情况下,当哪个国籍或身份能给自己带来利益或方便时,国际移民就会选择那个国籍或身份,而不管自己是否认同那个国家或身份。初中毕业后随父母移民到圣地亚哥的小纪就是一个很好的例子。虽然他认为自己完全是中国人,周围都是中国人朋友,爱吃中餐,认为中国是自己的祖国。但他持有美国绿卡,在接受作者的访谈时,他正在认真地准备美国的入籍考试,说是为了毕业后找工作更容易些。③ 同样,当讲到自己入籍成为美国公民的动机和过程时,上述的杨先生说:"当时也不是觉得中国不好,只是因为持中国护照去欧洲等地出差就要办签证,非常麻烦,因此决定入籍美国。但现在反过来又觉得很不方便。因为我现在每次回中国都要去办签证,既麻烦也花钱。"④

王爱华教授在《弹性公民身份:跨国的文化逻辑》中就对跨国华人身份认同的实用性和工具性作了细致的描述。她观察到,为了避免政治和投资的风险,很多海外华商和精英们往往不止持有一国护照。这些华商自称这样做"只是为了方便",但这其实反映出他们"狡兔

---

① 来源于作者对陈先生的非正式访谈,2011 年 12 月 6 日于珠海陈先生家中。
② 来源于作者对杨先生的正式访谈,2012 年 11 月 18 日于圣地亚哥西区主恩堂礼拜堂外面的长椅上。
③ 来源于作者对小纪的正式访谈,2012 年 6 月 2 日于加州大学圣地亚哥分校学生中心里的餐厅。
④ 来源于作者对杨先生的正式访谈,2012 年 11 月 18 日于圣地亚哥西区主恩堂礼拜堂外面的长椅上。

三窟"的心态。如果中国投资环境良好,这些海外华商和精英们就愿意继续在中国赚钱,一旦经济形势不妙,这些人就会马上"脚底抹油开溜了"。她指出:"一个多世纪以来,海外华人一直处于身体上和精神上的流动状态中,他们是当代'四海为家者'的先驱。"因此,这些海外华人是很多国家的"弹性公民",她引用了本尼迪特·安德森的一句话,"身份只是进入劳动力市场的一张门票而已"[1]。

总之,如果说美国华人身份认同中的多重性内容体现了"有界"和"无界"的有机结合,那么,其身份认同中的情景性、实用性和工具性特征则体现出他们在身份认同方面的主动选择。在这种主动选择的过程中,美国华人其实就是作为后现代社会的主体对国家边界和政治控制进行有意或无意的抵抗。在今天依然清晰的民族和国家等不同边界中,受访的美国华人根据自己的利益和不同的情况穿梭其中,这就是其跨界认同的本质。

### 三、跨界认同对国内外关于美国华人身份认同思维定式的启示

根据所做的田野调查结果,本书的观点是:受访美国华人的跨界认同是由原生性和建构性的中国人族裔认同、政治性和社会性的美国国家认同及开放性和混杂性的文化认同所构成的有机结合体,它具有混杂性、情景性、实用性和工具性的特点,是"有界性"和"无界性"认同的结合。

国际移民学界对移民身份认同的传统描述是"边缘人"和"中间人",而美国华人的传统身份标签主要是"永远的外国人"和"模范少数民族",[2] 20世纪末期以来出现了"太空人""跨国华人""灵活的公民身份"等标签。在中国,部分民众倾向于把海外华侨华人当作

---

[1] Aihwa Ong, *Flexible Citizenship: The Cultural Logics of Transnationality*, Durham: Duke University Press, 1999, p. 2.

[2] Mia Tuan, *Forever Foreigner or Honorary Whites: The Asian Ethnic Experience Today?* New Brunswick: Rutgers University Press, 2003, p. 30.

"爱国同胞",当作"中华民族的海外力量",甚至把他们当作"中国人"。另外,学界中部分学者对华裔美国人的身份认同理解存在"香蕉人"的思维定式。其实,这些标签或描述都只是摸到了身份认同这只"大象"的一个方面,而有意或无意地忽略了其他方面。

1. 美国部分民众中刻板的华人标签

首先,随着人类社会的进步和思想的开放,"永远的外国人"和"边缘人"这两种类型的身份标签已经过时。当然,我们不能否认,在某些阶段和情况下,某些个体可能仍然存在这两种心态或感受。但是,在大多数情况下,尤其在种族结构相对复杂、社会自由度较高、文化多样性受到提倡的美国西岸和东岸很多地区,华人专业技术移民和华裔大学生与以前下层的华人劳工肯定具有明显不同的身份认同。因此,美国社会和学界中的部分民众和学者应该打破认同边界的束缚,抛弃以封闭的民族国家边界为出发点的认同意识,不把族裔认同和文化认同等同于国家认同和国家忠诚感,认识到美国华人的身份认同是一种多重认同内容和谐共存的有机结合体。

其次,"模范少数民族"这一身份标签也体现出美国社会部分民众中清晰的族裔边界视角。在学术界,"模范少数民族"的称号受到很多华人学者的批判。[1] 一方面,很多学者认为这个身份标签忽略了美国华人在社会经济等方面面临的困难和不公;另一方面,这个称号激化了亚裔或华裔与其他少数族裔之间的矛盾,推卸了社会不公的责任等。当然,这些都是美国社会的现实,也是很多美国华人的亲身感受。本书认为,对"模范少数民族"的身份标签要一分为二地看待。一方面,从华人的人口比例和华人高度的社会文化融入这两个方面来看,"模范少数民族"的称呼有一定的事实基础。目前,美国华人的总数达550万。就这个人口比例来说,美国华人确实属于"少数民族"。从一定程度上讲,与"永远的外国人"身份相比,"少数民族"的身份起码表

---

[1] Min Zhou, *Contemporary Chinese America: Immigration, Ethnicity, and Community Transformation*, Philadelphia: Temple University Press, 2009, pp. 221-235.

明了美国主流社会对华人作为美国人身份的承认,也表示美国华人已经被接纳成为美国众多民族中的一员。"模范"两个字既反映出美国华人的遵纪守法、安居乐业,也突出了华人在美国社会中所取得的在经济和教育等方面的成就,尽管事实有时并非如此。作者在田野调查中发现,很多受访者其实并不反感"模范少数民族"的称号,相反,很多人都为之感到骄傲。例如,加州大学圣地亚哥分校的受访华裔大学生中,很多人提到小时候在学校里的经历,都说因为"模范少数民族"这个刻板的形象,使老师和同学都认为他们是非常聪明的学生,功课比其他人好,还有很多独特迷人的文化素养。他们的言谈都对这个刻板形象充满了自豪感。另一方面,"模范少数民族"这个身份标签仍然强调美国华人跟主流种族——美国白人的区别,它既表现出白人的种族优越感,也反映出华人的劣势地位和向主流社会同化的努力。"模范少数民族"称号是美国社会部分民众给美国华人贴上的身份标签,它既突出了美国华人在社会融入和文化适应方面的努力和成就,同时也强化了不同族裔之间的边界和不同文化的差异。

2. 中国一些民众对美国华人身份认同的片面理解

(1) "爱国同胞"和"炎黄子孙"的思维定式

在中国国内,一说起海外华人,一些民众的第一反应是"他们是中国人",必须具有强烈的爱国心。当中国发生灾难或遇到困难时,部分民众总觉得海外华人应该义不容辞地站到中国的一边,为国慷慨解囊和排忧解难。当到国外旅游或求学时,总是理所当然地认为华人是自己的同胞,应该对自己伸出无私的双手。结果,一些民众在得不到期待中的帮助后就产生了对海外华人的负面看法,认为他们不是"真正的中国人",是"黄皮白瓤"的"假洋鬼子"。

其实,这对海外华人的思维定式反映出国内一些民众对身份认同的片面理解。在这些思维定式中,多重复杂的身份认同被缩减为单一的族裔认同或国家认同,华人身份的划分仍然被固定在国家和民族的边界内。换言之,部分民众仍然站在国家和民族的立场看待华人的身份认同。事实上，在理解和尊重海外华人身份认同选择的同时，我们应该对他们身份认同中的居住国认同及其混杂性、情景性、实用性和工具性的特征保持清醒的认识。

（2）"香蕉人"的思维定式

与"爱国同胞"的思维定式相反，有些民众认为美国华人长着中国人的面孔，但是其黄皮肤黑头发的外表下却是美国白人式的思维和美国文化。在田野调查中，作者发现很多华裔大学生的族裔认同还是比较强烈的，其文化认同中也具有非常明显的中国文化成分。因此，认为美国华裔的思想和文化都是美国白人式的"香蕉人"称呼也是一种片面的定式思维模式。"香蕉人"的称呼突出了文化认同的边界。其实，随着社会的进步和全球化的进一步深入，文化的混杂已经成为一种趋势。所以，对于青年一代的思想和文化认同，我们不能简单地判断哪些思想和文化是中国的，哪些是美国的。

"香蕉人"的思维定式会对美国华人和国内的民众都产生思想和行为上的偏差。这是因为从认知的角度来看，我们的行为和计划都会受到我们头脑中某些图式结构（schemas）的制约，而这些不同种类的图式结构绝大部分得自后天。[1] 例如，在加州大学圣地亚哥分校华裔大学生的一次聚会上，有个学生对作者说："好像我们美国华人在中国国内普遍受到人们的轻视，因为国内的人认为我们不是真正的中国人，认为我们根本不懂真正的中国文化。"[2] 由此可见，这个华裔大学生的头脑中存在着"受轻视"的图式结构，因此他对"真正"的中国人存在着一定的戒心，回国探亲或游玩的热情也受到这个图式结构的影响。作者在田野调查中发现，受到某些思维定式的影响，在很多美国大学中，美国华人学生和中国留学生之间的界线非常分明，两个群体之间

---

[1] 范可：《他我之间——人类学语境中的"异"与"同"》，北京：中国社会科学出版社，2012年版，第77页。
[2] 来源于作者参加加州大学圣地亚哥分校的潮州联合会的一次聚会观察记录，2012年11月8日于加州大学圣地亚哥分校校园。

经常存在着一些误解。因此，我们应该抛弃这些思维定式，增强对美国华人身份认同的理解。

## 本章小结：美国华人的跨界身份认同

本章以社会科学研究中的"边界"概念为理论基础，首先分析国际移民研究学界中主要的身份认同理论和模型的"有界性"和"无界性"，并在"有界-无界"的框架内，探索美国华人身份认同的内容和特征，提出"跨界认同"的观点，旨在进一步探索国际移民理论，并增强国内社会对当代美国华人身份认同的理解。

本章认为，国际移民的身份认同研究理论可以分为两大类型，一是以民族国家和社会文化为边界的"有界性"模型，二是试图打破这些边界束缚的"无界性"模型。"有界性"模型的理论代表有同化理论、多元化理论和涵化理论。这三种理论都以民族国家为"容器"，强调国家、社会和文化边界的不可逾越性，体现了"有界性"的社会科学传统。本章指出，同化理论的身份认同模型是国家对移民的限制，多元化理论的身份认同模型是移民在国家边界中的抗争，涵化理论是移民在身份认同方面的妥协。"无界性"模型的理论代表是散居理论、世界主义理论和跨国理论。这三种理论都具有"去地域化"的特征，虽然它们之间存在着细微的差别。本书认为，散居认同是一种"去地域化"的族裔认同，相同的血统和出身等原生性的民族纽带是散居认同的基础，实质性或虚拟性的社会网络是其存在和发展的支撑，而传统的地理中心和疆域边界已经失去了其重要性。世界主义认同是以全球化为基础，以全球的相互依存和现代都市为主要特征的"超国家"认同模型。在这种认同模型中，国家边界失去其存在的意义。因此，它是一种最彻底的"无界性"认同模型。虽然跨国认同目前处于定义模糊不清、研究不足的状态，但从跨国移民在跨国社会场中的活动和社会网络来看，它同样体现出国际移民对国家和社会边界的跨越或在其中的穿梭,并强调移民活动和身份认同的"去边界化",因此也是一种"无界性"的身份认同模型。

本章的第二节以身份认同的"有界-无界"为线索,以作者对美国圣地亚哥和波士顿两地华人的田野调查为主要素材,深入分析受访华人群体身份认同的主要内容和基本特征,提出"跨界认同"的观点,并分析跨界认同对国内外部分民众中所存在的思维定式的启示。作者的调查结果显示,受访华人的身份认同具有较为丰富的内涵,其组成部分至少包括原生性和建构性的中国人族裔认同、政治性和社会性的美国国家认同,以及开放性和混杂性的双重文化认同。这三种认同内容是一个有机的结合体,具有混杂性、情景性、实用性和工具性的主要特征。

归纳起来,受访华人群体的身份认同不是单一的祖籍国(中国)认同,也不是一种"脚踏两只船"的双重忠诚感,而是一种由"有界性"的族裔认同和国家认同及"无界性"的文化认同相结合的"跨界性"认同。

下面的章节分别从全球化时代中的社会、文化和经济边界等宏观维度,深入探讨美国华人跨界认同的构建、特征和表现形式。

# 第二章　社会边界的拓展：跨界认同建构的社会维度

"一个地理的村庄很小，但其社会的村庄则伸展到千里之外。"

——马歇尔·萨林斯

在漫长的人类进化史上，"社会"这个概念在早期阶段是不存在的。大约到了一万多年前，人类学会群体生活后，渐渐形成了原始部落，人类社会才开始形成。然而，到目前为止，"社会"一词并没有公认明确的定义，不同的领域或流派对"社会"的定义和构成都有不同的理解。西方社会学者对社会的解释多种多样，但"主要有两大派别：社会唯名论和社会唯实论"，"社会唯名论者认为，社会是代表具有同样特征的许多人的名称，是空名，而非实体，真实存在的只是个人"。与唯名论相反，社会唯实论认为"社会是一个由各种制度和规范构成的有机整体"[①]。马克思主义认为，"社会在本质上是生产关系的总

---

[①] 徐祥运、刘杰编著：《社会学概论》（第三版），大连：东北财经大学出版社，2011年版，第44页。

和"①。与定义一样,社会的分类也没有统一的标准,根据不同的分类依据就可以得到不同的社会类型。例如,马克思主义以物质的生产方式为依据,认为人类社会的基本形态有五种:原始社会、奴隶社会、封建社会、资本主义社会和共产主义社会。美国著名的社会学家伊恩·罗伯逊等人则按照人类基本的生存方式,把社会分为六种类型:狩猎采集社会、畜牧社会、园艺社会、农业社会(亦称"前工业社会")、工业社会(亦称"现代社会")和后工业社会(亦称"后现代社会"或"信息社会"等)。②

本章以社会的边界为中心,分析人类社会边界的拓展对美国华人社会及对华人跨界认同的建构。

## 第一节 人类社会边界的拓展

迄今为止,在社会科学(如历史、政治、社会学等)领域中,"国家中心论"的观点或方法论国家主义(methodological nationalism)一直占统治地位。这种国家主义观点认为,民族国家是创造和控制社会的"容器"。于是,在这种理论观点的指导下,学者们总习惯于把社会作为民族国家来进行论述和分析。因此,当今的社会学科与民族国家的体系相呼应,社会学者也按照民族国家的概念去定义"社会"的含义,所以社会就等同于民族国家了。③ 由于国家具有边界性质,所以社会也是有边界的。

---

① 马克思、恩格斯著,中共中央马克思恩格斯列宁斯大林著作编译局译:《马克思恩格斯选集》(第一卷),北京:人民出版社,2012年版,第139页。
② 徐祥运、刘杰编著:《社会学概论》(第三版),大连:东北财经大学出版社,2011年版,第44页。
③ 乌尔里希·贝克著,杨祖群译:《世界主义的观点:战争即和平》,上海:华东师范大学出版社,2008年版,第2—3页。

## 一、实体社会的拓展——从民族国家到后民族社会和世界公民社会

1. 国家和民族

在人类漫长的发展史上,具有明显边界特性的国家是实体社会中一种重要形式,但它其实只是一个近代的历史现象。盖尔纳认为,人类在历史上经历了三个基本阶段:前农业社会阶段、农业社会阶段和工业社会阶段。① 在前农业社会阶段,人类的生存活动主要是狩猎和采集,虽然各个群落有不同的狩猎和采集地区,但是,这些边界只是像一般动物那样的"同类排他性"——例如老虎用粪便、尿液做标志,圈一个地域,不准其他老虎进入它的范围。很多学者认为,在畜牧业、种植业出现之前的时期,可以称为"土地公有时期"。在土地公有时期中,群落不断根据环境而进行迁移,因此人类和群落边界都处于高度的流动和变动之中。到了农业社会阶段,随着种植业和畜牧业的发展,人类减少了到野外狩猎和采集的流动性劳动,开始确立以部落为中心的定居生活。不同的部落有不同的土地占领范围,因此也有了相对固定的边界。地域的广袤和交通不便,各部落所处的地理、气候等生活环境的不同,催生了独特的生产、生活方式,以及不同的语言、风俗、信仰等等,渐而形成了不同的种族和民族。为了维护或拓展自己种族和民族的既得利益和领土边界,国家机器也随之产生。由此可见,具有固定明确边界的民族和国家是人类社会经过几十万年的发展才形成的历史现象。

美国著名的史学家斯特雷耶认为,国家的形成有几个必要条件:一是一个群体必须在一定的固定空间内经过一段时间的持续不断地居住、工作和繁衍,二是"永久的、非人格化的政治制度"的形成和发展,三是公民对国家忠诚感的产生。在古代世界,国家往往分成两个

---

① 厄内斯特·盖尔纳著,韩红译:《民族与民族主义》,北京:中央编译出版社,2002年版,第6页。

主要的类型：一是庞大的帝国，二是小型但高度统一的城邦。帝国在军事上是强大的，但由于其广袤的地域和庞大松散的机构，其政治活动或其他活动往往超越了地方的利益，并且只有一小部分居民能够参与进去，因此"大部分居民对帝国的忠诚并不十分热忱，他们不会相信维护国家是最高的社会利益所在"。历史上，我们看到一代又一代的帝国居民平静地面对着帝国的崩溃、分裂或纳入一个新的帝国。城邦的政治一般较为高度集中，但由于其规模太小、军事太弱，要么成为某个帝国的附属，要么"迟早成为征服者的牺牲品"。因此，城邦居民对国家的忠诚度也无法持久。[①] 由此可见，古代国家脆弱和经常变动的边界使其居民的国家认同也处于脆弱和易变的状态中。

西方学界认为，现代国家的起源是在西欧。在《现代国家的起源》中，斯特雷耶认为："1100年至1600年间在欧洲形成的国家是所有现代国家的模板。"[②] 在现代国家中，由于国家边界相对长久的确立，也由于国家机器对边界的守护和对居民身份认同的控制，更由于大部分居民对已建立的国家具有认同和效忠的思想，社会才得以建立和固定，国家和社会的边界也得以巩固和加强。

由于现代国家存在的历史较短，所以在人类社会漫长的前现代国家时期中，人们只认同于家庭、部落、社区或宗教团体，而不是界限分明的民族国家。斯特雷耶指出，历史上有一段时期国家确实不存在，那时也没有人在意它存不存在。在那些时期，如果一个人没有家庭或没有首领、不属于当地社区或某个宗教团体、没有安全保障或没有机遇，这个人只有通过成为奴隶或仆人而存活。那种社会的价值观和我们现在是不同的：奉献财产或生命总是为了家庭、首领、社区或宗教，而不是为了国家。[③] 有些学者认为，在19世纪末之前，很多海外华侨

---

[①] 约瑟夫·R. 斯特雷耶著，华佳、王夏、宗福常译：《现代国家的起源》，上海：格致出版社、上海人民出版社，2010年版，第2—6页。
[②] 同[①]，第2—3页。
[③] 同[①]，第1页。

华人似乎存在"有家无国"的观念,也就是说,他们当时具有的认同是对家族和家乡的认同,而尚未形成对整个中国的国家认同。有学者认为,这种对家乡的认同是一种"原生性认同",是一种连动物都拥有的"本能","这种本能使所有的生物都离不开它们的故里,永远都充满对它的回忆"。① 因此,这种热爱故乡的"原生性认同是人们最基本的聚合要素",它"可以成为国家政治、族群政治或地方政治的资源,但这必须经过动员和进一步建构"。②

与现代国家息息相关的另一个概念是民族。民族是人类社会的另一个组成形式。何为"民族"?民族主义研究者安德森作了经典的界定:"民族是一种想象的政治共同体——并且,它是被想象为本质上有限的,同时也享有主权的共同体。"首先,民族是"想象的,因为即使是最小的民族的成员,也不可能认识他们大多数的同胞,和他们相遇,或者甚至听说过他们,然而,他们相互连结的意象却活在每一位成员的心中"。其次,民族是"有限的,因为即使是最大的民族,就算他们涵盖了十亿个活生生的人,他们的边界,纵然是可变的,也还是有限的"。③

其实,安德森这个被广为引用的定义指出了民族的"有界性"和"无界性"——民族本身的"有界"及民族地理边界的"无界"。民族本身的"有界性"在于不同民族的地理、语言、风俗、文化等都形成了一定的民族边界,不同的民族记忆、传说、历史和象征等构成了不同的民族特征。因此,不同民族之间是界限分明的。但是,从一个民族本身的地理界限来看,民族又是"无界"的。当然,实际的地理位

---

① 丹尼尔·德德尼:《土地上的认同:民族主义中的自然、地方和距离》,载约瑟夫·拉彼德、弗里德里希·克拉托赫维尔主编,金烨译:《文化和认同:国际关系回归理论》,杭州:浙江人民出版社,2003年版,第183页。

② 范可:《他我之间——人类学语境中的"异"与"同"》,北京:中国社会科学出版社,2012年版,第173页。

③ 本尼迪克·安德森著,吴叡人译:《想象的共同体:民族主义的起源与散布》,上海:上海人民出版社,2011年版,第6—7页。

## 第二章 社会边界的拓展：跨界认同建构的社会维度

置在族群聚居的初期是至关重要的，如安德森所说的村落。由于交通和通信手段的限制，居住在村落里的群族成员之间的互动是直接的面对面的交流。但是，随着人们活动范围的扩大，直接的面对面交流已经不再可能。印刷品的出现使人们有了想象的空间。因此，到了这个阶段，地理位置已经不再重要。如果说民族是一个"想象的共同体"，那么在现代社会，由于信息技术和网络技术的发展，民族意识和民族认同更加不受地理边界的限制。例如，很多海外华人学者都认为，世界各地的华人不需要居住在中国这个地理国家才能成为中国人。①

与民族认同息息相关的是民族主义。盖尔纳认为，民族和国家一样，同是偶然的产物，不是普遍存在的必要。他说，"是民族主义造就了民族，而不是相反"②。也就是说，民族产生于民族主义运动。没有民族主义，就没有民族。有观点认为，民族主义的正式形成是在18世纪末19世纪初，其标志性事件是北美洲独立战争、法国资产阶级革命和费希特的《对德意志民族的演说》的发表。③ 19世纪中后期之后，由于经济的发展、人口的增长和城市的扩大，民族主义首先在欧洲得以迅猛发展，接着传播到经济社会发展严重落后的东方。因此，有些学者认为，在西方的民族主义运动蔓延到东方之前，东方的民族意识并不强烈，民族边界并不清晰。盖尔纳认为，在东方国家长期的历史进程中，"历史的、神话的、宗教的、语言的、文学艺术的、政治的，以及某种程度的经济的联系"也在民众心中留下了心理积淀，在一些古老的民族中也形成传统的民族观念。但是，这种传统的民族意识和

---

① 请参阅 Ien Ang, *On Not Speaking Chinese: Living Between Asia and the West*, London: Routledge, 2001; Andrea Louie, *Chinese Across Borders: Renegotiating Chinese Identities in China and the United States*, Durham: Duke University Press, 2004; Tu Wei-ming, ed. *The Living Tree: The Changing Meaning of Being Chinese Today*, Stanford: Stanford University Press, 1991。

② 厄内内斯·盖尔纳著，韩红译：《民族与民族主义》，北京：中央编译出版社，2002年版，第8、73页。

③ 徐波、陈林：《全球化、现代化与民族主义：现实与悖论——〈民族主义研究学术译丛〉代序言》，载厄内内斯·盖尔纳著，韩红译：《民族与民族主义》，北京：中央编译出版社，2002年版，第3页。

民族感情不是真正意义上的近代民族主义,它们只是一种心理基础。在一些历史悠久的文明古国,其政治上和文化上的较强的凝聚力,成为人们传统爱国主义和民族意识的强大源泉。在19世纪中期以后,东方的社会革命和新社会阶级的出现带动了民族主义运动。① 19世纪以来,随着民族主义运动在世界各地,尤其是第三世界中的蓬勃发展,民族国家得以建立和加强,民族的概念也随着得到强化。因此,"民族是时间的产物,而不是空间的"②。

总之,纵观历史,国家和民族这两种有界的人类社会形式并非自古以来就存在的自然现象,而是历史发展到一定阶段的产物,因此将来也有消失的可能。大前研一认为,民族国家作为一种已经走向成熟的历史形态,必将会完成自己的历史使命而彻底走向"终结"。③

2. 后民族社会和世界公民社会

到了21世纪的今天,人类的社会边界已经得到了极大的拓展。这是因为在全球化时代,交通、信息、经济、生产、金融、技术和武器流通的全球化正在引起世界政治格局的剧烈变化,很多问题在民族国家范围内通过目前被普遍采用的主权国家间达成协议的形式是无法解决的。人类只有超越民族国家,才能从国家、民族和种族的局限中解脱出来,才能共同面对和解决全球性问题,人类社会才能继续发展下去。也就是说,民族和国家的主权和界限已经受到了全球化的强烈冲击。在某些地区,人类社会开始走向"后民族结构"④。在这个过程中,地区性的国家联盟是一个过渡阶段。欧盟的建立和发展过程见证了人类社会开始走向"后民族结构"社会(后民族社会)的尝试。

---

① 徐波、陈林:《全球化、现代化与民族主义:现实与悖论——〈民族主义研究学术译丛〉代序言》,载厄内斯·盖尔纳著,韩红译:《民族与民族主义》,北京:中央编译出版社,2002年版,第15—17页。
② 约瑟夫·拉彼德、弗里德里希·克拉托赫维尔主编,金烨译:《文化和认同:国际关系回归理论》,杭州:浙江人民出版社,2003年版,第171页。
③ 大前研一著,李宛蓉译:《民族国家的终结》,台北:立绪出版社,1996年版,第7页。
④ 尤尔根·哈贝马斯著,曹卫东译:《后民族结构》,上海:上海人民出版社,2002年版,第70—125页。

第二章　社会边界的拓展：跨界认同建构的社会维度

从二战结束到2009年的《里斯本条约》，作为现代民族国家发源地的欧洲，逐步走向了国家和社会的一体化。让我们先看看欧盟是怎样一步一步建立起来的：1948年"欧洲经济合作组织"成立；1949年"北大西洋公约组织"和"欧洲委员会"成立；1951年"欧洲煤钢联营共同体"成立；1958年"欧洲经济共同体"和"欧洲原子能共同体"成立；1960年"欧洲自由贸易联盟"成立；1973年"欧洲货币合作基金组织"成立；1974年"欧洲理事会"成立；1979年欧洲议会议员第一次直选，欧洲货币体系建立；1983年"欧洲联盟"各国签署《欧洲联盟神圣宣言》；1984年欧洲议会通过《欧洲联盟条约草案》；1985年欧洲理事会接受了《单一欧洲法令》；1986年欧洲委员会宣布"欧洲的新边疆"；1992年《马斯特里赫特条约》签订，欧盟正式成立；2007年欧盟成员扩大至欧洲的27个国家。① 由此可见，在欧盟的成立过程中，西欧各国通过军事和经济领域的合作在一定程度上开放自己的经济和政治边界，把国家的部分主权上交到超国家的地区联盟组织——欧盟手中。现在的欧盟采取的是一种"超越了民族国家的后民族结构"管理模式，② 并提倡一种建立在经济、政治和文化共同利益上的"欧洲认同"。

哈贝马斯从全球化对民族国家的冲击来阐述人类社会走向"后民族结构"的过程。他认为，全球化对于"管理国家的法律安全和管理效率、地域国家的主权、民族国家的集体认同以及民族国家的民主合法性"等都产生了重大的影响，民族国家越来越"失去权力"，变得"软弱无力"。③ 在战后的几十年间，欧洲国家社会福利政策的财政基础越来越薄弱，国家对经济的宏观控制能力不断下降，原始的民族生

---

①　刘泓：《欧洲联盟：一种新型人们共同体的建构》，北京：中国社会科学出版社，2008年版，第104—107页。
②　洪霞：《欧洲的灵魂：欧洲认同与民族国家的重新整合》，北京：中国大百科全书出版社，2010年版，第2—3页。
③　尤尔根·哈贝马斯著，曹卫东译：《后民族结构》，上海：上海人民出版社，2002年版，第80页。

活方式越来越失去其一体化的力量,公民的集体认同变得无从确定,民族国家无法再用一种"闭关锁国的政策"重塑昔日的辉煌。[1] 因此,只有把"民族国家的社会福利国家职能转让给政治共同体,并在一定程度上适应跨国经济的发展要求",设立跨国机构和政治联盟,采取一种"自我解放"的政策,并彻底融入后民族的格局当中,[2] 欧洲国家才有未来。哈贝马斯认为,在"后民族结构"社会中,各国民众必须共同接受决策,建立一种抽象的团结,即超越民族的集体认同。例如,在欧盟中,丹麦人和德国人必须学会把西班牙人和希腊人看作是"我们当中的一员",反之亦然。[3] 在哈贝马斯看来,这种后民族认同的建立是可能的,因为全球化使人们逐渐接受了后民族国家的视角,它使我们"日益清晰地认识到社会的局限性、风险的共同性和集体命运的相关性","世界上所有的人长期以来在客观上已经不自觉地组成了一个风险共同体"。[4]

相比后民族社会,世界公民社会的国家边界更加开放。哈贝马斯认为,世界公民社会是一个"建立在世界公民权利基础之上,社会平等、自由、公正、民主,所有人自觉联合起来,所有民族和种族和谐共处的世界"[5]。这个社会中的所有民族都是单一家庭的众多分枝,整个宇宙就是一个国家。这个社会中的人们都是同样理性的公民,他们在相同的自然规律指引之下,共同为创造一个完美世界努力。[6]

世界公民社会的哲学基础是在中西方文化中早就存在的"世界大同"思想。笛卡尔的哲学观点认为,"人类世界是由抽象的几何学空间

---

[1] 尤尔根·哈贝马斯著,曹卫东译:《后民族结构》,上海:上海人民出版社,2002年版,第93—94页。
[2] 同[1],第64—66页。
[3] 同[1],第21页。
[4] 同[1],第66—67页。
[5] 洪霞:《欧洲的灵魂:欧洲认同与民族国家的重新整合》,北京:中国大百科全书出版社,2010年版,第10页。
[6] 奎迈·安东尼·阿皮亚著,苗华建译:《世界主义:陌生人世界里的道德规范》,北京:中央编译出版社,2012年版,第6页。

构成的，该空间无限广阔，完全没有差别"。在这些无限广阔和抽象的空间中，任何特殊的地方都不是哪些人专有的，而都是世界性的。因此，世界公民的家乡是广阔的，它不是某一个地方，而是所有可能的地方，它不属于个人，而是地方共有事物的总和。距离是世界公民社会中的概念，而不是地方（local）的概念。其实，西方的很多哲学传统中包含了"世界大同主义的强大品系，它们一直在努力用普遍的认同和共同体取代众多的特殊认同和共同体"。在欧洲的现代史上，世界大同主义已经成为启蒙运动政治意识形态的重要内容。有些学者指出，西方的现代性"表达了一种宇宙哲学，而这个宇宙哲学无情地颠覆了特殊地方的主张"①。

"世界大同"的思想也是中国传统文化思想之一。儒家的最高社会理想是世界大同。《礼记》中的《礼运》篇就是这样描述大同世界的社会景象的："大道之行也，天下为公。选贤与能，讲信修睦。故人不独亲其亲，不独子其子，使老有所终，壮有所用，幼有所长，矜寡孤独废疾者皆有所养。男有分，女有归。货恶其弃于地也，不必藏于己；力恶其不出于身也，不必为己。是故谋闭而不兴，盗窃乱贼而不作，故外户而不闭，是谓大同。"② 当然，孔子描写的这种理想的世界大同社会在目前阶段还无法实现，但它体现了对未来社会的憧憬，是人类社会的一种理想状态。

总之，无论后民族社会和世界公民社会在现阶段的发展如何，一个无法否认的事实是人类社会的边界已经得到了极大的拓展。就目前阶段来说，虽然我们的社会还建立在民族国家观念的基础上，但已经受到了非民族化运动的冲击。毫无疑问，在21世纪的今天，面对经济领域率先建立起来的世界社会，我们的社会边界正在走向开放，人们

---

① 约瑟夫·拉彼德、弗里德里希·克拉托赫维尔主编，金烨译：《文化和认同：国际关系回归理论》，杭州：浙江人民出版社，2003年版，第185页。
② 《礼记·礼运》，http://www.chinakongzi.org/rjwh/lsjd/liji/200711/t20071123_2911548.htm。

的身份认同也逐步超越民族和国家。

## 二、虚拟社会的拓展——网络社会和跨国社会

20世纪90年代以后,随着全球化的进一步发展,尤其是互联网等现代通信手段的全球普及,人类社会出现了一些新型的社会形式,网络社会和跨国社会就是其中的两种次社会形式。

1. 网络社会

20世纪末期兴起的互联网是人类社会的又一项伟大的创举。现在,经过二三十年的发展,互联网已经成为现代人类必不可少的沟通工具,互联网空间也已成为人类交往的重要场所,以信息技术为基础而建立的网络社会就是人类社会的新形式。在这种新型的社会中,人类的社会边界得到了无限延伸。

网络社会是以"信息技术范式"为基础的社会,它与人们所说的"信息社会"和"后工业社会"非常接近,"是与农业社会、工业社会等相对应的一种新的技术社会形态"。这种以网络为基础的新社会形态"消除了一切中心、结构、主流、界限和监控",它是一个"经集体行动的逻辑建构起来的公共空间或公共领域",是一个"消除和超越了国家观念和国家秩序的新现实"。它不仅仅是一种虚拟空间或者技术空间,而且是一种与"现实社会空间相类似的社会空间"。[①]

卡斯特对20世纪70年代以来的社会结构进行了深入的探索,得出了后现代社会是一个网络社会的结论:"作为一种历史趋势,信息时代的支配性功能与过程日益以网络组织起来。网络建构了我们社会的新社会形态,而网络化逻辑的扩散实质地改变了生产、经验、权力与文化过程中的操作和结果。"[②] 可以说,网络就是后现代社会的核心。

---

[①] 冯务东、李艳艳:《"网络社会"概念辨析》,载《广西社会科学》,2008年第9期,第175—178页。
[②] 曼纽尔·卡斯特著,周凯译:《网络社会:跨文化的视角》,北京:社会科学文献出版社,2009年版,第569页。

那么，网络是什么呢？非常明显，网络并不只是互联网。卡斯特将网络界定为"一组相互连接的节点"。"节点"又是什么呢？"节点是曲线与己身相交之处。具体地说，什么是节点根据我们所谈的具体网络种类而定。"比如，在全球的金融流动网络中，节点就是"股票交换市场及其辅助性的先进服务中心"，而在"统治欧盟的政治网络中，节点是国家部长会议与欧洲委员会"。卡斯特指出，网络是开放和多重的，网络可以无限扩展，只要能够在网络中沟通，就能整合入新的节点。[1]

当然，在网络社会中，互联网社会是一个至关重要的组成部分。有学者认为，"互联网社会可以分为两大类型：一是包括网络论坛、BBS 和 QQ 群等直接交互性较强的存在形式；二是包括门户网站、电子邮件、博客等间接交互性较强的存在形式"[2]。这两大类型其实就是互联网社会中的次一级社会。在第一个次社会中，人们利用各种各样的网络论坛进行即时或直接的情感、信息等方面的交流，这与现实社会中的面对面交流在本质上是完全一样的，唯一的差别是信息的真实度和交流效果的不同。与现实社会不同的是，这个互联网次社会中的成员可以是世界各地的人，他们可能来自不同的国家、地区、文化、阶层、职业等。从这个意义上来看，它是一个"无界"的社会，而现代的网络社会就是由无数个这样的"无界"次社会所组成的"虚拟社会"。

有些学者认为，既然互联网社会是一种虚拟社会，那么它就不是一种真正的社会形式，不能与现实社会相提并论。但是，作为一种特殊的、新型的存在形式，互联网社会与现实社会具有很多相同之处，因此是现实社会的延伸和拓展。例如，有学者指出，互联网社会和现实社会具有三个相同之处：一是互联网社会和现实社会一样具有关系

---

[1] 曼纽尔·卡斯特著,周凯译:《网络社会:跨文化的视角》,北京:社会科学文献出版社,2009年版,第570页。
[2] 冯务东、李艳艳:《"网络社会"概念辨析》,载《广西社会科学》,2008年第9期,第175—178页。

性,各种各样的技术和社会关系都存在于互联网社会中,它是一个"全球关系网";二是互联网社会和现实社会一样具有人际性,它不仅是电脑和技术之间的连接,而且是人与人之间的"互联";三是互联网社会和现实社会一样具有信息性,它保证了人与人之间的正常交往和交流。① 还有学者指出,互联网社会具有实体社会的要素:比如有一定的活动区域(如各网站开设的聊天室、网上论坛等),有一定数量的固定人群(网民),人与人之间有着频繁的互动(如聊天、发帖或跟帖、咨询与求助、发表言论等)。因此,互联网社会的出现"反映了当代社会的深刻变化,同时也对社会学的理论研究提出新的挑战"②。

总之,作为现实社会的延伸,互联网社会无疑开拓了人类社会的新边疆,人类传统社会的边界也得到了极大的拓展。这使人类社会首次实现了"天涯若比邻"的"时空压缩"。在这个边界无限的社会中,社会结构形态发生了改变,社会互动界限得到了拓展,新的利益表达方式得以创造,人们的价值观念和生活方式得到了重构,世界文化和人类认同也因此得以重塑。③

时至今日,很多普通民众和科技大咖们相信,完全无界的元宇宙(Metaverse)必将成为未来的人类社会形态。"元宇宙是一个平行于现实世界,又独立于现实世界的虚拟空间,是映射现实世界的在线虚拟世界,是越来越真实的数字虚拟世界。"④ 这种"整合多种新技术而产生的新型虚实相融的互联网应用和社会形态"将全面改变我们现在的社会形态,人们"在现实世界所缺失的,将努力在虚拟世界进行补偿"。在元宇宙开放无边的世界中,三度空间和虚拟时空隧道将使人类

---

① 冯务东、李艳艳:《"网络社会"概念辨析》,载《广西社会科学》,2008年第9期,第175—178页。
② 杨善华、谢立中主编:《西方社会学理论》,北京:北京大学出版社,2005年版,第215页。
③ 李强等:《互联网对社会的影响及其建设思路》,载《北京社会科学》,2013年第1期,第4—10页。
④ 朱熹明:《"元宇宙"和"后人类社会"》,http://www.eeo.com.cn/2021/0621/492328.shtml。

社会突破现实与虚拟、现在与过去、此地与远方的所有限制。总之，"元宇宙是虚拟与现实的全面交织"，它将深刻改变现有社会的组织与运作。①

当然，必须指出的是，因为网络社会和虚拟社会的基础是现代通信技术，如计算机、互联网或移动通信设备等，对于那些尚未拥有这些设备或技术的地区和个人，网络社会和虚拟社会就无法存在和发展。因此，在目前阶段，网络社会只是现代社会的一个重要组成部分，它只是一种次社会形式。

2. 跨国社会

在全球化时代中，随着商品、信息和人员的大规模跨国流动，人类社会的另一种新形式——跨国社会，得以出现并迅速发展。这是一个主要由网络和社会关系所组成的社会，也是一种虚拟的次社会形态。当然，跨国社会的成员一般只局限于国际移民和与之相关的人，因此它只是整个现代社会中的一个组成部分。

跨国社会场的理论基础是法国著名的社会学家布迪厄（Bourdieu）提出的"场域"概念。布迪厄认为，在现代高度分化的社会里，社会世界是由大量具有相对自主性的社会小世界构成的，这些社会小世界就是具有自身逻辑和必要性的客观关系的空间，即场域。他认为，场域是现代社会的基本特征，现代社会存在着不同的场域：政治场域、经济场域、艺术场域、宗教场域等等。布迪厄认为，这些不同的社会场域边界是流动的，场域本身是由参与其中的人为提高其社会地位而抗争所建构的，是"一种人为的社会构建，是经历漫长的自主化过程后才逐渐形成的产物"②。以布迪厄的"场域"概念和其他移民学者的研究为基础，莱维特和希勒等人根据跨国移民的活动和实践对移民的

---

① 《2020年—2021年元宇宙发展研究报告》，http://cbdio.com/BigData/2021-09/22/content_6166594.htm。
② 杨善华、谢立中主编：《西方社会学理论》（下卷），北京：北京大学出版社，2006年版，第169页。

社会场作出了这样的界定:社会场是"一个互相交叉的多重社会关系网络,思想、实践和资源通过这个网络不平等地交换、组织和转变"①。

很多著名的移民研究学者对跨国社会场中的活动进行了分类。例如,史密斯把跨国社会场中的活动分为两类:一类是"来自上层"的跨国资本、全球媒体和跨国政治集团的活动;另一类是"来自下层"的私人经济、族群民族主义和草根平民的活动。因此,跨国主义可分为"来自上层的跨国主义"和"来自下层的跨国主义"两种。"来自下层的跨国主义"中的文化混杂、多重身份认同、边缘"他者"的跨国行为和移民企业家的跨国经济活动等,都是普通人为了挣脱"来自上层"的国家和资本的控制及支配所进行的有意识和成功的努力。②

波特斯则认为,从范围上看,跨国社会场中的活动,即跨界活动(cross-border activities),可以分为国际的(international)、多国的(multinational)和跨国的(transnational)这三个纵向层次。从内容上看,跨界活动又分为经济、政治和社会文化(socio-cultural)这三个横向维度。如表8所示,波特斯列举了以下这些不同层次和维度的跨界活动:

表8 波特斯关于跨国社会场的划分

|  | 政治 | 经济 | 社会文化 |
| --- | --- | --- | --- |
| 国际的 | 政府在外国设立大使馆和外交机构 | 农业、畜牧业、渔业等的进出口贸易 | 旅游及大学等机构组织的交流项目等 |
| 多国的 | 联合国等国际机构对全球某些事物的监督和改善 | 多国公司的生产和营销活动,其利润依赖多国市场 | 天主教和其他宗教在多个国家资助建立的学校和使团 |

---

① Peggy Levitt and Nina Glick Schiller, "Conceptualizing Simultaneity: A Transnational Social Field Perspective on Society", *International Migration Review*, Vol. 38, No. 3, 2004, pp. 1002-1039.
② Michael Peter Smith and Luis Eduardo Guarnizo, eds. *Transnationalism from Below*, New Brunswick: Transaction Publishers, 1998, pp. 1-5.

续表

|  | 政治 | 经济 | 社会文化 |
| --- | --- | --- | --- |
| 跨国的 | 非政府机构的建立，以监督各国人权；移民建立的同乡会，以帮助家乡的建设 | 发达国家草根阶层的抵抗运动，以迫使跨国企业改善其在欠发达国家的生产条件；移民企业经营面向祖籍国的进出口业务 | 草根阶层的慈善活动，为贫困国家的儿童提供保护和照顾；参加移民社团的选美活动、家乡文化活动表演队的选拔等 |

资料来源：Alejandro Portes, "Conclusion: Theoretical Convergencies and Empirical Evidence in the Study of Immigrant Transnationalism", *International Migration Review*, Vol. 37, No. 3, 2003, pp. 874-892。

在这些复杂多样的跨界活动中，移民跨国主义属于最下面的层次，即草根阶层的跨国活动，而不是国家政府或国际机构在国际和跨国层面上的活动。另外，从广度和强度上看，波特斯认为，跨国主义可以分为"广泛的跨国主义"和"严格意义上的跨国主义"，前者包含了规律性和偶然性的跨国活动，而后者专指规律性的跨国参与。[1]

在跨国主义研究中，跨国网络和跨国社会场是相互交叉的两个概念。例如，在《从国内移民到跨国移民：跨国移民的理论建构》（"From Immigrants to Transmigrants: Theorizing Transnational Migration"）一文中，席勒、巴斯和布朗克等人指出，移民的跨国社会场是"一系列相互交错的社会关系网络"，其构成是移民的亲属关系、家庭网络、经济活动、宗教文化社团、政治参与，以及娱乐业和媒体等文化表征。[2]

德国著名的移民学者费斯特对跨国社会场进行了较为深入和系统

---

[1] Alejandro Portes, "Conclusion: Theoretical Convergencies and Empirical Evidence in the Study of Immigrant Transnationalism", *International Migration Review*, Vol. 37, No. 3, 2003, pp. 874-892.

[2] Nina Glick Schiller, Linda Basch and Cristina Szanton Blanc, "From Immigrants to Transmigrants: Theorizing Transnational Migration", *Anthropological Quarterly*, Vol. 68, No. 1, 1995, pp. 48-63.

的研究。费斯特把社会场称为"社会空间",他把"跨国社会空间"定义为:"(跨国社会空间是)至少在两个不同国家中的社会性和象征性连结、网络和团体中的人和所有组织网络的结合。"① 他认为,移民的跨国空间既包括思想、象征和物质文化的流通,也包括人的跨界活动。跨国空间中存在着一个"五角关系网",即居住国和祖籍国的机构、居住国和祖籍国的族裔群体和移民团体本身。

费斯特认为,在移民跨国社会场中,"空间"(space)并不等同于"地点"(place)。他认为,跨国空间不仅指地理的特征,而且指更大的"机会结构、社会生活和主观的形象、价值观和意义"等。因此,"空间"与"地点"的不同之处就在于"(空间)包括或跨越几个不同的地理位置"。也就是说,"空间"一般包括两个以上的地点,它具有超越领土的社会意义。跨国空间只在具有社会或象征性连结的情况下才对潜在的移民产生意义。②

费斯特把跨国社会空间划分为三种类型:亲属群体(kinship groups)、跨国群体(transnational circuits)、跨国社团(transnational communities)。这三种类型都有其特殊的连结纽带:亲属群体的连结纽带是一种互惠互利的关系,常以汇款的形式出现;跨国群体的连结纽带是工具性的交换关系,这种连结体现在跨国贸易网络的建立;跨国社团的连结纽带则是一种共同的集体认同,这种社团与传统的族裔社团并行。费斯特指出,跨国社团通过密切和强力的社会与象征纽带把移民和国内的留居者连结到了一起。这种没有"近亲关系"的社团不一定要求成员同时在两国或两种文化之间生活,但其成员的连结需要通过交流、互惠互助和团结来取得高度的社会凝聚力和共同的集体表征。当然,这三种类型的跨国群体并非截然不同或界限分明的。

"同时性"和"植入性"是移民跨国社会场的两个主要特征。很

---

① Peter Kivisto and Thomas Faist, *Beyond a Border: The Causes and Consequences of Contemporary Immigration*, LosAngeles: Pine Forge Press, 2010, p. 141.
② 同①。

多学者认为,跨国迁移发生在"流动的社会空间中,这个社会空间是通过移民在一个以上的社会中同时'植入'而不断建构的"①。因此,跨国空间具有"多层性"(multi-layered)和"多地性"(multi-sited)。跨国社会场的"同时性"是指移民在融入新的社会和与祖籍国的跨国联系并非互相排斥的两极,而是可以同时进行,并相互强化。然而,在跨国社会场的"同时性"中,我们必须注意移民"生存方式"和"归属方式"的不同。莱维特和席勒指出,"生存方式"指的是个人的实际社会关系和实践,包括不同层次的机制、组织和经历。个人可以处在一个社会场中,但并不认同与这个社会场相关的任何标签或文化政治。相反,"归属方式"指的是表示或实施认同的实践,它显示了与某个特定群体有意识的连结;这些实践是具体、可见的行动,是归属感的标志,如佩戴十字架、挥动旗帜或选择某种食物等;它是行动及其所表示的认同意识的结合。处于跨国社会场中的个人在不同的情况下,其"生存方式"和"归属方式"有不同的结合。一个移民可能与祖籍国有很多社会联系,但可能根本并不认同祖籍国。他们是在从事其"生存方式",而不是"归属方式"。同样的,一个人可能会吃某种食物或祭拜某个神灵,但这只是他们家庭的惯常做法,与族裔认同或祖籍国认同无关。总之,他们并没有表达一种"归属方式"。相反,有些人虽然与祖籍国没有或极少联系,但他们的行为却反映出与某个群体的认同感。因为这些人通过记忆、怀旧或想象与某种"归属方式"产生某种联系,所以只要他们愿意,随时都可以进入那个社会场。② 因此,在移民跨国社会场中,社会的边界并不一定与单一的民族国家边界重合,所有"有界"的社会科学概念都必须加以修正和重构。

---

① Peggy Levitt and B. Nadya Jaworsky, "Transnational Migration Studies: Past Developments and Future Trends", *Annual Review of Sociology*, Vol. 33, No. 1, 2007, pp. 129-156.

② Peggy Levitt and Nina Glick Schiller, "Conceptualizing Simultaneity: A Transnational Social Field Perspective on Society", *International Migration Review*, Vol. 38, No. 3, 2004, pp. 1002-1039.

总而言之，移民跨国社会场是一个"多维度的、包含多种不同形式、深度和宽度的结构性互动场"，其边界并不等同于国家的边界。在跨国社会场中，移民既积极地融入居住国的社会，也保持着与祖籍国的密切联系。这是一种"同时性"的生活和实践。因此，跨国社会场是一个包括移民和非移民、祖籍国和居住国的社会场，它打破了现代民族国家的边界限制，也打破了传统社会科学的"国家容器论"。① 另外，在网络时代中，移民跨国社会场是一个虚实相间的社会，这是因为当代移民既进行回国探亲、汇款、捐助家乡建设项目等实体性的跨国活动和跨国连结，也可以利用互联网进行虚拟性的跨国活动等。总之，在跨国社会场中，国际移民穿梭于不同国家和社会之中，极大地拓展了以民族国家为中心的社会边界。

综上所述，在全球化时代下，由于通信技术的快速发展和国际移民的持续增加，网络社会和跨国社会成为两种新型的现代社会形态。这是两种"无界性"的社会，因为具体的、实质性的地理空间对其已经失去意义，取而代之的是技术设备和社会网络。但是，由于网络社会的基本条件是现代通信技术和设备，不具备这些基本条件的地区或个人就无法成为这个社会中的成员。当今世界仍然存在很多极其贫困和落后的地区，所以网络社会在目前阶段仍然只是一个次社会形态。同样，由于其成员的特殊性和局限性，跨国社会也只是一种次社会形态，而不是整个社会的形态。然而，这两种现代的虚拟次社会形态是人类新社会的典型代表，它们与国际移民研究息息相关，是移民研究领域中关注的焦点。

## 第二节　美国华人社会的拓展与华人跨界认同的建构

随着现代社会边界的拓展，当代美国华人的社会边界也处于不断

---

① Peggy Levitt and Nina Glick Schiller, "Conceptualizing Simultaneity: A Transnational Social Field Perspective on Society", *International Migration Review*, Vol. 38, No. 3, 2004, pp. 1002-1039.

拓展和延伸的过程中，其表现形式就是多层次的社会空间构成。综合前人的研究和作者的田野调查，本章认为美国华人社会可以分为实体社会和虚拟社会两个层次。实体社会包括两个部分：美国大社会和华人社会。虚拟社会则包括网络社会和跨国社会两个部分。这些不同层次的社会共同建构着美国华人的跨界认同。

## 一、实体社会对华人跨界认同的建构

### 1. 美国大社会

美国大社会指的是整个美国社会，包括白人主流社会和各种少数族裔社会，它是美国华人进行工作和学习活动的主要场所，也是其跨界认同中美国认同的来源场所和实践地点。在大社会的工作、学习和生活中，美国华人不可避免地与主流群体和其他少数族裔进行接触和交往，其活动和身份认同也自然而然地受到美国政治、经济和社会文化的控制和影响。因此，美国华人与大社会的互动时时刻刻建构和影响着他们的美国认同。

在圣地亚哥的田野调查中，受访的华人专业技术移民大都在主流社会的公司工作，其居住地也大多位于圣地亚哥市的中产阶层郊区，而不是在族裔社区（如唐人街等地）。作者在圣地亚哥西区主恩堂教会进行田野调查时，经常参加该教会周五晚上的团契活动，发现常去该教会的华人大多按照居住地区组成团契小组，如卡梅尔谷（Carmel Valley）小组、大学城中心（UTC）小组、绿草场（Green Pasture）小组等。有趣的是，卡梅尔谷小组的成员不仅居住在同一个地区，而且其中有很多人是同行，都是在生物技术公司工作的科学家和工程师等。作为加州大学圣地亚哥分校的访问学者，作者被推荐加入了这个小组。为了更好地开展田野调查，作者经常在周五晚上参加该小组的"查经"活动。在"查经"活动中，他们经常会谈到自己在生活和工作中所碰到的问题和压力，也会分享在美国大社会中的见闻和心得。通过亲耳聆听这些华人专业技术移民在美国大社会中的生活和工作经历，作者能够亲身体验到他们在美国大社会中的酸甜苦辣，并能从感性方面体会大社会对他们身份认同的建构。例如，一位华人专业技术移民王女士说，她在工作中与很多棘手的上司相处过（这些上司有华人，也有其他族裔的人），曾有位上司在她年终评比时总故意给她低分，而年终评比的低分数既影响到她的工资收入，有一次还差点让她被解雇。王女士对这个问题的处理方法是隐忍退让，以德报怨。最后，那位经常为难她的上司被她感化，两个人后来成为知心朋友。[1] 在一家生物制药公司工作的藤女士说，美国公司里的人际关系复杂。有一次，公司里的一个白人同事为了发表论文时的署名次序，冲她大发雷霆，毫无风度。但她处理这些问题的方法与王女士有所不同，她比较强硬，坚持己见，丝毫不为所动。[2] 总之，这些华人专业技术移民的工作经历反映出他们在美国大社会中所面临的巨大压力，也时时刻刻地影响着他们对美国大社会和其他族裔的看法和认同。

在作者的采访中，很多华人专业技术移民都表示，美国公司上下级之间是界限分明的，同事之间常有勾心斗角的利益争夺，有些美国白人非常卑鄙势利。例如，在一家医疗器械公司工作的张先生说："在公司里，上下级的分界线是很明显的，下级一定要听从上级的安排。当然在下班以后，上下级之间的私人交情也可以建立，也讲究人际关系和人际网络。但如果到了裁员的时候，老板不太看重私人的交情，该怎样做还是怎样做，不会因为你是老板面前的红人就不会被解雇。这些是美国人的普遍做法。有些华人移民就是因为不理解这些做法而对美国人产生了反感。"[3] 在全球知名制药大企业工作的李女士说："和我共用一个办公室的同事是个白人，只有三四十岁，离了婚，但找

---

[1] 来源于圣地亚哥西区主恩堂周五团契会上的"见证"活动记录，2012年10月26日晚上于西区主恩堂教堂。
[2] 来源于圣地亚哥西区主恩堂周五团契会上的"查经"活动记录，2012年10月26日晚上于西区主恩堂大厅。
[3] 来源于2012年9月22日作者与张先生到圣地亚哥克莱蒙特大道（Clairemont Avenue）边上的沃尔玛超市购物时的谈话记录。

了一个六七十岁的老太太做女朋友,目的是继承老太太的遗产。最近老太太生病住院了,他一次也没去看过,总说工作太忙,没时间去。但还口口声声说他爱的是老太太的人,而不是老太太的钱!我很瞧不起他,这是个卑鄙虚伪的家伙!所以你看,有些美国人是非常实际和虚伪的!"①

在与美国大社会的接触和交往中,一些华人专业技术移民清醒地认识到了美国社会文化的弊病,感受到了或多或少的种族歧视,其美国认同的建构也受到了很大程度上的影响。例如,在加州大学圣地亚哥分校医学院做博士后的杨女士说:"在美国常见裙带关系的现象。我们老板是个美国白人,他为朋友的儿子提供实习机会,即使这个人根本就不努力、不出色,还是轻而易举地得到了晋升的机会。但其他族裔的学生都是经过层层选拔才能进来!所以移民在这里(美国)必须特别优秀,否则很难有出头之日!"② 同是加州大学圣地亚哥分校博士后的张先生说:"美国是个虚伪的国家,虽然法制等层面是非常公平的,但实际是披着一张皮,里面完全不是这样的。比如现在升学制度中的'平权法案'吧,说要进行改革,以种族来划分成绩。如果你是亚洲人,那么你考 90 分才算优秀,而墨西哥移民、黑人学生只要考 80 分就算优秀了。那么亚洲人就得加倍努力,出类拔萃才行。而白种人是不受影响的,他们永远是这个国家的主流,是多数民族(majority)。华人的投票有什么用呢?华人在美国总人口中占比低,又没有实权派的人在(政府)里面。所以碰到什么事情最多也是抗议而已。"③ 在一家计算机公司上班的喻先生也大力抨击美国的学校教育。他说:"美国的学校教育存在很多问题,比如美国中学生吸毒等现象普遍。因此,我不让我的孩子去学校上学,而选择在家里上学。这就是我们的家庭

---

① 来源于 2012 年 12 月 21 日作者与李女士在去参加西区主恩堂周五团契会路上的谈话。
② 来源于作者与杨女士的非正式访谈,2013 年 1 月 12 日于杨女士的家中。
③ 来源于作者与张先生的非正式访谈,2012 年 11 月 2 日于张先生的家中。

学校教育（homeschooling）。"① 事业上的"玻璃天花板"（glass ceiling）也是导致很多华人专业技术移民和留学生选择回国寻求发展的主要原因之一。在很多美国华人中，现在有一个流行的观点：留在美国的华人只能打一辈子工，过着比较舒服的小日子，而回国也许还能干出一番事业来。接受作者访谈时，上文提到的杨女士和张先生都在积极联系回国发展的事情。

　　生活在波士顿的芳女士也对美国社会中的隐性种族歧视十分不满。她说："男性华人在美国压力很大，在就业等方面，华人男性在美国没有任何优势，在择偶方面更受到歧视。"② 来自香港的李先生移民至波士顿也有20多年了，他有很多美国人朋友，但还是觉得美国存在种族歧视。他向作者讲述了一次遭受种族歧视的经历：有一次，他在驾驶过程中与另外一辆车同时违规，另一辆车的驾驶员是白人女性，警察没有惩罚对方，而他却受到了惩罚。于是他请了两个律师，起诉警察局，指控他们种族歧视。虽然他最后胜诉了，但花了5000美元诉讼费。他说："在美国政府部门，尤其是警察局，常常看到警察有区别地对待白人和有色族裔。"所以他感到很不公平，说华人在美国是二等公民，美国不是自己的国家，他喜欢回香港，以后还打算回家乡台山从事投资开发。③

　　应该指出的是，美国华人在大社会中遇到的压力和困难，以及他们对美国社会的一些负面看法和所遭受到的一些种族歧视，也并非一定会对其中国人认同起到强化的作用。例如，一直打算回国发展的张先生说："现在回国的人当中，十有八九都是为了个人的利益、自己的发展，如果有两个人抱有'回去建设祖国'的想法，那就相当不错

---

　　① 来源于作者与喻先生的晚餐谈话，2012年12月7日于圣地亚哥西区主恩堂的周五团契会的聚餐大厅。
　　② 来源于作者与芳女士的多次谈话记录，2019年4—8月于布鲁克莱恩市。
　　③ 来源于作者对李先生的正式访谈，2019年8月20日于昆西市昆西地铁站附近的星巴克咖啡店。

了。"① 在圣地亚哥一家银行工作的小丽说:"我在美国感觉很好,这边的人际关系很简单,而国内的关系太复杂了,回国我倒是很不适应。"②

在工作之外,很多受访华人专业技术移民在生活中也积极融入美国的大社会,与其他族裔密切交往,同时建构着他们的美国认同。例如,在20世纪90年代初移居美国的何女士英语水平虽然不高,但周围却有不少非华人朋友,其中一个美国白人还成为她女儿的养母。何姨说:"美国人很友好,很有爱心的。以前我有个邻居,是美国人,经常开车带我们去博物馆、公园等地方。我们来往很密切,成为很好的朋友。我女儿的中学老师也是个美国人,她很喜欢我的女儿,后来选择做她的养母。我们跟美国人接触很多,经常和他们一起过美国人的节日。我们有很多中国朋友,也有很多美国人朋友。我们跟女儿的养母一起过美国节日。有时也有中国朋友在中秋节组织节日聚会,有些美国朋友也会来参加,他们都很感兴趣的。"③ 以前是一家生物技术公司高管的廖先生因为行业不景气而被裁员,现在是国内一所大学的兼职教授,并在国内创办了自己的公司,成为名副其实的"跨国移民",经常往返于中美两国之间。他说:"我有很多美国白人朋友,有时会请他们到家里吃饭。我认为,美国人大都自我感觉良好,他们不太关心世界大事,因为他们比较自大。"④

相比华人专业技术移民,华裔大学生与美国大社会的接触和交往就更加密切了,因为美国大社会就是他们成长和生活的主要场所,他们在其中所形成的美国认同是个自然而然的过程。由于美国加州是众多移民的聚居之地,所以很多受访华裔大学生在成长过程和学习生活

---

① 来源于作者与张先生的非正式访谈,2012年11月2日于张先生的家中。
② 来源于作者与小丽的谈话,2012年8月25日于圣地亚哥康拉德大道小区游泳池旁边的沙滩椅上。
③ 来源于作者对何姨的非正式访谈,2012年8月11日于何姨家中。
④ 来源于作者对廖先生的正式访谈,2012年9月16日于西区主恩堂礼拜堂外面的长椅上。

中主要与其他族裔交往。例如，7岁移民到圣地亚哥的加州大学圣地亚哥分校新生小方的父母都在圣地亚哥工作，他说："从小学到中学，我周围的中国人很少。初中时全校只有约10个亚洲人，包括5个中国人。高中时全校大约有20个亚洲人、10个中国人。所以我的朋友很多是美国人。现在来到大学，室友有中国人、美国人、越南人、德国人等。"① 同是加州大学圣地亚哥分校学生的洁西卡（Jessica）说："小学时，我的邻居里有个菲律宾女孩，我俩天天在一起玩，她是我最好的朋友。初中时，我的同学里有一些美国白人和墨西哥移民成为我的好朋友。高中时，我的学校处于贫民区，同学中墨西哥移民几乎接近一半，四分之一来自越南，其他的都是菲律宾裔，中国人只有3个。所以我最好的朋友一个是那个菲律宾女孩，一个是越南女孩。"② 很多受访华裔大学生表示，他们的朋友很多都是亚裔移民，而不仅限于华裔移民。

总之，生活在美国大社会中的华人，其工作、学习和生活经常与美国的主流社会和其他族裔群体产生互动。在这些社会的互动过程中，他们的身份认同也处于不断的建构中，其美国国家认同和社会认同或因为积极正面的联系而得以加强，或因为消极负面的互动而受到削弱。因此，美国大社会是华人跨界认同建构的第一个主要因素和场所。

2. 华人社会

唐人街是传统的华人社会中心。在华人较多的大城市，如旧金山、纽约、洛杉矶和波士顿等地的唐人街，华人社会尤为兴旺发达，是"公认的美国华人经济、政治和文化中心"③。在传统的海外华人社会中，华侨华人社团、华文报纸和华文学校是其三大支柱，其中华侨华

---

① 来源于作者对小方的正式访谈记录，2012年10月9日于加州大学圣地亚哥分校移民比较研究中心办公室。
② 来源于作者对洁西卡（Jessica）的正式访谈记录，2012年11月4日于加州大学圣地亚哥分校移民比较研究中心办公室。
③ 麦礼谦：《从华侨到华人：二十世纪美国华人社会发展史》，香港：三联书店（香港）有限公司，1992年版，第25页。

人社团无疑占据最为重要的地位,其构成基础是林其锬教授所提出的"五缘":以宗族亲戚关系为主的"亲缘",以邻里同乡关系为主的"地缘",以宗教信仰为主的"神缘",以同业同学关系为主的"业缘"和以物为媒介的"物缘"。[①] 麦礼谦认为,美国华人社团分为地缘性组织(邑界)、血缘性组织(姓界)、帮会(堂界)和行会四大类型。波特斯和周敏教授等人也认为,传统的华人社会有三种主要的社团组织:宗亲会、会馆(同乡会)、商会(堂会)。[②]

华人社团遍布美国各地,其准确数量难以统计。例如,周敏教授曾经试图"编辑一个洛杉矶、旧金山和纽约华人社团的清单,结果发现无法提供一个完整准确的数字。"她说:"据中国领事馆估计,光南加州的华人社团组织就超过2000个,包括正式和非正式的。除了传统类型的社团组织外,当代华人的社团组织出现了现代的类型,如专业团体、校友会和各类商会等。[③]

从20世纪三四十年代开始,随着美国二代华人数量的增多和美国华人在教育、经济等方面所取得的成就,一些华人青年开始搬离唐人街,传统的唐人街华人社团组织渐渐衰落。1965年美国新移民法实施后,华人新移民大多是受过良好教育的专业技术人士,他们也很快在郊区的中产阶层社区置业买房,并融入美国的主流社会。因此,华人社区从以前的市中心贫民窟转变为"郊区唐人街"(suburban Chinatown)或"郊区民族聚居地"(ethnoburbs)。

与圣地亚哥相比,大波士顿地区的华人社会更加发达。首先,近年来,除波士顿市中心的唐人街外,郊区几个市镇都已经发展出了规模较大的华人聚居区,如昆西市、摩顿市、牛顿市等地。目前,波士

---

① 赵红英、宁一:《五缘性华侨华人社团研究》,上海:同济大学出版社,2013年版,第1、5页。
② 阿列汗德罗·波特斯、周敏:《跨国主义的实践与移民祖籍国的发展:美国墨西哥裔和华裔社团的比较》,载周敏、张国雄主编:《国际移民与社会发展》,广州:中山大学出版社,2012年版,第95页。
③ 同②,第98—99页。

顿唐人街是美国第三大唐人街,也是美国东北部著名的华人聚居区。波士顿唐人街是全美管理完善、社区服务到位的唐人街之一,其社区管理机构有隶属于波士顿政府管辖的华埠主街,还有历史悠久的中华公所。中华公所属下有30多个老华人侨团,其中较大的侨团有梁忠孝堂、黄氏宗亲会、阮氏公所、梅氏公所、龙岗亲义公所、安良工商会、昭伦公所、三益公所、洪门致公堂、凤伦公所、李氏公所、甄氏宗亲会、伍氏公所和至德三德公所等传统华人社团。此外,唐人街还设有很多同乡会、联谊会和专业团体,如潮州同乡会、台山联谊会、侨声音乐剧社、巾帼舞狮团、波士顿华人前进会等。

其次,中文学校是波士顿华人社会的重要组成部分。例如,位于唐人街的中华广教中文学校于1916年在波城安良工商会资助下创立,是波士顿地区设立最早的侨校,[①] 100多年来一直致力于华裔儿童的中文和中华文化教育。剑桥中国文化中心是大波士顿地区的另一所著名中文学校。这所学校的独特之处在于它是完全由大陆学人创办的,因此它以汉语拼音和简化字教学,大部分学生也来自中国。上文提到的陈老师就是最早在剑桥中国文化中心任教的中文教师。与其他中文学校不同的是,除了开设周末中文班外,剑桥中国文化中心还开设每日的课后中文班,每天放学后,剑桥市的华人学生可以乘坐公校校车来学习中文。

再次,遍布波士顿地区各市镇的华人教会更是当地华人实体社会的缩影。位于唐人街的华人布道会是一所规模较大的教会,周日礼拜会按照语言(英语、汉语、粤语)分成几处地方。在田野调查期间,作者观察了其英语礼拜会和周日研修会。英语礼拜会在昆士小学礼堂举行,每次参加礼拜的华人信徒都有两三百人以上,主要是亚裔或华裔青年,其中有不少中学生和大学生,还有一些带着孩子的华人父母。讲经的牧师大多是年轻华裔,他们口齿伶俐、生动幽默,讲经时礼堂

---

① 《波士顿中华广教学校举行90周年校庆联欢筹款餐会》,http://www.chinaqw.com/hwjy/hxdt/200707/23/80641.shtml。

里不时响起阵阵掌声和笑声。作者观察到在场的华裔年轻人在唱诗和听布道时都很专注虔诚,布道结束后他们就在场外热烈聊天,非常热闹,显然这是他们一周一次的见面社交时间。布道后的周日研修会在华人布道会教堂里面的大厅举行。参加者分成几个小组,围坐在几张圆桌旁边,主持的牧师也是一位年轻的华裔二代,其工作语言同样是英语。研修会除了讨论《圣经》内容之外,参加者也谈论时事和自己关注的问题,如孩子的教育问题、国际局势问题等。显然这是一个比较小型但更加亲近的华人社交场合,因此也是波士顿华人社会的一个组成部分。

另外,波士顿郊区的教会通过吸引居住在附近的不同华人群体,形成了各具特色的华人小社会。例如,波士顿郊区华人圣经教会有两个分部——南区和城区,南区分部主要面向周围的华人居民,而城区分部主要吸引波士顿各大学的华人学生学者。这个分部还针对不同身份和背景的华人,于每周五傍晚在不同地方组织六个不同团契:波士顿校园团契、麻省理工大学校园团契、摩顿学生团契、乐河学生团契、长木(Longwood)学生团契和灯塔街大学生团契。作者也观察过其城区周日礼拜的情况,在参加礼拜仪式之前,教会提供免费的圆桌午餐,华人学生们边吃饭边聊天,这的确是一个熟人聚会、结交新朋友和交流信息的好场所,因此构成了周围华人学生的小社会。

田野调查发现,波士顿发达的华人社会对当地华人的身份认同产生了强大的影响力。例如,波士顿巾帼舞狮团成员克里斯滕(Christen)是中法混血儿,她母亲是法裔美国人,父亲是出生于美国的华裔二代,祖父母是早期的华人移民。由于从小成长的环境中华人不多,到波士顿工作后,克里斯滕渴望接触更多的华人和中华文化。她每周参加巾帼舞狮团的训练,目的是在强身健体的同时,尽量给自己创造一个学习中文和富含中国文化的环境。她说:"我参加巾帼舞狮团的主要目的是想重新连结并更深入地了解和体验中国文化。我在大学没有学过中文,舞狮团的朋友们会教我一些中文词语。我觉得中华文化博大精深，我们应该了解和传承自己的族裔文化。"①

圣地亚哥的华人社会与波士顿的华人社会兼具共性和差异性。共性是当地的华人社会也比较发达，差异性是圣地亚哥没有像波士顿那样的传统意义上的唐人街。美国华人学者令狐萍教授提出了富有创见的"文化社区"理论，她认为，在没有唐人街的美国城镇，存在着以中华文化为凝聚力的华人"文化社区"，这种文化社区包括华人教会、中文学校、专业协会等。②受"文化社区"理论的启发，本研究也认为，当代的圣地亚哥华人社会应该包括所有华人聚会的地方，除华人社团、华文报纸、中文学校、华人教会等传统组织外，华人超市、中国餐馆等地也是圣地亚哥华人社会的组成部分。

首先，与波士顿一样，圣地亚哥存在着各种华人社团和组织，其中大大小小的华人教会也遍布各地。据不完全统计，2012年前后的圣地亚哥有以下十几所规模不等的华人教会：AGAPE Chinese Alliance Church（爱加勉华人宣道会）、All Saints' San Diego③、Assembly of Christ in San Diego（圣地亚哥神的教会）、Bread of Life Christian Church in San Diego（圣地亚哥灵粮堂）、Chinese Bible Church of San Diego（圣地亚哥主恩堂）、Chinese Community Church（中华联合基督教会）、Chinese Evangelical Church of San Diego（圣地亚哥华人传道会）、Chinese Mandarin Church（圣地亚哥汉语礼拜堂）、Evangelical Formosan Church of San Diego（圣雅福音基督教会）、First Chinese Southern Baptist Church of San Diego（圣地亚哥第一华人美南浸信教会）、Glory Christian Church of San Diego（圣地亚哥华美基督教会）、HOPE Church-House of Praise Evangelical Church（圣地亚哥雅歌堂）、Obedience To Christ Church

---

① 来源于作者对克里斯滕（Chrsiten）的非正式访谈，2019年8月21日于波士顿唐人街华埠图书馆1楼大厅巾帼舞狮团训练场地。

② Huping Ling, *Chinese St. Louis: From Enclave to Cultural Community*, Philadelphia: Temple University Press, 2004, pp. 12-13; Huping Ling, ed. *Asian America: Forming New Communities, Expanding Boundaries*, New Brunswick: Rutgers University Press, 2009, p. 130.

③ 暂时无法找到相对应的中文名字。

Mission Inc①、San Diego Taiwanese Presbyterian Church（圣地亚哥台湾基督长老教会）、Taiwanese Christian Church of San Diego（圣地亚哥台湾基督教会）等等。②

从以上教会的名称可以看出，圣地亚哥的华人教会一般按照方言或地域来划分。按方言划分，有汉语教堂、粤语教堂、闽南语教堂等；按移民地域来源分，有中国大陆移民、中国香港移民和中国台湾移民等。由此可见，不同华人教会的存在表明了圣地亚哥华人社会的分化和不同的层次。

其次，除华人教会外，各式各样的同乡会、校友会、专业协会、艺术团体和中文学校等华人组织也是圣地亚哥华人社会的重要组成部分。在圣地亚哥，校友会有圣地亚哥北京大学校友会、圣地亚哥清华大学校友会等；同乡会有圣地亚哥湖南同乡会、福建同乡会、越棉寮同乡会、客属同乡会、东南亚华人耆英会、广西同乡会等；专业协会有美中生物医药协会、中国旅美科技协会加州圣地亚哥分会、圣地亚哥英瑞工商会③等；艺术团体有博华民乐团、阳光合唱团、月光舞蹈团等。圣地亚哥规模较大的中文学校有华夏中文学校、中华学苑、育才中文学校、圣地亚哥中文学校、北郡中文学校等，还有其他各式各样的文化培训机构和家庭学校等，如金龙中国功夫学院、快乐多艺术学校等。④

在圣地亚哥做田野调查时，由于时间和条件的限制，作者主要以

---

① 暂时无法找到相对应的中文名字。
② 《美国圣地亚哥华人教会》，http://www.meijialx.com/city-detail-content/info_id：24016。
③ 美国英瑞工商会的总部设于加州旧金山市，前身为创办于 1881 年的瑞端工商会和创办于 1891 年的萃英工商会。多年来，两会积极开展会务，交流密切活跃。1946 年，两会正式合并并取名为英瑞工商会。目前全美共有英瑞工商会会员 3000 多名，分会分布于加州奥克兰、佛瑞斯诺、贝克斯菲、洛杉矶、圣地亚哥、亚利桑那州的凤凰城、土桑及内华达州的拉斯维加斯。请参阅《圣地亚哥英瑞工商会团拜春宴高朋满座热闹非凡》，http://www.sandiegochinesepress.com/press/?p=111274。
④ 请参阅圣地亚哥华文网，http://www.sandiegochinesepress.com/。

当地的华人教会作为田野调查的主要场所。结果发现，华人教会除了是传播宗教信仰的地方之外，更主要的是很多华人的社交场所和业余活动聚集地。例如，作者进行调查的圣地亚哥西区主恩堂每周的固定活动至少有三次：周二或周三晚上是团契小组的集中祷告活动，周五是全教会的团契活动，周日是牧师讲经的礼拜活动，周六有时还组织烧烤或远足活动，过节或长假还有其他各式各样的活动。这些集体活动几乎占据了当地华人的所有业余时间。因此，华人教会不仅仅是个崇拜信仰、安抚心灵的地方，更多的华人把它作为一个社交和建立人脉关系的场所。不管是基督徒还是慕道友，教会都持开放欢迎的态度。作者发现很多常去华人教会的人来自各行各业，除了很多专业技术人员外，也有一些房产经纪人、保险推销员、家庭学校或幼儿园的教育者等，他们都把教会作为结交客户、开拓市场的场所。有些单身人士来教会参加活动，是想认识异性朋友或潜在的结婚对象。年轻移民经常把从国内前来探亲或帮忙带孩子的父母带到教会来，帮助他们认识新朋友，排解在异国他乡的寂寞。大学的留学生和访问学者也经常到教会"蹭饭"，或寻求租房等帮助。在周五晚上的团契和周日的礼拜日活动时，很多家庭都是携老扶幼，全家来到教会。孩子们会被安排到专门的房间，在白人牧师的带领下进行中英双语的活动。老人有专门的"常青藤"小组，他们可以聚在一起聊天。年轻人则忙着交流各种信息。因此，整个教会俨然就是当地华人社会中的小社会，是一种特殊形态的族裔"飞地"。

再次，华人超市、华人商店等也是圣地亚哥华人社会的重要组成部分。19世纪30年代，在圣地亚哥的市中心曾经有过类似唐人街的华人商业地区，后来由于经济大萧条和相对较少的华裔人口，这个华人商业地区不复存在。现在，在远离市中心的路上有圣地亚哥目前唯一的一家综合性华人大超市——大华超市，周围地区也有不少中餐馆和华人商店。经过一年的亲身体验，作者认为亚洲商店集中的地方也是华人经常聚会、见面的场所，这些地方同样具有浓厚的中国文化氛围。

例如，在大华超市门口，摆放着几种免费的中文报纸，如《圣地亚哥日报》《侨胞》《新报》《大公报》等，很多到超市购物的华人就会顺便带几份报纸回去阅读，有些人甚至专程到大华超市门口拿取这些免费的中文报纸。另外，在超市门外的墙壁上，张贴着各式各样的中英文广告，提供各种各样的华人社区信息：出租房屋、课后托管、中医、牙医、保险、物流等等。大华超市里面的商品大多来自中国，华人所需要的日常用品都可以在这里购买到。超市的员工基本上都是华人，很多人使用普通话和广东话。总之，一走入大华超市，就感觉来到中国一样。更加有趣的是，周末时，很多华人购物者会在这里碰到自己的华人朋友或熟人。由于平时大家工作繁忙，很多人就会借机在超市里面或外面交谈起来。因此，圣地亚哥的大华超市也是华人社区的一个重要组成部分，因为它在圣地亚哥华人的生活中扮演了一个至关重要的角色。

最后，中餐馆也是圣地亚哥华人社会的一个重要组成部分。近年来，随着中国经济的高速发展，来自中国的移民、留学生和游客越来越多，圣地亚哥的华人商业区也随着兴旺起来。在康维大街（Convoy Street）一带，聚集着很多亚洲和中国餐馆。在北克莱蒙特（North Clairemont）地区，开设着"小肥羊"在圣地亚哥唯一的一家分店。在圣地亚哥一年的田野调查中，作者观察到，每到周末，"小肥羊"餐馆经常是座无虚席，而客人大多是中国人。到了周二的特价日，餐厅门口更是站满了等位的中国留学生。源源不断的中国留学生、访问学者和游客成为这些中餐馆的主要客人，补充和扩大了圣地亚哥的华人社会空间。

综上所述，当代美国华人生活中的确存在着一个强大的华人社会，这个社会同样时时刻刻影响和建构着他们的中国人认同。因此，美国华人社会也是其跨界认同的另一个建构因素和场所。

## 二、虚拟社会对华人跨界认同的建构

20世纪末的互联网技术的全球普及使人类社会进入了另一个阶段：

虚拟社会阶段。在虚拟社会中，用户可以从事任何职业，居住在任何地区。成为虚拟社会用户的唯一要求是计算机和互联网通道。虚拟社会没有地理空间，它横跨全球，为其用户提供各种各样的活动和服务。生活中不同程度上依赖这些活动和服务的用户因此产生了社区成员的感觉。①

1. 网络通信社会

随着互联网的普及，网络通信成为现代人生活中不可缺少的一部分，美国华人的网络通信社会同样十分发达。在美国，中国留学生和华人移民基本上仍然使用国内常用的微信或微博等平台进行网上社交，有些华人也会使用微信联系远在中国的亲戚。现在，各种各样的华人微信群无疑是当代美国华人社会至关重要的一个组成部分，也是华人社会中无所不在的虚拟社区。它覆盖面广，成员众多，并且可以实现同步即时的交流，其影响力和作用是传统的地理社区所不能比拟的。与中国国内的微信群一样，首先，美国华人的微信群也向其成员提供包括教育、租房、购物、娱乐等一切在美国生活所必需的信息，是当地华人获取信息和寻求帮助的最重要渠道，也是其生活中不可或缺的社会交流平台；其次，美国华人微信群和传统的华人社区一样，是当地华人结交朋友、组织活动和进行社会政治动员的重要平台。图4是作者对波士顿华夏文化协会微信群上一些聊天记录的截图：

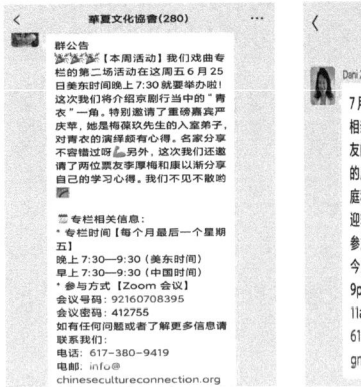
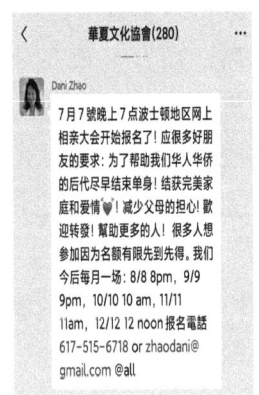

---

① Huping Ling, ed. *Asian America: Forming New Communities, Expanding Boundaries*, New Brunswick: Rutgers University Press, 2009, p. 12.

第二章 社会边界的拓展：跨界认同建构的社会维度

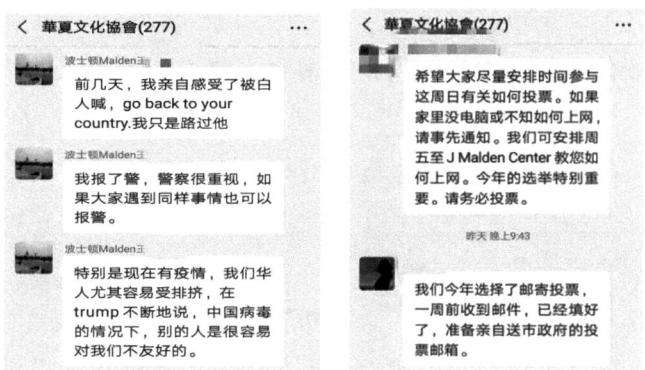

图4 波士顿华夏文化协会微信群部分聊天记录截图
资料来源：作者自制。

从以上的聊天记录可以看出，微信群已经成为美国华人的虚拟小社会，其用户在其中进行各种社交活动。当然，必须指出的是，在这些虚拟小社会中，用户的意见分歧很好地体现出美国华人社会内部远非铁板一块的事实。例如，在2020年美国总统大选时，美国华人在政治上的分裂尤其明显。因为政见和支持的党派不同，很多华人在微信群中互相指责，有些甚至进行人身攻击，导致最后有人愤然退群。为了避免群内成员矛盾激化，有些微信群主制定出群规，禁止群成员在群里讨论任何政治问题。

此外，随着网络技术的不断发展，美国华人的网络通信社会也在不断地拓展和更新中。例如，领英（LinkedIn）是一家总部在美国的职业人网络平台，通过这个网络平台，任何人都可以建立起自己的职业跨国空间。加州大学圣地亚哥分校华裔大学生戴维毕业后进入了美国一家政府机构实习。在领英网站上，他添加了很多来自不同国家和地区的同行业的联系人，并时常通过这个网络平台与他的跨国联系人交流信息。因此，这样一个网络平台实际上就是他的职业跨国社区。

总之，在今天的信息时代中，随着"门户网站、搜索引擎、电子邮件、网络视频、博客、网络社区等新技术的推广"，网络空间已经成为公众生活的一个重要空间,① 网络通信社会也已经成为现代社会中一种必不可少的次社会形态,这是美国华人建构其跨界认同的另一重要场所。

　　此外,媒体也为美国华人塑造出另一个重要的华人虚拟社区,这个媒体社区包括中文电视台、中文报纸、中文网站和现在智能手机上的各类公众号、小程序和应用程序(如抖音和小红书)等。中文电视台包括美国当地的中文电视台,也包括中国的主要电视台和网络媒体。现在,由于互联网的发展,很多华人移民家庭都可以在手机或电脑上观看中国各地的电视节目和电影等,或购买当地的有线电视网,就可以观看很多中文电视节目。作者在圣地亚哥访学时,认识了几家华人移民家庭,他们居住在墨西哥移民的聚集区,每天子女上班后,就剩下年迈且行动不便的老人独自在家。这几位老人都听不懂英文,更不会说一句英文。于是,他们每天的节目就是打开电视机,观看中文节目。20世纪50年代通过亲属移民来圣地亚哥的王老太已经在这里生活了大半辈子了,先生和儿子在市中心经营一家中餐馆,家里的两个房间一直出租给中国留学生或访问学者。对于王老太来说,她在美国的社会交往对象主要就是她的中国房客,而粤语电视节目就是她了解外界的唯一渠道。彭老太是来自山西太原的华人移民,持有美国绿卡。她退休后来美国帮二女儿照看孩子。她的两个中美混血外孙不太会说中文,上中学后便跟彭老太没有什么交流。70多岁的彭老太每天自己在屋子周围散散步,然后便回家看中文电视节目。总之,观看中文电视节目成为这些老年华人移民的主要生活内容和精神支柱。另外,对于很多华人专业技术移民来说,中文影视也是其生活空间的重要组成部分。在辉瑞制药公司工作的李女士移民美国已有20多年了,她的女儿在洛杉矶的一所中学教书,先生经常回中国经营公司的业务。因此,独自在家的李女士除了参加华人教会的活动外,每天晚上就是观看中

---

① 韩方明主编:《中国人的国际新形象》,北京:新华出版社,2012年版,第3页。

国的电视剧。①

除中文电视台和电台外,中文报纸也是华人媒体社会的另一个组成部分。华人学者赵小建教授指出,在二战后,越来越多的美籍华人迁离大城市,并逐渐分散于全美各地。位于美国各大城市的唐人街因而不如以前那样具有亲和力。于是,在这些变化中,华人社区报纸就成为联合全美各地华人的一种纽带。1995年,仅在南加州就有至少23种中文报纸和杂志。《世界日报》是美国最大的华人中文日报,现在已经成为一个跨国的媒体网络。② 现在,在一些华人社团、中国政府的支持下,在美国很多城市,一些发行量相对较小的中文报刊和地方中文报纸(如《侨报》《联合报》《圣地亚哥日报》)在华人的活动场所(如超市、中餐馆等)一般都免费派送。

随着数字技术和媒体技术的发展,浏览中文网站、刷微信朋友圈、看抖音小视频等逐渐成为年轻一代华人移民获取信息和娱乐消遣的新方式。"未名空间"和"文学城"是北美洲华人常用的中文网站。2012年,高中毕业后移民美国的本(Ben)对作者说:"在美国不上'文学城'和'未名空间',就等于白来美国了。"③ 可见"未名空间"和"文学城"当时在美国华人中的普及程度。更加重要的是,这些中文网站、中文公众号和小程序等并不局限于一地或一国,而是全球华人的交流平台,是联系全球华人的纽带,也是全球华人的媒体虚拟社区。

总而言之,随着现代网络和通信技术的发展,人类社会早已进入了名副其实的"天涯若比邻"阶段。毫无疑问,这个以互联网和现代数字媒体技术为基础的全球虚拟社会是美国华人跨界认同建构的重要

---

① 来源于作者与李女士的谈话,2012年9月29日于李女士家中的中秋聚餐会上。
② 赵小建:《美籍华人关于中美关系的观点:基于美国出版的华裔社区报纸之分析》,载孔秉德、尹晓煌主编,余宁平译:《美籍华人与中美关系》,北京:新华出版社,2004年版,第158—159页。
③ 来源于作者与本(Ben)的谈话,2012年10月20日于前往圣地亚哥大华超市购物的途中。

因素之一。

2. 跨国社会

说起跨国社会，有些人认为只有频繁往返于两国的跨国移民才生活在跨国社会场中。其实，情况并非如此。首先，移民与祖籍国亲友的联系、回国探亲或旅游这些活动就可以产生跨国社会场。作者在圣地亚哥的问卷调查结果表明，在所有的跨国活动中，大多数受访华人与中国亲友的联系最为频繁，其次是回国探亲或旅游、工作等。因此，对于大多数华人来说，尤其是第一代和第二代移民，跨国社会场的存在是肯定的，只是其范围有所不同而已。进入 21 世纪以来，随着美国经济的持续衰退和中国经济的持续发展，也随着越洋喷气式飞机等技术的发展和费用的降低，还有通信技术的日新月异，当代美国华人的跨国社会场不断得到加强和扩大。① 接受调查的圣地亚哥华人专业技术移民群体就是一个很好的例证。

生物制药是圣地亚哥的主要行业之一，全球著名的辉瑞制药公司就落户于圣地亚哥市。但是，近年来，随着美国经济的持续低迷，生物制药行业也受到了很大的影响。因此，很多生物制药公司或倒闭或裁员，很多人失去了工作。在圣地亚哥西区主恩堂里，作者认识了很多这个行业的华人朋友。在一家生物制药公司上班的丁女士说："（如今）学化学的（人）如果在一年之内没有被裁员，就算很幸运了。"② 她自己就被裁员过两次，后来又重新找到了工作。丁女士的先生丹尼（Danny）也是这个行业的高级工程师，但同样也遭受失业的厄运。随着中国经济高速发展，海外华人纷纷回国创业，丹尼也选择追随大潮，成为跨国移民当中的一员。来自上海的韦先生也是同样的遭遇，但人到中年的他选择到比较稳当的跨国公司上班，而没有自己创

---

① 虽然新冠疫情的暴发使全球华人的跨国社会场受到严重影响，但随着疫情的好转和各国经济的恢复，相信移民的跨国社会场仍会继续扩大和发展。

② 来源于作者在圣地亚哥西区主恩堂周五团契会上的"见证"活动记录，2012 年 10 月 19 日晚上于西区主恩堂周五团契餐会大厅。

第二章　社会边界的拓展：跨界认同建构的社会维度

业。由于工作关系，韦先生经常往返于加州圣地亚哥和上海之间。20世纪80年代就移民美国的陈先生更是名副其实的"太空人"，他公司的主营业务都在中国，于是频繁地往返中美两国之间就是他多年以来的生活方式。① 现在，回国创业或工作已经成为这些20世纪八九十年代就奔赴美国的华人专业技术移民自愿或无奈的选择，毫无疑问，他们生活在跨国社会场中。

居住在波士顿的田先生也是一位生活在跨国社会场中的华人专业技术移民。他在深圳从事法律工作，在美国购买了房产，妻子和一双儿女定居在波士顿市区。田先生每年都会在美国小住一段时间，然后飞回深圳工作。由于常年生活在中国，他的英语水平比较差，去美国学校参加儿女的家长会时，他无法与老师沟通孩子的学习情况，学校的成绩报告或其他通知一般都由孩子翻译给他听。当然，新冠疫情暴发后，田先生不得不暂停他的跨国生活，只能经常通过微信与远在美国的家人沟通，在网络上实现他的跨国社会场。

当然，相对"定居者"来说，目前这些跨国移民的数量仍然较少，但很多"定居者"的生活中也存在着跨国社会场。例如，很多华人移民在美国生完孩子后，由于工作和生活的压力，只能让国内的父母到美国去帮忙照看孩子。由于美国的探亲签证期限，也由于一些老人对美国生活的不适应，很多移民夫妻只能让双方父母轮流到美国来，半年轮换一次。因此，往返于中美两国的老人就成为移民儿女跨国社会场的联系人了。老人从中国到美国，会带去很多家乡特产和亲友的消息，从美国回中国时，也往往带着大包小包的礼物回来。这样便加强了移民子女与国内亲友的联系，促进了移民子女的跨国社会场的建构。

另外，因为中国的对外开放和跟国际的接轨，国内外学术的横向联系得到了极大的加强。很多美国华人学者或专家经常回国讲学或访学，而中国学者出国访学或考察等机会就更多了。这些中美两国之间

---

① 作者据圣地亚哥西区主恩堂周五团契会的谈话记录整理而成，2012年9月至2013年1月间于西区主恩堂周五团契餐会大厅。

的学术、商业等交流和访问活动大大促进了美国华人尤其是知识分子和财富精英阶层跨国社会场的建构。

其次,与其他国家和地区华人的联系和互动也是美国华人跨国社会场的一个组成部分。随着全球化的发展,有些华人移民与其他国家和地区的华人也保持着密切的联系。例如,来自广州的曹女士一家在20世纪80年代移民新加坡,21世纪初才又移民到加州圣地亚哥,2012年时全家仍然持新加坡护照。作者在加州大学圣地亚哥分校访学时,曹女士的儿子正在新加坡服兵役。曹女士和先生有时会去新加坡看望儿子和以前的老朋友,因此,他们保持着"美国-新加坡"的跨国社会场。加州大学圣地亚哥分校华裔大学生洁西卡的父母都出生于越南,在越南还有很多亲朋好友,所以洁西卡的妈妈经常回越南探望亲友,连出生于美国的洁西卡也去过越南。因此,洁西卡一家人生活在"美国-越南-中国"的跨国社会场中。在昆西市定居的李先生告诉作者,他每年都要回香港和台山老家去打理生意和探望亲戚。对于他来说,"美国-香港-台山"是他频繁穿梭的跨国社会场。

总之,对于很多华人移民来说,与在国内或其他国家的亲友连结是其跨国社会场的一个重要组成部分。这个失去了实体边界的跨国社会空间既是移民生活、工作和社交的场所,也是其精神家园。"事实上,生活于跨国空间中的人们倾向于认为自己不只有一个家园,比如,他们经常居住的家、他们移民的地方,以及他们直系亲属仍然生活的地方,这种现象越来越常见。"① 在跨国空间中,移民构建了一个与居住国大社会部分相交的私人场域。由此可见,以现代交通和通信技术为基础而发展起来的移民跨国社会场是建构美国华人跨界认同的另一个重要因素。

综上所述,与网络通信社会一样,跨国社会也是华人虚拟社会的一个重要组成部分,这些虚拟社会和实体社会一起影响着美国华人跨

---

① 陈志明著,段颖、巫达译:《迁徙、家乡与认同:文化比较视野下的海外华人研究》,北京:商务印书馆,2012年版,第24页。

界认同的建构。与传统的华人社会一样,虚拟社会"往往是建立在'原生性认同'的基础上","地缘、血缘、业缘、神缘、学缘或族群等关系"是构成这些社会的基本资源,而国民身份认同"并不具有决定性意义"。另外,"主权与国境"似乎也"没有特别的意义,因为网络空间恰恰以越境和跨国的横向联系为特征"。[①] 因此,"去地域化"和"去(国家)中心化"的华人虚拟社会特征正好体现出美国华人跨界认同的本质。

## 本章小结：社会边界的拓展和跨界认同的构建

由于全球化和科学技术的进一步发展,当今人类社会的边界已经得到了极大的拓展,而当代美国华人就在拓展的社会边界中建构着其跨界的身份认同。

在传统的社会科学研究中,具有明显边界特性的国家和民族是人类社会的两个基本形态,因此,"国家中心论"或方法论国家主义一直在社会科学领域中占据统治地位。然而,这两种有界的人类社会形式并非自古以来就存在的自然现象,而是历史发展到一定阶段的产物,因此将来也有消失的可能。实际上,到了21世纪的今天,民族和国家的主权和界限已经受到了全球化的强烈冲击。因此,世界上有些地区已经出现了后民族社会,并将朝着世界公民社会发展。这就是人类实体社会边界的拓展过程。

随着科技的进步,网络通信社会和跨国社会成为两种新型的社会形态,这是两种虚拟的社会形态,也是人类社会从有界走向无界的主要形式。在20世纪末期出现并迅猛发展的互联网社会中,空间和距离已经失去原来的意义,社会的定义和人类的身份认同得以重建。在跨国社会中,国家和领土的边界也不再至关重要,网络和连结成为新的

---

① 刘宏:《跨界亚洲的理念与实践——中国模式·华人网络·国际关系》,南京:南京大学出版社,2013年版,第1页。

社会空间。总之，由于这两种虚拟社会的出现，人类的社会边界得到了极大的拓展。

与人类社会边界的拓展相呼应，当代美国华人社会也存在着多种社会层次和多重的社会空间，这些错综交错的社会空间是其跨界认同的构建来源和实践场所。归纳起来，当代美国华人的社会空间包括由美国大社会和华人社会所组成的实体社会，以及由网络通信社会和跨国社会所组成的虚拟社会。这些不同的社会空间既建构着美国华人多重的跨界认同内容，又是其跨界认同的表现形式。必须指出的是，这些不同的社会空间和认同成分并不是独立分散的，而是盘结交错、相互补充的。也就是说，美国华人并不在一个社会空间内只感觉一种认同或履行一种身份，而是在多重的社会空间里寻求多样性或对抗性的利益，并通过复杂多样的混杂性而体现出来。也就是说，他们通过糅合族裔、国家、文化等不同的认同元素，构建出一种特殊的"生存方式"和跨界认同。

# 第三章　文化边界的模糊：跨界认同建构的文化维度

> "当纳尔逊·曼德拉的形象比我们的隔壁邻居还更加熟悉时，我们日常生活中的某些本质的东西就已经发生了变化。"[①]
> ——安东尼·吉登斯

"文化"有广义和狭义之分。广义的"文化"指人类社会中一切非自然的东西，包括语言、文学、政治、艺术等一切人为创造的精神和物质两方面的内容。狭义的"文化"一般指人类的精神创造活动和生活方式的总称，包括价值观、生活方式、风俗习惯等。本书中讨论的文化主要是指狭义的文化。在很多人的认知中，不同国家和民族的文化是截然不同的。和社会一样，文化也一直是个被社会学家看作有界限的范畴。因此，大量的文化冲突和跨文化交际研究应运而生。无可否认，当今世界上还存在着很多不同的文化和文化载体，但是，在全球化社会中，不同文化之间的边界真的是那么清晰可辨吗？

---

[①] 安东尼·吉登斯著,周红云译:《失控的世界:全球化如何重塑我们的生活》,南昌:江西人民出版社,2001年版,第11页。

## 第一节 文化边界的模糊与文化认同

在移民的身份认同研究中,文化因素一直是学者们最为关注的问题。毫无疑问,文化与认同存在着密切的关系。目前,经济全球化已是不争的事实,但文化全球化一直是很多学者争论的问题。本书认为,在全球化时代下,不同文化逐渐趋同,文化边界逐渐模糊,人们的文化认同也随之趋同和混杂。

### 一、文化全球化与文化认同

1. 全球化时代下的文化趋同

有些学者认为,全球化始于15世纪末的地理大发现。哥伦布发现新大陆以后,欧洲人加速了全球范围内的地理探索、贸易往来和人员迁移。随着航海技术的发展,世界各国、各大陆之间的交流更加便捷和频繁,这就是全球化的开始。更多的人认为,真正意义上的全球化是在20世纪80年代以后。喷气式飞机、通信技术等现代科技的迅猛发展,以及世界政治经济形势的剧烈变化使整个世界空前地连结到了一起。埃里克森在《全球化的关键概念》中指出,虽然世界体系早就存在,但作为一种意识形态,全球化是一种新的群众现象。"从文化意义上来看,全球化是最近的事情。"[①]

在全球化时代下,世界上各种不同的文化是否正在趋同?全球化的世界是否正在产生一种同质性的全球文化?关于世界文化的讨论,人们的观点大致可以分为两种:一种对文化同质化和文化混杂化持肯定和乐观的态度,一种坚持认为全球化不仅无法消除文化差异,而且还加强了不同文化的地方化和异质化。本书赞同第一种观点。其实,在某种意义上,全球化的结果之一就是地方文化的逐渐消失和不同文化边界的逐渐模糊。很多事实证明,在全球化时代下,很多地方的风

---

[①] 托马斯·许兰德·埃里克森著,周云水译:《全球化的关键概念》,南京:译林出版社,2012年版,第9页。

俗习惯、传统服饰、民间艺术、节日庆典等文化形式在很大程度上已经或正在走向消亡，取而代之的是千篇一律的大众文化形式。电影、电视、网络游戏等成为世界性的娱乐方式，牛仔裤、T恤衫等休闲服装成为各国民众的日常服饰，汉堡、可乐等成为全球青少年的日常食物。

人类学家早已发现这样一个有趣的现象：在大众传媒和互联网等现代科技的冲击下，在现代商家和消费文化的引导下，现代社会已经很难找到真正传统和自然的文化。例如，在《失控的世界：全球化如何重塑我们的生活》(*Runaway World: How Globalization Is Reshaping Our Lives*) 一书中，吉登斯讲述了这样一个典型而常见的故事：

一位人类学学者第一次来到中非的一个偏远山村，打算对该地进行田野研究。到达的那天，她应邀参加一个当地人举办的晚会。于是她满怀期待，希望看到这个与世隔绝村庄的传统娱乐活动。结果却令她大失所望，晚会的活动只是观看录影机播放的美国影片《本能》，而且这部影片当时还没在伦敦上映。①

其实，在很多情况下，传统和文化都是人为的"一种发明"。这是因为在很多国家和地区，随着经济和社会的发展，政府、知识精英和民间人士或由于意识到了保护本土文化的重要性，或由于经济政治发展的需要，人为"创造和发明"了传统和文化。因此，在某些时候或某些地方，我们似乎看到了地方传统文化的复兴。吉登斯对传统文化和现代性作过精辟的分析："所有的传统都是被发明的。"在现代社会，"完全传统的传统社会是不存在的"，很多"传统和习俗会因为各种原因而被发明出来"。另外，传统的丢失和重建也并不是现代社会和落后国家的专利。吉登斯认为，"有意识建构的传统"不只存在于现代社会。在古代社会，"国王、牧师以及其他人一直都发明传统来适应自己并使自己的统治合法化"，因此，"传统总是与权力结合在一起"。

---

① Anthony Giddens, *Runaway World: How Globalization Is Reshaping Our Lives* (New Edition), London: Routledge, 2002, p.6.

吉登斯认为，现代社会是一个"自然终结以后的社会"和"传统终结以后的社会"。"自然终结以后的社会"是指我们这个现代的物质世界已经没有什么方面是自然的，也没有什么方面不受人类干预的影响；"传统终结以后的社会"是指传统的不断变迁和人为构建。现代社会中，"传统和科学有时以一种奇特而有趣的方式交织在一起"。例如，1995年在一些地方的印度教神祠里，牛奶竟然成为供品。对于这个有趣的现象，一位人类学家作出这样的评论："印度教的神有可能也会踏着全球化时代的节拍成功地完成第一个奇迹。"①

在这个"地球村"的时代中，大众传媒、快餐文化、资本主义的生产方式等早已渗透到了世界上的大部分地区，复杂的网络和连结也使人们的思想意识渐渐趋同。早在20世纪60年代，加拿大媒介理论家麦克卢汉（McLuhan）最早提出"地球村"这一概念，用来描绘新的大众媒介的状态。他认为，新的大众媒介，包括报纸、广播电台、电影和电视，将使全球各地的人们产生共同的参照系和知识体系。麦克卢汉指出："经过三千年专业分工的爆炸性增长以后，经历了由于肢体的技术性延伸而日益加剧的专业化和异化以后，我们这个世界由于戏剧性的逆向变化而收缩变小了。由于电力使地球缩小，我们这个地球只不过是一个小小的村落。"②

20世纪90年代初，美国学者里兹（Ritzer）指出了"快餐店的原则正在控制美国社会越来越多的街区以及世界上的其他地方"③，他把这个社会文化的同质化过程称为"麦当劳化"。里兹认为，我们正目睹整个世界的"麦当劳化"——这是一个不仅可在食品，而且也可在汽车养护、教育、儿童看护、超市、音像租赁店、电影院、主题公园等

---

① 安东尼·吉登斯著，周红云译：《失控的世界：全球化如何重塑我们的生活》，南昌：江西人民出版社，2001年版，第40—41页。
② 马歇尔·麦克卢汉著，何道宽译：《理解媒介：论人的延伸》，南京：译林出版社，2019年版，第6页。
③ George Ritzer,"The McDonaldization of Society", *Journal of American Culture*, Vol.6, No.1, 1983, pp.100-107.

各领域中发生的现象。吉登斯也指出,随着信息和影像等在全球范围内持续不断地传播,我们所有人也持续不断地与在思想和行为方式上都与我们自己不同的人发生接触,文化全球化因而产生。①

哈维著名的"时空压缩"论也指出了世界文化的转变和混杂。哈维认为,20世纪晚期资本主义社会的经济转变,即从大规模的流水线生产向小规模、灵活的生产方式转变,是资本主义文化从现代性向后现代性转变的根源。资本主义生产方式的这种转变所引起的文化上的表现,就是人们体验时间和空间方式的改变,是新一轮的"时空压缩",它造就了一个在文化特征上的"拼贴社会"。②

汤姆林森(Tomlinson)把全球化称为现代世界的"复杂连结",而这种复杂连结首先是指"日益增加的全球空间的亲近感",其次又喻示着全球的"单城性",即"世界在历史上首次正在变成一个具有单一的社会与文化背景的世界"。汤姆林森认为,全球化是一个多维度的现象,文化只是其中的一个维度。但文化自身也是一个多维度的概念,既包括了艺术、文学、音乐、电影等形式,也包括了人类所有的生活方式,因此"文化是普普通通"的。③

阿帕杜莱把全球文化的流动分为五个维度,分析全球文化经济中的"散裂与差异",即族群景观、媒体景观、技术景观、金融景观和意识形态景观。族群景观指由游客、移民、难民、流亡者、异国劳工,以及其他迁移的群体和个体所组成的变动的世界,他们构成了这个世界的本质特征,以前所未有的程度影响着民族之中(及民族之间)的政治。技术景观指全球技术的流动形态,无论高低,无论是机械技术还是信息技术,现在都高速跨越着曾经不可渗透的边界。因此,许多

---

① Anthony Giddens, *Runaway World: How Globalization Is Reshaping Our Lives* ( New Edition ), London: Routledge, 2002, Introduction.
② 戴维·哈维著,阎嘉译:《后现代的状况——对文化变迁之缘起的探究》,北京:商务印书馆,2003年版,第284—385页。
③ 约翰·汤姆林森著,郭英剑译:《全球化与文化》,南京:南京大学出版社,2002年版,第3、13页。

国家成为跨国企业的基地。金融景观指货币市场、国家证券交易和商品投机正让巨额资金高速穿越国家疆界。媒体景观既指生产和散布信息的电子能力（报纸、杂志、电视台、电影制片厂）的分配，又指这些媒体所生产出的世界影像。意识形态景观指政治化的、由启蒙世界观的要素所构成的一系列相互关联的影像。这些世界观的要素包含自由、福利、权利、主权、代表和民主等。阿帕杜莱认为，全球文化流动在这五个景观"日益扩大的散裂中"进行。也就是说，"人、机械、货币、影像以及观念如今越来越各行其道"，散裂成为全球文化政治的中心特质，去国土化成为现代世界的主要力量之一。①

文化无疑在现代生活中仍占据着重要地位，发挥着重要的作用，但是，现代文化"已经超越了社会，它已经从经济生活、性别、族群和地域等传统决定论中摆脱了出来"。费瑟斯通（Featherston）认为，全球化进程造成了两种世界文化的形象。第一种形象是由一种主导的文化向外拓展至它的极限而遍布全球，异质的文化被吸纳和整合进这种主导文化当中。第二种形象则是不同文化由于现在彼此的密切接触而浓缩和共存一处。在这种形象中，不同的文化"缺乏清晰的组织原则而层层叠加"，因此世界文化变得非常"庞杂繁复而无法处置和组织，难以形成统一的信仰原则、指引方向和实践知识"。②

总之，在全球化时代中，"多岔道的文化变迁和世界的'克里奥尔化'（creolization）是一个必然的过程"③，在这种变迁和混杂的过程中，人类文化将走向趋同和全球化。对于全球文化的趋同，沃特森作出如下的表述："我们通常和超国家界限的其他人有着更多的共同之处，而不是国内人"，如果一个人非要坚持寻找独特的民族特征，那

---

① 阿尔君·阿帕杜莱著,刘冉译:《消散的现代性:全球化的文化维度》,上海:上海三联书店,2012年版,第43—54页。
② 麦克·费瑟斯通著,杨渝东译:《消解文化——全球化、后现代主义和认同》,北京:北京大学出版社,2009年版,第8页。
③ 范可:《全球化语境中的文化认同与文化自觉》,载《他我之间——人类学语境中的"异"与"同"》,北京:中国社会科学出版社,2012年版,第168页。

么,他要么只能谈论国家的体育或食物,要么只能谈论政治,但民主原则、机会均等、选举权和自决权等政治特征"也都被世界上的大部分人宣称为他们民族文化的理想形态等特征"。① 因此,现代社会的一个重要事实是,"当纳尔逊·曼德拉的形象比我们的隔壁邻居还更加熟悉时,我们日常生活中的某些本质的东西就已经发生了变化"②。

最后,一个值得注意的事实是:我们很多人往往都误解了文化的本质。正如现代人类学反复强调的那样,文化具有两个容易被人忽略的特点:第一,文化是一个不断变动、持续进化的过程,它是根据时代的需要不断被重构和更新的,而不是静态固定的。沃特森说,"从历史的视野看来,文化形态与生俱来就是不稳定的,它们一直受到外因和内因的影响,并且一直经历着改造和转变"③。第二,文化并不等同于民族、国家或种族群体。相反,在很多情况下,"声称为不同族群者完全可能共享相同的文化"④。文化的边界并不一定与族裔边界重合,这是巴斯对族群边界研究的经典结论。

总而言之,当经济全球化已经成为无可争议的当代现象时,随着科学技术和通信技术的发展,世界各地的人们接触越来越紧密,生活方式和物质文化等表层文化内容可能会越来越趋同,价值观及意识形态等深层次的文化也会随着改变和趋同,即世界文化的趋同。

### 2. 全球文化与文化认同

文化与认同的关系虽然密切,但也非常复杂,两者之间并没有单一的恒定公式。有的学者认为,文化是一个框架,在这个框架内,人们可以"推断出自己是谁,应该怎样行动",将要去什么地方。而认同

---

① 何佩群、俞沂暄主编:《国际关系与认同政治》,北京:时事出版社,2003年版,第32页。
② 安东尼·吉登斯著,周红云译:《失控的世界:全球化如何重塑我们的生活》,南昌:江西人民出版社,2001年版,第11页。
③ 沃特森著,叶兴艺译:《多元文化主义》,长春:吉林人民出版社,2005年版,第35页。
④ 范可:《他我之间——人类学语境中的"异"与"同"》,北京:中国社会科学出版社,2012年版,第173页。

是"为了对付特殊环境,根本上解决问题的工具",是"执行的角色"。因此,认同是"文化的行动单位"。也有学者认为,"文化很有代表性地提供了描绘认同群体所必需的符号素材,但认同群体并不总是构成单独的文化"。① 沃尔森认为,"'文化'这个词当它用来意指一套有界限的明确的特性时,凸显了其不确定性",然而,这些不确定的文化特性却常常被误认为"民族认同的核心"。②

在西方的现代社会理论中,文化和认同研究的两个重要主题是对两者多样性和建构性的理解。文化的多样性指现在世界仍然存在的不同文化形式,但更多的是指同一文化在内部形式和内容方面上的多样性。文化的建构性特征与多样性特征是密切相关的。新的社会理论认为,文化不是确定的、"原生给定的"、静态的和线性的,而是"随意的""社会建构的"、动态的和多面的。③ 认同的多样性和建构性同样是现代社会理论的关注点。"理查德·汉德勒(Richard Handler)指出,200多年来,最有影响的西方的讨论都把群体描述为自然世界中有界限的客体。"④ 一直以来,西方学界对集体认同的学术分析中,"存在着两个相互矛盾的观点,一种观点认为认同是本质的、基本的、整体的并保持不变的,另一种观点则认为认同是通过历史上的行为建构并改造的",而现在第二种观点更占上风。总之,现在很多社会科学家认为文化和认同是"突然出现的和建构的(而不是固定的和天生的)、是竞争的和多形态的(而不是整体的和单一的)、是互动的和类程序的(而不是静态的和像本质的)"。⑤

其实,在文化传统日益消亡、文化边界日益模糊的今天,人们的

---

① 约瑟夫·拉彼德:《文化之舟:国际关系理论中的回归和启程》,载约瑟夫·拉彼德、弗里德里希·克拉托赫维尔主编:《文化和认同:国际关系回归理论》,浙江:浙江人民出版社,2003年版,第11页。
② 沃特森著,叶兴艺译:《多元文化主义》,长春:吉林人民出版社,2005年版,第22页。
③ 同①,第9页。
④ 同③。
⑤ 同①,第9—10页。

文化认同必定走向开放和混杂。首先,在日益压缩的世界时空中,世界各地人们彼此之间的心理距离已经大大缩短,取而代之的是一种复杂的"连结"和"亲近感"。例如,从中国到美国的距离再也不是那浩瀚无际的太平洋,也不是那漫长痛苦的几个月轮船上的颠簸,而是十几个小时的空中飞行而已。而在即时通信技术和数字网络世界中,中美之间有很多联系渠道。实际上,现在的我们也许和隔壁的邻居好几个月都碰不上一面,却跟大洋彼岸的朋友或家人天天在网上视频聊天。因此,在全球化时代中,世界已经"变成了一个地方"[1],人们之间的距离和认同不再由地理空间所决定,相反,"天涯若比邻"或"咫尺天涯"既是个体的主观感觉,也是一个已经实现或存在的事实。

其次,在文化全球化的现代社会中,无论走到哪里,我们经常可以发现周围有自己非常熟悉的东西,并做着自己非常习惯的事情,尤其在现代大都市中。"全球的单城性"使世界各个城市都有相同或相似的景观:高耸入天的摩天大厦,富丽堂皇的国际饭店,机场、地铁、商场等城市建筑都是那样的似曾相识。"在世界的互动中,中国的国画和书法、日本的柔道和相扑等在西方人眼中早已不是什么天外之物;欧洲的歌剧、交响乐和油画等早已为东方人所熟知,美国的爵士乐和好莱坞电影更已风靡全球。"[2] 汤姆林森认为,这种全球的单一性和"亲近感"在日益增加的国际商务旅行中得到了很好的体现:国际商务旅行者通过大同小异的飞机场航站楼到达目的地后,方便快捷的出租车很快就能把他带到事先预定好的国际饭店。到了国际饭店后,他完全可以找到他所熟悉和常用的东西:传真、互联网、各个国家的有线电视新闻网,还有国际膳食等等。"商务旅行的定位实际上就是缩小了

---

[1] 约翰·汤姆林森著,郭剑英译:《全球化与文化》,南京:南京大学出版社,2002年版,第14页。
[2] 何佩群、俞沂暄主编:《国际关系与认同政治》,北京:时事出版社,2006年版,第20页。

文化的差异",这就是全球的连结,它能使人体验到普遍性的"亲近感"。① 因此,在这种日益增强的"亲近感"中,人们就从狭隘的地方性认同中解脱出来,"传统意义上排他、封闭和自恋式的民族认同"也日益受到侵蚀。②

再次,在全球互动日益增强的今天,流动性已经成为现代社会的基本特征之一。"日益增长的流动性,也意味着人们不再期望与固定的邻居一起生活,寻找工作和阅历正使人们远离了家乡,投入到新的环境。这样,地域感以及由此带来的对特殊文化的认同就消失了。"③

总而言之,随着现代通信和交通技术的进一步发展和世界各国的紧密接触,我们必须放弃旧的有边界的文化概念。在当今世界中,移民可以在多数世界主要城市中轻松地找到来自故土的许多信息,而不会有文化上的隔绝感。20世纪末的"小东京""小旁遮普"和唐人街已不仅仅是种族村落的精巧复制品;它们越来越多地成为国际性城市的组成部分,因此现在从中国到加州的行程,更像在中国本土上两个国际性城市间的往来。④ 可以说,以"时空压缩"为基本特征的全球化恢复了人类文化的"无边界"性,它对文化认同、民族认同和地方认同形成全方位的冲击,其直接后果便是人们文化认同的开放化、相对化、流动化和混杂化。⑤

---

① 约翰·汤姆林森著,郭剑英译:《全球化与文化》,南京:南京大学出版社,2002年版,第9页。
② 何佩群、俞沂暄主编:《国际关系与认同政治》,北京:时事出版社,2006年版,第20页。
③ 沃特森著,叶兴艺译:《多元文化主义》,长春:吉林人民出版社,2005年版,第72页。
④ 乔尔·科特金著,王旭译:《全球族:新全球经济中的种族、宗教与文化认同》,北京:社会科学文献出版社,2010年版,第17页。
⑤ 戴晓东:《民族认同与全球化》,载何佩群、俞暄主编:《国际关系与认同政治》,北京:时事出版社,2006年版,第21页。

## 二、中美文化边界的模糊

### 1. 美国文化的多样性和多元化

著名的央视主持人白岩松曾经在网络上发表过一篇题为《你想象的美国其实是中国》的文章,生动地描述了当代美国的社会文化状况。他说:"提到美国,也许人们马上会想到,这是一个现代化的国家。生活节奏快,都市霓虹灯闪烁,酒吧餐馆歌舞升平。人们尔虞我诈勾心斗角,人情冷漠,家庭观念不强,性方面非常开放,各种消费欲望极强,钱才是上帝。"在很多从来没有踏出国门的中国人头脑中,美国的确应该就是这样的。然而,"到了美国你会发现,以上描述基本符合如今中国的状况,与美国关系不算太大。在美国很多城市里,过了晚上8点找饭馆并不是轻而易举的事,很多餐馆都已关门,过了9点或10点更难,街上到处都很安静,包括纽约也是如此。大城市如此,美国诸多小镇更是如此。天黑不一会儿,静得让外来人心慌。不过,一家又一家住户中透出来的灯光,告诉你美国人的温暖所在。在美国,很多人的办公桌上都摆放着家人的照片,其乐融融的合影透露着美国人的家庭观念。"① 在作者刚踏上美国大地的那一天,在洛杉矶机场接机的一个华人司机一语道出了中美社会文化的"天机":"美国是好山好水好寂寞,中国是好吵好闹好快活!"

对于美国文化的本质,亨廷顿曾作出解读。他认为,美国国家特性(national identity)的核心是所谓"自由民主"的政治信念和盎格鲁-新教文化。盎格鲁-新教文化是其中最根本的部分,因为"美国信念"是17世纪和18世纪美国"早期定居者盎格鲁-新教文化的产物"。② 也就是说,所谓"自由民主"的政治信念只能为美国"国家团

---

① 《你想象的美国其实是中国》,http://blog.sina.com.cn/s/blog_6c8f8eba010169kl.html。
② 塞缪尔·亨廷顿著,程克雄译:《谁是美国人?——美国国民特性面临的挑战》,北京:新华出版社,2010年版,第1页。

结和特性提供意识形态的或政治的基础"①,而共同的文化才能使美国国家长存。那么,盎格鲁-新教文化究竟有什么内容呢?在《谁是美国人?——美国国民特性面临的挑战》一书的前言中,亨廷顿列举出这一文化所包括的重要因素:英语,基督教,宗教义务,英式法治理念,统治者责任理念和个人权利理念,对天主教持异议的新教的价值观,包括个人主义、工作道德、相信人有能力有义务努力创建尘世天堂等。简单地说,盎格鲁-新教文化包括三个部分:英语,政治体制、社会体制及习俗,新教的理念和价值观。其中,新教的理念和价值观又是这一文化的精髓。亨廷顿认为,新教信仰、个人主义和工作道德是新教文化的集中体现。②

另外,有些学者认为,美国社会是一个"没有根"的社会,美国人"缺乏深刻的个性和牢固的认同"。这是因为自19世纪以来,工业革命中的"交通和运输技术、蒸汽和电力技术在连接大陆地理区域和经济政治区域过程中扮演了重要的角色"。现代交通工具的发明使"距离毁灭"。作为最大的资本主义社会,美国人和土地或地点的联系"一直是最唯利是图的",哪里有好的谋生机会,哪里就可以成为自己的居住地。美国人的住所模式被"简化为一个网格",地点的专门性和持久性得到了破坏。于是,所谓的"边疆精神"成为美国特性的一个重要特征。美国的历史就是一部侵略扩张、"开拓边疆"的历史,当美国的"边疆迟早都要汇合,并且不再有'远处'可去"的时候,当务之急就是"找到并开放下一个边疆。"肯尼迪(Kennedy)的"新边疆"政策就打算"让国家重新移动起来",并通过寻求外层空间的"高边疆"来达到这个目的。③

总而言之,盎格鲁-新教文化和所谓的"边疆精神"是美国历史上

---

① 塞缪尔·亨廷顿著,程克雄译:《谁是美国人?——美国国民特性面临的挑战》,北京:新华出版社,2010年版,第15页。
② 同①。
③ 约瑟夫·拉彼德、弗里德里·希克拉托赫维尔主编:《文化和认同:国际关系回归理论》,浙江:浙江人民出版社,2003年版,第191—193页。

两大传统文化的核心内容,但是,到了21世纪的今天,这些文化内容是否还是美国文化的主要特征呢?无可否认,在现在的美国,盎格鲁-新教还是很多比较传统的白种人的文化根基。但是,随着白人人口比例的下降和有色人种移民的持续增加,也由于美国社会的多样性和文化多元主义的深入人心,盎格鲁-新教的支配地位已经渐渐下降,传统的美国核心文化已经受到较大的冲击。亨廷顿认为,"到了20世纪末,美国国民特性中的人种和民族属性因素已经消除,而文化和信念因素又受到挑战",所以他作为一名"爱国者和学者"对美国国民特性的前景甚为担忧。他认为美国文化和信念面临的挑战主要来自两个因素:一是多文化论和多样性理论的意识形态在美国社会的兴起,二是20世纪60年代以来的拉美和亚洲移民大潮。①

在美国,多样性和多元文化早已成为最突出的文化特征,文化的"拼盘"现象随处可见,尤其在加州和马萨诸塞州波士顿等地,这从美国人口的种族民族构成就可见一斑。美国统计局人口统计资料显示,从2000至2010年,美国的西裔(Hispanic or Latino)人口增速最快,纯种白人(White Alone)增速最慢。在这十年间,美国人口增加了2700多万,其中西裔人口增加了1500多万,占43%,位居第一。2010年,在美国的3亿多人口中,纯种白种人约2亿人,占比约63.7%;西裔有5000多万,占比约16%;黑人(Black or African Americans)有3000多万,占比12.6%;亚裔人口是1000多万,占比约5%。② 在2020年的人口统计中,美国纯种白人的比例下降到57.8%,而西裔人口增加到18.7%,黑人人口略降到12.1%,亚裔则增加到5.9%。③ 加州是美国第二个"少数族裔多数"(minority-

---

① 塞缪尔·亨廷顿著,程克雄译:《谁是美国人?——美国国民特性面临的挑战》,北京:新华出版社,2010年版,第15—16页。
② "Overview of Race and Hispanic Origin: 2010", https://www.census.gov/content/dam/Census/library/publications/2011/dec/c2010br-02.pdf.
③ "What the New Census Data Shows About Race Depend on How You Look at It", https://www.npr.org/2021/08/13/1014710483/2020-census-data-us-race-ethnicity-diversity.

majority）州，在 2010 年的人口统计中，加州是拥有最多少数族裔人口的州。2022 年，加州纯种白人只占全州人口的 34.7%，而西裔人口却占到 40.3%。① 据统计，洛杉矶东部是墨西哥裔最集中的地区，西班牙语是他们使用的唯一语言，而蒙特利公园（Montreal Park）的附近地区也早已成为新的"唐人街"。其实，在美国很多城市，各种移民聚居地已经成为城市景观的一部分，移民文化已经成为美国城市文化必不可少的组成部分。有学者认为，现代的这种移民聚居区，不仅是族裔"飞地"，而且体现了全球城市的内在特征。②

由于圣地亚哥毗邻墨西哥的蒂华纳，所以墨西哥移民也是该市的最大移民群体。美国统计局的人口统计资料显示，目前该市的纯种白人占 42%，西裔人口占 30.1%，亚裔占 17.2%。③ 虽然从全市范围看，纯种白人还是人数最多的种族，但在某些居住区，西裔人口早就占据绝大多数，成为该区的主要种族。例如，在圣地亚哥市北克莱蒙特区的霍森小学（Hawthorne Elementary School），2012 年拉美裔学生就占到 85% 以上，大部分学生都会说西班牙语，而白人和亚裔学生寥寥无几。学校教师和员工中也有很多拉美裔移民，因此，拉美裔移民教师的教学方式和员工的管理方式都带有拉美文化特征。在这所小学里，寥寥无几的白人学生成为少数，因此一些白人孩子在该校就读一两年后就转学了。在加州的一些中学和大学中，情况也是如此。例如，在加州大学圣地亚哥分校，2012 年亚裔本科学生约占一半，墨西哥裔学生占 12%，而白人学生只占了四分之一。④ 因此，在加州大学圣地亚哥分校中，整个校园文化呈现非常明显的多元文化特征。在一年几次的学生

---

① "Quick Facts California"，https://www.census.gov/quickfacts/fact/table/CA/PST045222.
② 亚历杭德罗·卡纳勒和伊斯雷尔·蒙蒂埃尔·阿马斯：《无国界的世界？ 美国的墨西哥移民、新国界和跨国主义》，载佩库、古赫特奈尔编：《无国界移民——论人口的自由流动》，南京：译林出版社，2011 年版，第 214 页。
③ "Quick Facts San Diego City, California"，https://www.census.gov/quickfacts/sandiegocitycalifornia.
④ 数据据 2012 年作者在加州大学圣地亚哥分校访学时查阅该校官网所得。

活动周中，绝大多数在图书馆前的大道上摆摊宣传的学生社团都是亚裔学生社团，而华人学生的社团就占到了 70%—80%。①

除学校外，在圣地亚哥的很多家庭中，多元文化和多样性的理念也有很明显的表现。例如，在加州大学圣地亚哥分校访学期间，作者参加了当地一户土生土长的白人家庭的聚会。爷爷蒂姆（Tim）是退休的海军军官，奶奶帕特（Pat）退休前是圣地亚哥一家医院的护士，他们有三个儿子、四个孙子（女）。在这个美国家庭的聚会上，作者首先体会到了美国南加州餐饮文化的混杂。花园的餐桌上摆着很多食物，有美国的热狗、烤牛肉、果汁等，也有墨西哥肉卷，中国的炒饭，日本的寿司和韩国的泡菜等。吃饭时的座位安排和中国一样，老人和客人被安排在最中心和最好的位置，三个儿子（儿媳妇）坐在周围，几个孙子和孙女围坐在旁边的小桌子。在谈话中，这个家庭的成员都表达了对中国文化和食物的喜好和了解，而女主人帕特奶奶一直就陪伴在作者的身旁，非常体贴周到。餐后甜点是蛋糕，吃蛋糕前爷爷奶奶和几个大人都拿出了礼物，送给其中的一个即将上大学的孙女。原来这个家庭聚会也是为了给即将上大学的孙女饯行。作者发现，他们也和中国人一样，长辈们都为女孩准备了"红包"，作为资助女孩上大学的费用。唯一不同的是，他们没有把钱装在信封里，而是夹在一张张写满祝福话语的卡片里。当帕特奶奶和作者谈到儿子和孙子孙女时，这位地地道道的美国老人也和中国的老人一样，充满着慈爱和骄傲。因为父母工作较忙，其中的一个孙子本杰明（Benjamin）还经常住在奶奶家里，由爷爷奶奶接送上学和放学。由此可见，这个普通的圣地亚哥白人家庭很好地体现出美国加州的多元文化特征。

由于历史原因，与西部的加州相比，东北部的马萨诸塞州人口主要还是以白人为主。但近年来，大波士顿地区的人口比例呈现多样化的趋势，特别是波士顿市中心和周围的几个市镇。根据美国统计局的

---

① 据作者的亲身观察记录所得，2012 年 9 月至 10 月于加州大学圣地亚哥分校图书馆前的大道上。

人口统计数据,作者整理出 2018 年大波士顿地区几个市镇的种族人口比例表,如表 9 所示:

表 9  2018 年大波士顿地区部分市镇的种族人口比例

|  | 马萨诸塞州 | 波士顿市 | 昆西市 | 摩顿市 | 布鲁克莱恩市 |
| --- | --- | --- | --- | --- | --- |
| 白人(%) | 80.8 | 52.8 | 62.4 | 53.4 | 75.3 |
| 黑人(%) | 8.9 | 25.3 | 5.3 | 17.0 | 3.3 |
| 亚裔(%) | 7.1 | 9.5 | 29.0 | 23.6 | 15.7 |
| 西裔(%) | 12.3 | 19.4 | 3.1 | 9.3 | 5.9 |
| 总人口(人) | 6 902 149 | 694 583 | 94 580 | 61 036 | 63 191 |

资料来源:美国统计局网站。

根据波士顿基金和马萨诸塞州大学 2019 年发布的研究报告,近 30 年来,大波士顿地区人口组成发生了巨大变化,郊区白人人数急剧减少,亚裔成为该地区人口增长速度第二快的族裔。在亚裔人口增长迅速的郊区市镇中,昆西市、摩顿市、布鲁克莱恩市和剑桥市,由于紧邻波士顿市中心,并具有便利的公共交通体系,成为华人和中国学生及学者的首选居住地。因此,在这些市镇,文化的多元化和多样化比较明显。

例如,布鲁克莱恩的公立图书馆每年春节和中秋节都举办庆祝活动,向居民介绍中国文化。在田野调查期间,作者有幸参加了这两次庆祝活动,其间发现参加者不仅有华人,还有很多其他族裔。在 2018 年中秋节的庆祝活动中,布鲁克莱恩公立图书馆举办了猜灯谜、赏花灯、吃月饼、讲中秋节起源故事等活动。庆祝活动气氛热烈,并具有浓厚的中国传统文化氛围,吸引了很多华人和其他族裔的居民参加。在 2019 年春节的庆祝活动中,该图书馆还邀请了波士顿的巾帼舞狮团参加活动表演,还有华人书法家现场书写春联和"福"字,并提供免费点心和饮料,同样吸引了很多不同族裔的居民参加。此外,布鲁克莱恩公立图书馆还定期举办面向少儿的中国文化故事讲座,吸引了很多华人家庭参加。这些活动体现出当地政府和居民对多元文化的鼓励和支持。

总而言之,人口、民族和宗教的多样性及多元化在美国社会得到了体现,这在加州和大波士顿地区尤为明显。除了历史原因,这两个地区相对发达的经济水平和较高的人口教育程度等也使其文化呈现相对自由宽松、兼容开放的特征。可以说,当代美国文化的流动性和混杂性在一定程度上体现出当代世界文化的趋同性。

2. 中国文化的多元一体和兼容开放

人类学家费孝通在谈及中国文化时认为,中华民族的形成是"多元一体格局"的过程,"它的主流是由许许多多分散孤立存在的民族单位,经过接触、混杂、连结和融合,同时也有分裂和消亡,形成一个你来我去、我来你去、我中有你、你中有我,而又各具个性的多元统一体"。因此,中华民族的形成过程决定了中华文化的"多元一体"性。

纵观历史,中国文化的多元化先有"殷商神本文化向西周人本文化的变迁,后有春秋战国的诸子蜂起、百家争鸣。汉朝时期,"以儒学独尊为内核、以经学为主干的文化模式基本定型,中国文化由多元走向一元"。但是到了东汉末年,儒学一统的模式又为多元发展的文化格局所取代。[①] 费孝通认为,汉代匈奴人的"归附"是汉族从多元形成一体的最佳例证,此后从 304 年至 439 年的大约一个半世纪中,中原地区民族大杂居和大融合。到了唐朝,统治阶级中就有不少各民族的混血。"从唐到宋之间的近六百年的时间里,中原地区实际上是一个以汉族为核心的民族熔炉。许多非汉族被当地汉人所融合而成为汉人。"[②] 唐朝是中华文化的高峰时期,而"它的特色也许就是在它的开放性和开拓性"。从宋朝到清朝,北方各民族"不断给汉族输入新的血

---

① 檀江林:《中国文化概论》,北京:科学出版社,2013 年版,第 9 页。
② 费孝通:《中国文化的重建》,上海:华东师范大学出版社,2014 年版,第 13 页。

液",丰富了中华民族的文化,而"汉族同样充实了其他民族"。因此,从历史上看,中华民族和文化的形成是一个混合交杂的过程。所以说,没有哪一个民族和文化是完全"纯种"的。

另外,中国文化的多元性特征也体现在"和而不同""以和为贵"等儒家思想中,这是"中国社会内部结构各种社会关系的基本出发点",也体现出中国人宽待异族和容纳异文化的"博大胸襟"。在历史上,为"胡"为"汉"完全是文化所决定,与"血统"无关。"汉人"接受了"胡文化"即为"胡",反之亦然。[①]"和而不同"的实质就是包容性的"多元互补"。从民族和文化的发展历史中,中国人已经深刻地体会到,"文化的形态是多种多样的,丰富多彩的,不同的文化之间是可以相互沟通、相互交融的"[②]。

自清朝末期以来,中国传统文化不断遭受西方文化的冲击。从清朝末期的"西学东渐"开始,经过士大夫们"师夷长技""新学为用"的"会通"和新文化运动的"反孔""反封建"等思想意识观念的大洗礼,[③] 中国的传统文化已经发生了很大的变化。理性、科学、民主的精神和个性化的追求成为爱国学生和很多进步文人所大力宣扬的"新文化"。毫无疑问,新文化运动是一场思想解放运动,促进了西方社会思想在中国的传播。

如今,随着中国社会各领域开放水平不断提升。中国人的生活方式和价值观发生了巨大变化,尤其在大城市。在中国各城市,麦当劳、肯德基、必胜客等美式快餐厅随处可见。在生活方式上,汉堡、烤鸡翅、可乐、比萨、牛扒等早已成家常便饭,日本寿司、意大利面食、韩国泡菜等早已不足为奇。有些年轻人热衷于庆祝西方的圣诞节和情人节,美国、韩国、欧洲国家的电影电视节目、流行音乐也已成为中

---

① 范可:《他我之问——人类学语境中的"异"与"同"》,北京:中国社会科学出版社,2012年版,第226页。
② 费孝通:《中国文化的重建》,上海:华东师范大学出版社,2014年版,第38页。
③ 郭继承:《中国文化的未来——近代儒学对"中国文化出路"的探索与中国文化建设的再思考》,北京:中国政法大学出版社,2013年版,第19—80页。

国人生活的一部分。各式各样的外国名牌商品也早就进入了中国的千家万户。

除了物质文化的变化中,中国人的精神文化也受到影响。例如,在孩子的家庭教育上,很多家长早已不再采用传统的中国式教育方法。年轻的父母现在更注重孩子创造力和独立精神的培养。青年人对爱情和婚姻的态度更加开放,未婚同居现象越来越普遍。因此,无论从表层的物质文化还是从深层次的精神文化看,中国的社会文化将越来越多元,越来越与其他国家的文化融合,一定程度上体现了世界文化的趋同。

其实,即使没有外来文化的冲击,随着时代的变迁和社会的发展,中国文化本身也同样会发生改变。这是因为"文化不仅仅是一个民族的遗产,社会经济、教育、职业和宗教等因素对文化的影响更为强烈,"因此,"任何关于文化形态的连续性的声称,都在严格的历史审视中发现是不能被证实的"。事实上,文化的象征和形态总是处于不断的变动中,很多文化"在过去的几个世纪中已发生了质的变化"①。就中国文化来说,"全球文化动力,包括海外的华人文化,同样影响着中国的地方文化"。例如,中国的侨乡文化一直以来都受到东南亚文化的影响。②

总而言之,在中华民族漫长复杂的形成过程中,经过清朝末期西方文化的冲击和五四时期的"思想解放"运动或新时期的改革开放,兼容开放、多元一体已成为中国文化的主要特征之一,美国华人对美国文化的接受及其开放性和混杂性文化认同的形成就是建立在此特征的基础之上。

---

① 沃特森著,叶兴艺译:《文化多元主义》,长春:吉林人民出版社,2005年版,第32页。
② 陈志明著,段颖、巫达译:《迁徙、家乡与认同:文化比较视野下的海外华人研究》,北京:商务印书馆,2012年版,第16页。

## 第二节 美国华人的文化实践和文化认同

第一节主要分析了全球化时代中不同文化逐渐趋同的事实,以及中美文化边界的逐渐模糊。那么,中美文化边界的模糊对美国华人的文化实践和文化认同具有怎样的影响?这些影响主要表现在哪些方面?本节认为,中美文化边界的模糊对圣地亚哥华人跨界认同的建构作用主要表现在以下两点:一是双重混杂的文化实践和文化认同,二是"购物车"式的文化实践和文化认同。

### 一、双重混杂的文化实践和文化认同

中国台湾学者陈国贲认为,两种文化(A和B)相碰撞时可能产生五种过程和结果:①强化(essentializing)——A和B都各自强化和本质化,最后分别退居各自的"堡垒"中。②交替(alternating)——个体通过社交活动,使B成为其内在的一部分,与先前已经植根其中的A同时并存,互不干扰。然后个体根据不同的场合,交替戴上A或B的"面具"。③改宗(converting)——同化或涵化,B文化代替了A文化。④混成化(hybridizing)——A和B的差别被有意或无意地去掉,移民不那么执着于原先的A文化,也不会对新的B文化过于苛刻批评,两种文化得以和平共处。⑤创新(innovating)——两种文化接触、融合、碰撞后产生了全新的C文化。①

本书认为,在文化全球化的时代背景下,美国华人文化和认同的主要特征是"混杂化",与陈国贲提出的"混成化"稍微不同。在"混成化"文化中,移民是有意或无意地忽略两种文化的差异,但在"混杂化"的文化中,移民并不否认或忽略两种文化之间的差异,相反,他们都比较清醒地认识到其祖籍国和居住国文化的优点和缺点,因此在大多数情况下,其文化实践和文化认同是对两种文化作出主动

---

① 陈国贲:《漂流——华人移民的身份混成与文化整合》,香港:中华书局有限公司,2012年版,第81—84页。

性选择的结果。也就是说,在很多情况下,移民既不全盘接受居住国的文化,也不完全坚持传统的族裔文化而拒绝其他文化。因此,不同的文化实践和文化认同并不是零和对抗的关系。① 下面以社区文化、社团文化及家庭文化为例,讨论圣地亚哥和波士顿地区华人双重混杂的文化实践和文化认同:

1. 华人社区文化和华裔大学生社团文化

上文提到,传统的美国华人社区是以唐人街为中心,以宗亲会和同乡会等社团为主要形式。然而,在没有唐人街的美国城市中,尤其对于居住在中产阶层郊区的华人群体,"文化社区"更加普遍和广泛,而这种形式的华人社会也更加适合当代的华人新移民。美国华人文化社区包括华人教会、中文学校、同乡会、同业会、校友会和各种联合会等,而华人教会是其中的一个重要组成部分。下面以华人教会和华裔大学生社团为例,分析美国华人的社区文化活动和文化认同。

第一,华人教会体现了中西文化的和谐统一和完美结合。上文分析过,美国传统文化的核心是基督新教。据皮尤研究中心的估计,2020年约64%的美国人信仰基督教,② 而中国传统的儒教、道教、佛教和祖先崇拜都与基督教相去甚远。因此,成为基督徒或常去基督教会的华人移民应该是文化上比较西化的一个群体,或者至少是在文化方面比较开放。例如,在圣地亚哥西区主恩堂做田野调查时,作者发现不少华人新移民已经接受了基督教,并且经过多年的修习已经非常虔诚了。这些华人基督徒不仅在"查经"、唱诗、讲道和礼拜等活动中非常专注和投入,而且在作奉献和传福音等方面也非常积极。在每个周末,很多基督徒都无私地奉献出自己的时间和金钱去帮助其他华人,尤其是初来乍到的中国移民、学者和学生。作者在加州圣地亚哥访学

---

① Jennifer M. Brinkerhoff, *Digital Diasporas: Identity and Transnational Engagement*, New York: Cambridge University Press, 2009, p.32.

② "Modeling the Future of Religion in America", https://www.pewresearch.org/religion/2022/09/13/modeling-the-future-of-religion-in-america/.

时就曾得到过很多华人基督徒朋友的无私帮助,而他们给予作者大力帮助的主要原因之一是他们心中的"主"或"耶稣",当然也因为作者和他们一样都是来自中国的知识分子。田野调查发现,美国华人教会和华人基督徒的活动较好地体现出美国华人文化认同中西方文化成分和中国文化成分的结合。

有趣的是,很多虔诚的华人基督徒一般只参加华人教会的活动,而不愿加入美国白人或其他族裔的教会。问其原因,一位华人牧师这样解释道:"因为华人教会保留了中国人的文化和特点,这样华人教会就给了他们一种家的感觉。他们来教会就好像回到了家。"① 虔诚的基督徒丁女士这样说道:"我也去过美国教堂,但在那儿我感到不自在,不像在这儿(华人教会),可以畅所欲言,可以随便问问题。"当作者问到教会牧师的族裔身份时,丁女士不假思索地说道:"牧师当然应该是华人了,因为华人才知道华人的心理需求。"② 由此可见,在很大程度上,中国文化和属于这个华人社区的感觉仍然是华人教会吸引华人基督徒的主要原因。换言之,基督教只有和华人社区的氛围结合起来才能成为华人基督徒的精神家园。因此,在基督教会这种特殊的华人社区中,中美文化得到了和谐的统一和完美的结合。

此外,华人教会的很多活动主要面向中国移民、学者和学生,活动内容也大多与中国的传统节日相关,很多华人基督徒的奉献和帮助对象也主要是中国人。例如,每年9月是大学的开学季,很多华人教会都会组织迎新活动,帮助华人新生安顿下来和尽快适应新环境。他们也经常为新移民提供接机、临时住宿、购物、办理医疗保险等帮助。在中秋节和春节前夕,华人教会都会举办隆重的庆祝活动。庆祝活动有吃月饼、包饺子、相声表演、舞狮舞龙等中国传统活动。可以说,

---

① 来源于作者与郭牧师的晚餐谈话,2012年9月7日于圣地亚哥西区主恩堂的周五团契餐会大厅。
② 来源于作者与丁女士的晚餐谈话,2012年9月7日于圣地亚哥西区主恩堂的周五团契餐会大厅。

华人教会给华人基督徒提供了一个实践中国文化、增强华人族裔认同和文化认同的场所。在这个文化场所中，中国传统文化得到了传承和发展。

第二，华裔大学生的社团活动也呈现了非常明显的中美文化的混合特征，体现出其独特的华美文化。作者在加州大学圣地亚哥分校访学期间，参加了多次华裔大学生的社团活动，亲身体验到华裔大学生的社区文化。例如，仅仅在加州大学圣地亚哥分校这一所大学里，华裔大学生组织就有十多个，它们分别为：华美学生联合会（Chinese American students Association，CASA）、中国人联合会（Chinese Union，UCSD）、香港学生联合会（Hong Kong Students Union）、台湾学生联合会（United Taiwanese Association）、台湾人联盟（Taiwanese Union）、潮州联合会（Teo-Chew Association）、中华舞蹈联合会（Chinese Dance Association）、舞狮联合会，还有以华人为主的学生佛教团体和大大小小的华裔大学生基督教会等。在加州大学圣地亚哥分校每年新学期第二周的学生社团宣传活动中，华裔大学生组织占80%以上，活动的宣传成员也大多是华裔或亚裔学生。[①]

2012年秋季开学后，在华美学生联合会第一次大会（General Board Meeting）上，作者目睹了华裔大学生独特的华美文化表演。该大会以中国的舞狮和锣鼓开场，华裔大学生主持人说着一口地道流利的加州英语，介绍该联合会的宗旨及活动等。在这次大会上，中国文化的元素和美国文化的元素都得到了很好的展现。体现中华文化的表演有中国民族舞蹈，还有充满中国味儿的小组名称：Cha Sao Baolers（叉烧包组）、Ha Gow Hustlers（虾饺组）、Wonton Souperstars（馄饨汤组）等，开展的活动也都是中国人的传统文化活动：春节聚餐、火锅餐会、麻将会、龙舟赛等，还有与其他地区或加州大学圣地亚哥分校校内华人联合会的联谊活动等。同时，大会的活动和气氛也体现出浓

---

① 据作者的亲身观察记录所得，2012年2月至2013年2月于加州大学圣地亚哥分校校园。

浓的美国文化色彩：绝大多数上台讲话的华裔大学生都说着一口地道的加州英语，有些跳着美国流行的街舞，身体语言非常生动活泼。下面的观众也参与积极，不时发出呼叫声。大会最激动人心的活动是美式的"抽奖活动"（raffle draw）。① 总之，从人类学和文化研究的角度来看，华裔大学生的这些活动充分体现出中美文化的糅合和混杂。

在加州大学圣地亚哥分校中，有一个非常特殊的华裔大学生联合会——潮州联合会。由于作者也是潮州人，所以有机会多次参加该组织的聚会，较为深入地体验到这些潮州人后裔的混杂性文化认同。由于该协会成员的祖籍是一个相对狭小的地区，所以成员人数不多，流动性也较大。固定参加协会的学生只有十个左右，都是二代或三代以上的潮州人后裔。他们定期聚会的活动一般是学说潮州话，欣赏潮州歌曲，交流潮州文化和历史知识等。节日的聚会当然也有做潮州汤圆、吃火锅等中国传统饮食文化活动。很多成员并没有去过潮州，也只懂得几个潮州话词语，所以根本不会用潮州话或普通话交流，聚会的语言还是地地道道的加州英语。有趣的是，尽管所有成员都对中国尤其是潮州怀有较为强烈的感情和返乡参观的渴望，也都在努力学习和继承潮州地方文化，并认同彼此是"自己人"（Ga gi nang），但是，由于他们在美国的教育背景和成长环境，协会的活动和气氛还是体现出更多的加州文化色彩。因此，这个潮州人后裔的大学生联合会同样显示出其中美双重文化认同。②

归纳起来，华人教会和华裔大学生的社团活动都体现出华人社区双重混杂的中美文化特征。在很多情况下，这种双重混杂的文化已经发展成一种独特的华美文化。但不管如何，中美两种文化的特征在很多社区活动和华人身上仍然清晰可辨，华美文化和认同的本质仍然是中美两种元素的结合，而不是一种全新的文化和认同。总之，双重混

---

① 来源于作者对该大会的亲身观察记录，2012年9月6日晚于加州大学圣地亚哥分校一栋教学楼里的阶梯教室。
② 据作者对2012年9月至2013年1月间多次参加潮州联合会的聚会记录整理而成。

杂的美国华人社区文化和华裔大学生社团文化都是中美文化边界逐渐模糊在美国华人身上的表现。

2. 家庭文化

在中国的传统文化中,"根"的意识十分突出。传统上,中国文化中的"根"指的是家乡和地区,所以以前的华侨华人认同研究都围绕着"落叶归根"或"落地生根"这两个问题而展开。另外,中国人的家族或家庭也是"根"的主要承载体。以前的华侨华人在海外挣扎求生,都是为了有朝一日可以"衣锦还乡""光宗耀祖",最终"落叶归根"。可以说,在很大程度上,中国的传统文化就是"根"文化和"家"文化。① 因此,家庭活动是个体文化实践和文化认同的最佳体现。

作者在田野调查中发现了一个值得关注的现象:很多华人专业技术移民的家庭一般呈现出混杂的双重文化特征,甚至比较美国化。相反,不少二代或三代的华裔大学生家庭却保留了较多的中国文化特征。例如,很多华人专业技术移民受访者因为英语水平较高,所以在家里和孩子的交流一般用英语;而不少华裔大学生由于父母有限的英语水平,所以在家中一般使用中文(主要是地方方言)和父母交流。另外,由于很多华裔大学生的父母是中国改革开放以前就移民到美国的,有些还是来自东南亚国家的"再移民",所以其受教育程度较低,思想较为保守和传统,其家庭活动也保留了较多的中国传统文化元素。例如,加州大学圣地亚哥分校华裔大学生乔安娜说:"我妈妈很传统,她认为女孩子应该承担家务,所以要求我做很多家务,而我弟弟就不需要做家务。她说话时我一定要听着,不能顶嘴,有一次我顶了嘴,她就说我不孝顺。她认为,父母就是父母,不能和孩子成为朋友。"② 而在很

---

① 王春光:《中国海外移民的根文化构建研究:以巴黎的温州人为例》,载周敏、张国雄主编:《国际移民与社会发展》,广州:中山大学出版社,2012年版,第130页。
② 来源于作者对乔安娜的正式访谈,2012年11月2日于加州大学圣地亚哥分校移民比较研究中心办公室。

多华人专业技术移民家庭中，作者发现这些传统的中国观念早已不复存在了，他们对子女的教育方式已经非常"美国化"了。例如，作者到几户华人专业技术移民家里去做客时，就发现他们并不要求孩子出来和客人打招呼，也不要求孩子叫"阿姨"或"叔叔"。吃饭时孩子也非常随意，可吃可不吃，也可以把食物端到房间里一边看电视一边吃。总之，这些生活的细节可以反映出华人专业技术移民家庭教育的美国化。当然，就如上文所提到的，现在即使在中国，文化全球化和人们思想观念的开放也使很多知识分子家庭对子女的教育方式更加包容开放。

加州大学圣地亚哥分校华裔大学生小陈的家庭也体现了圣地亚哥华人家庭文化中的双重混杂性。小陈五岁时跟随父母移民到圣地亚哥，他的父母是来自杭州的华人专业技术移民。在宗教信仰方面，陈爸爸信仰基督教，陈妈妈信仰佛教，小陈自己没有任何宗教信仰。在家里，小陈和陈爸爸喜欢讲英语，而陈妈妈却喜欢讲中文。小陈本身也是一个中美文化的混合体。虽然他同时持有中国护照和美国绿卡，但他认为自己是美国人，并说自己身上有80%的美国文化认同。但据作者的观察，小陈的行为和性格其实具有很强的中国文化特征：当陈爸爸打电话询问小陈的学校生活时，小陈对爸爸的态度非常恭敬和孝顺，家庭观念也非常强。他说："如果以后我自己装修房子，我会买那种中国传统的红木茶几和沙发，它们很有古色古香的味道！"①

同样，接受访谈的波士顿华裔二代们都谈到自己或周围华人明显的文化混杂特征。波士顿华人布道会的一个华裔牧师说："我是在加州长大的。在加州，我从来没有感觉到自己是少数族裔，因为周围有很多亚裔。在小学和中学，我们学校的亚裔学生占到一半以上。加州华人既不会完全抛弃中国文化，也不会迫切想要融入白人的主流社会。

---

① 来源于作者对小陈的正式访谈，2012年11月27日于加州大学圣地亚哥分校移民比较研究中心办公室。

我现在所在的教会会在春节放假，可见我们教会的中华文化特色。"①

在纽约和波士顿唐人街长大的薇薇安在接受访谈时，也提到自己在语言使用和饮食方面的混杂性特征。她说："我跟爸爸说粤语，跟奶奶说台山话，跟妈妈说英语和普通话。在大学我主要吃美国食物，因为我喜欢吃不同的食物。我吃米饭时常常配沙拉。总之，我觉得自己把所有东西都糅合在一起了。"②父母都是大学教授的柯罗伊说："我可能具有60%或65%的中国文化认同，但我经常感觉中美这两种文化在我身上比较混杂、难以区分，我不能划分哪些是中国文化，哪些是美国文化。"③

总之，无论在华人教会或华裔大学生的社团层面上，还是在以华人专业技术移民和华裔大学生为代表的家庭和个体层面上，美国华人的中美文化混杂特征都十分明显，这是中美文化边界的模糊对美国华人跨界认同的建构结果之一。

## 二、"购物车"式的文化实践和文化认同

社会学家韦伯（Weber）认为，人的行为动机是基于思想和物质利益，其著名的"扳道工"比喻形象地说明了人类行为的利益选择性和工具性。韦伯在宗教社会学系列研究的导论《世界诸宗教之经济伦理》中写道："利益，而不是理念，直接控制着人的行动。但理念创造的世界观常常以扳道工的身份规定着这些轨道，在这些轨道上，利益的动力驱动着行动。"④很多学者提出，现代社会中个体的文化认同具有明显的选择性和工具性特征。例如，斯威德勒（Swidler）认为，文化是

---

① 来源于作者对伊诺克(Enoch)的正式访谈,2019年8月29日于波士顿唐人街华人布道会教堂办公室。
② 来源于作者对薇薇安的正式访谈,2019年8月26日于波士顿柯普利广场(Copley Square)附近的温蒂汉堡快餐店。
③ 来源于作者对柯罗伊的正式访谈,2019年7月22日于波士顿大学校园。
④ 马克斯·韦伯著,王容芬译:《儒教与道教》,北京:商务印书馆,1995年版,第19—20页。

象征、故事、仪式和世界观的"工具箱",人们从这个"工具箱"中抽取不同的配置(configuration)去解决不同的问题。① 卡米列里(Camilleri)等人也讨论了个体调整文化认同的策略,并提出文化"变色龙"的概念。他们认为,个体会根据社会情况转变其行为,并从不同的文化体系中选择出对自己最有利的文化内容,这是一种实用性的反应及"利益最大化"的方法。②

关于移民的文化实践和文化认同,"购物车"(shopping cart)的比喻十分贴切。一些文化研究的学者提出,我们可以把文化认同的构建想象成一辆"购物车"。"购物车"中的内容包括该民族的文化观念、象征符号、神话和习俗等。这种文化的"购物车"不单是历史的遗产,即"它不是历史遗留给我们的一辆已经载满货物的'购物车',相反,我们通过从过去和现在的商品架上挑选出我们需要的东西来构建文化"③。"购物车"式的文化认同体现出身份认同的实用性和选择性特征。

田野调查发现,很多圣地亚哥华人的活动正体现出"购物车"式的文化实践和文化认同,即他们并不全盘接受美国文化,也不完全赞同和保持中国文化,而是根据自己的具体需要对中美文化的相关内容作出选择。例如,语言是文化的一个重要组成部分,语言的学习和使用偏好在很大程度上是文化认同的体现。但是,在很多情况下,语言也只是一种交流和谋生的工具,是能够获得某些资本和利益的工具。因此,不同的人根据自己的需要会有不同的取舍。例如,对于中文的学习,持新加坡护照和美国绿卡的曹女士说:"我们的孩子当然得学好

---

① Ann Swidler, "Culture in Action: Symbols and Strategies", *American Sociological Review*, Vol. 51, No. 2, 1986, pp. 273-286.

② C. Camilleri and H. Malewska-Peyre, "Socialization and Identity Strategies", in J. W. Berry, P. R. Dasen and T. S. Saraswathi, eds. *Handbook of Cross-Cultural Psychology: Basic Processes and Human Development (Second Edition)*, Needham Heights: Allyn & Bacon, 1997, pp. 41-67.

③ Hung Cam Thai, "Formation of Ethnic Identity Among Second-Generation Vietnamese Americans", in Pyong Gap Min, ed. *Second Generation: Ethnic Identity Among Asian Americans*, Wlanut Creek: AltaMira Press, 2002, p. 59.

中文了！中国的经济越来越好，学中文非常有用，现在连外国人都开始学习中文了。另外，中文是中国文化的一部分。华人如果没有自己的文化传统，那是非常可悲的，连外国人都会瞧不起你。"[1] 由此可见，对于曹女士来说，中文既是一种经济工具，也是一种文化资本，所以她把中文这个"物品"放到自己身份认同的"购物车"中。而来自中国的华人专业技术移民刘女士说："我的孩子学不学中文都无所谓的，因为我们现在是在美国，学好英语才重要。"[2] 刘女士的先生是加州大学圣地亚哥分校的博士后，虽然他们移居圣地亚哥已有几年了，但还没有申请到美国绿卡，因此他们还处于正在努力安居和融入的阶段。所以对刘女士来说，中文的作用并没有英语那么大，于是她选择将英语这个"物品"放到其文化认同的"购物车"中。

波士顿唐人街中华公所的华裔职员凯西（Cassie）也这样描述自己的中文学习经历："在家里我们都是说粤语，因为我父母的英语不好。我从来没上过中文学校，不会说普通话，也不会使用中文读写。在小学四年级时，我看到有同学上中文学校，就问父母为什么不让我去中文学校学习中文。我父母的回答是：'你现在是在美国，学中文有什么用？'但如今美国有这么多华人，而且中国发展越来越好，如果能学会普通话读写，我就会有更多的工作机会。所以现在我有点后悔以前没学好中文。上大学时我曾经试过选修中文课，但因为听不懂老师的普通话，怕挂科，所以退课了。现在也在试着学普通话，但发现很难学会。"[3]

上面讲到，华人教会是反映和增强圣地亚哥华人中国文化认同的一个重要场所，华人对基督教和教会的不同态度也反映出其"购物车"

---

[1] 来源于作者与曹女士的谈话记录，2012年12月30日于圣地亚哥卡梅尔谷高尚住宅区藤女士家中的新年聚会。
[2] 来源于作者与刘女士的谈话记录，2012年7月8日下午于圣地亚哥北克莱蒙特休闲中心（Recreation Center）的草坪上。
[3] 来源于作者对凯西（Cassie）的正式访谈，2019年8月15日于波士顿唐人街中华公所办公室。

式的文化认同。电脑工程师庞先生是个虔诚的基督徒,他说:"移民只有接受了基督教,才能真正融入美国社会,因为美国的文化根基就是基督教文化。"① 对于他来说,成为基督徒是快速有效地融入美国社会文化的方法,因此基督教成为其文化"购物车"中的"物品"。在美国,很多中国留学生或学者在周末或假日都会去教会或参加教会组织的活动,其原因并非单纯信仰基督教,也是为了寻求各种帮助或结交朋友,有些甚至只为了享用教会提供的免费午餐或晚餐。在加州大学圣地亚哥分校留学的博士生小曾坦白地说:"我自己不太会做饭,平时吃汉堡随便应付,周末就到教会去改善生活,每次我都要吃好几份饭菜。"② 对于这些留学生来说,参加教会的"查经"或礼拜等宗教活动主要是为了满足不同的需要,基督教因此也成为他们文化"购物车"中的"物品"。当然,最后被教会和基督徒感化而受洗或真正接受基督教的学生也大有人在。与此同时,一些华人移民却对基督教会持反感的态度,他们觉得基督教会的氛围和文化"难以忍受"。加州大学圣地亚哥分校的博士后沈先生移居美国八年了,他就拒绝去华人教会或参加教会的活动,原因是他"感觉那里像个市场,什么人都有,卖保险的、做房地产的、找工作的、找对象的"③。

其实,"购物车"式的文化实践和文化认同也并非总是出自实际的需要或物质利益,行为者的理性判断或感情偏好也是"购物"选择的原因。例如,人们在购物时,有时也会因为某些东西的物美价廉或高性价比而买下暂时没有需求的商品,有些人还会因为纯粹的喜好而作出购物的选择。同样,在美国华人文化认同的"购物车"中,有些内容是经过他们理性思考而"挑选"或"丢弃"的,有些内容则是他们出自感情的倾斜而有意地采纳或保留下来。例如,中国文化中复杂的

---

① 来源于作者与庞先生的晚餐谈话记录,2012 年 10 月 12 日于圣地亚哥西区主恩堂的周五团契餐会大厅。
② 来源于作者与小曾的谈话记录,2013 年 1 月 9 日于加州大学圣地亚哥分校校园。
③ 来源于作者与沈先生的谈话记录,2012 年 10 月 28 日下午与沈先生一起去圣地亚哥开市客(Costco)超市购物的途中。

人情往来和应酬活动就是经常被很多华人专业技术移民从其文化"购物车"中所丢弃的"物品",而美国人简单的人际关系往往是他们的"购物"选择。请看作者田野调查时所作的几个谈话记录:

"中国的人际关系太复杂了!中国人见面聊天时都会在心里留个心眼,本能地筑起一堵墙,怀疑对方所说的话。而在美国,人际关系很简单,他们一般都很坦率,不会怀疑对方,说话可以直来直去。所以我非常喜欢这里的人际关系。"①

"我经常回中国,我很欣赏国内的一些文化,但也有看不惯的方面。比如,在国内,很多人经常要出去吃饭喝酒应酬,这就是中国人所说的人际关系和礼节,我很不习惯和适应。美国的一些文化我也很认同,在工作的时候也能融入单位环境,但在这边也有看不惯的东西。总体来说,我的文化认同是处于两种文化的中间。也就是说,两种文化都有,可能就是人们所说的那种跨文化吧。"②

"美国人吃饭一般都平分账单(AA 制),有的夫妻也如此,这让我感到很不舒服。美国夫妻不管生了几个孩子都可以离婚,只要没有爱情,但很多中国夫妻会为了孩子继续维持家庭的。我还是比较赞成中国的传统家庭观念。"③

"我很羡慕美国孩子自由自在的生活,他们可以到同学家过夜,放学后可以玩,可以很早就和异性约会,但我的时间都被安排得满满的,即使课后和周末也要上很多课外班:钢琴、画画、网球等。当然,我还是很欣赏中国文化中的重视教育、家庭观念等。"④

从这些访谈记录中,我们可以看到这些华人有选择性地反对或抛

---

① 来源于作者与唐女士的谈话记录,2012 年 10 月 26 日于圣地亚哥西区主恩堂的周五团契餐会上。
② 来源于作者对裴先生的正式访谈记录,2012 年 11 月 18 日于圣地亚哥西区主恩堂的礼拜堂外。
③ 来源于作者与小丽的谈话记录,2012 年 11 月 17 日晚上于圣地亚哥康拉德大道小区游泳池旁边的沙滩椅上。
④ 来源于作者对德里克(Derek)的非正式访谈,2012 年 10 月 12 日于加州大学圣地亚哥分校学生中心中的餐厅。

弃了中国文化中的一些成分，如说话时转弯抹角或有所保留、人情应酬的礼节等，但同时也赞同和保留了中国文化中的一些成分，如家庭观念、对朋友慷慨大方等。同样，或由于理性或出于喜恶他们对美国文化也作出相应的取舍。总之，在注重多样性和多元化的美国东西两岸，华人移民在文化实践和文化认同中采取了开放和自主选择的态度，他们从中美两种文化资源中挑选出自己所需要和所喜欢的成分，构建出混杂开放的文化和"购物车"式的文化认同。

## 本章小结：文化边界的模糊与跨界认同的建构

在全球化时代下，大众娱乐和消费文化的全球传播使不同国家、不同民族的文化具有了一些相同形式，科技的进步使人们的距离大大缩小，社会的发展使人们的思想观念趋于同质化，因此，本章认为全球化时代下的文化趋同可能是一种大趋势，全球文化的发展也意味着人类文化认同的开放和趋同。

本章认为，在文化全球化的背景下，中美文化已经发生了很大的变化。多样性和多元化已经成为美国文化的主要特征，而中国传统文化中的多元一体和"和而不同"的思想所体现出的开放兼容特征随着中国改革开放和社会的发展得到了进一步的发扬，现代的中国文化已经糅合了很多西方的文化元素。因此，随着文化全球化的进一步发展，中美文化差异可能会逐渐缩小、文化边界逐渐模糊。

世界文化的趋同和中美文化边界的模糊是美国华人跨界认同的主要构建因素之一，主要表现在美国华人双重混杂和"购物车"式的文化实践和文化认同上。作者的田野调查结果表明，圣地亚哥和波士顿地区华人的文化实践和文化认同都呈现明显的混杂性和开放性特征，其社区文化和家庭文化都具有中美文化的成分和特征。另外，两地华人的文化实践和文化认同都具有"购物车"式的特征，即受访华人对中美两种文化既不是全盘地接受，也不是全盘地否定，而是根据自己的需要、理智和爱好作出主动性选择。

总而言之,在文化全球化及中美文化边界逐渐模糊的过程中,美国华人的文化实践和文化认同具有双重混杂性、开放性、实用性和自主选择性的跨界认同特征。

# 第四章 经济边界的开放：跨界认同建构的经济维度

在很大程度上，国际移民现象是国家经济发展和全球经济结构重建的产物。最初到达美国的欧洲移民主要是为了掠夺土地和工业发展的原材料，攫取经济利益，英国在北美洲建立的13个殖民地大大推动了英国人向美国的移民，血腥的非洲奴隶贸易为美国南方的种植园经济创造了巨额利润，美国华人为美国西部繁荣作出巨大贡献和牺牲，美国强大的经济实力是来自世界各地移民共同努力的结果。移民活动与经济息息相关。那么，移民的身份认同是否也与经济活动有着密切的关系呢？本章从经济全球化出发，探索中美两国经济边界的开放和美国华人的跨界经济活动对其跨界认同的建构作用。

## 第一节 经济边界的开放与国际移民

在全球化时代，国家间的经济互动日益增多，国家的经济边界也日益开放。本节先指出经济全球化不可否认的存在事实和未来趋势，探索其对传统民族国家边界的冲击及未来"无国界"经济世界的可能性，最后分析经济边界与国际移民之间的关系。

## 一、"无国界"的经济世界

### 1. 不可阻挡的经济全球化大势

目前,虽然经济全球化遭遇挑战,但仍是不可阻挡的大势,主要体现在以下三个方面:

从宏观方面看,很多国家都已经进入了一个相互依存和相互制约的世界经济体系中,这个体系至少有以下几个方面的表现:第一,国际贸易已经成为世界很多国家经济发展的主要支柱之一,有些岛国甚至长期依赖国际贸易而生存。第二,世界性的金融机构和贸易组织的建立和发展体现了全球的经济整合和治理。世界银行、国际货币基金组织和世界贸易组织的运作使世界各国的经济前所未有地连结在一起。第三,大大小小的跨国企业是推动经济全球化进一步深入的动力。很多经济学家认为,现代的跨国集团公司就如经济领域的"大帝国"一样,它们实际上已经控制了商品的全球生产和销售过程。第四,一个国家内部的金融危机或经济危机一旦爆发,很快就会影响到世界上的其他国家和地区,接着就会发展成为地区性或世界性的经济危机。1997年的东南亚金融危机和2007年的美国次贷危机就是最好的例子。因此,在全球化经济时代,在世界性的经济危机中,几乎没有一个国家能够独善其身。

从中观方面看,全球城市化的发展证明世界经济的一体化和发展的趋同化。在经济全球化过程中,全球城市扮演了核心的角色。首先,全球城市和跨国资本一样,是全球化经济的组织者,它们"从空间上发挥组织作用,成为全球化经济在空间上的代表"。现在,全球经济越来越多地通过全球城市的指挥中心得以组织,如东京、巴黎、伦敦和纽约等世界大都市。[①] 其次,城市是全球化的主要空间,它们"以其最完美、最受市场驱策的形式"结成一张网,它们本身就是相互连结的

---

[①] 萨斯基亚·萨森著,李纯一译:《全球化及其不满》,上海:上海书店出版社,2011年版,第3页。

网络节点。① 最后，全球城市是现代资本主义"最有特色、最集中的物质化身"，它们是世界上全球一体的精英生活和不同商品和服务的消费场所，而这些消费活动吸引了大量的流动人口，使全球的人口更为集中。② 而现在，世界上有一半的人生活在城市里。③

从微观方面看，我们的日常生活中处处都有经济全球化的影子，我们时时都能感觉到经济全球化的存在。例如，走在今日的中国城市大街上，我们经常看到穿着李维斯牛仔裤、耐克或阿迪达斯运动鞋，背着杰斯伯双肩包，手拿苹果手机的年轻人。进口食品在电子商务的推动下已经进入中国的千家万户。只要轻点一下电脑鼠标，我们足不出户便能买到来自德国、澳大利亚、新西兰等地的牛奶。美国的汉堡和炸鸡、印度的咖喱、意大利的比萨、日本的寿司、韩国的泡菜、泰国的榴莲早已是中国消费者再熟悉不过的食物了。这些数不胜数的例子就是经济全球化最好的证明。如今，发生在遥远地区的种种事件，都比过去任何时候更直接、更迅速地对我们产生影响。例如，美国微软公司 Windows XP 操作系统的退役，对全球很多人生活所产生的影响，可能比本国国内很多经济事件的影响还要大。因此，经济全球化是一个无可否认的事实，也是不可阻挡的大势。

2. "无国界"的经济世界

随着经济全球化的逐步深入，在经济领域中，国家边界的逐渐消失是很多学者越来越提倡或认可的观点。日本著名的策略家和企业管理大师大前研一就是"无国界的世界"的积极倡导者。早在20世纪90年代初，大前研一就在其经典的著作《无国界的世界》中宣称："居住在这个地球上的每个人都不同程度地生活在关联经济中，同时，

---

① 萨斯基亚·萨森著，李纯一译：《全球化及其不满》，上海：上海书店出版社，2011年版，第186页。

② 尼克·史蒂文森著，王晓燕、王丽娜译：《文化公民身份——全球一体的问题》，北京：北京大学出版社，2011年版，第73页。

③ 同②。

我们都在向着无国界的世界不断前进。"① 他认为,在全球化经济中,传统的经济学理论已经不适用了,因为那些理论大多产生于19世纪与20世纪之交的封闭经济时代,那时国家模式是唯一的模式。而到了20世纪末,世界的"经济体三巨头——美国、欧洲和日本"组成了关联经济体联盟,经济迅猛发展的中国台湾、中国香港,以及新加坡和爱尔兰等地区和国家也已经加入了这个长期存在的联盟。在这个具有强大经济实力的联盟中,传统的国界线"愈发模糊,几乎看不见了"②。

大前研一认为,在世界关联经济体中,构建一个现代跨国企业的战略需要"五个C":客户(customer)、竞争(competition)、公司(company)、货币(currency)和国家(country)。在这"五个C"的战略中,客户是最重要的因素。在通常情况下,客户以需求为导向,他们在收银机面前不会在意原产地或国籍,也不会考虑本国的就业率和贸易赤字,更不会担心产品是在哪里生产的。他们不会为了民族主义情感而购买或使用本国出产的商品。作为消费者,客户关心的是产品的质量、价格、设计、价值和吸引力。大前研一观察到"发达国家的年轻人似乎正日益淡化国籍的概念"。另外,在全球化时代,国籍概念日益淡化不仅仅发生在年轻消费者之间,跨国公司的国籍也已经越来越模糊,这是一个普遍的现象。例如,国际商业机器公司(IBM)在日本的分公司有两万名日本员工,但股东是美国人,在20世纪80年代,它缴纳给日本政府的税平均是日本富士通公司的三倍多。因此,对于一个"员工规模不断扩张的公司而言,因其要面向全球市场,或面对全球竞争,公司国籍终将消失"③。在大前研一的经济世界里,个人(消费者)和公司国籍的消失意味着国家边界的消失,从经济方面看,现代世界是一个"无国界"的世界。

---

① 大前研一著,凌定胜、张瑜华译:《无国界的世界》,北京:中信出版社,2011年版,第XI—XII页。
② 同①,第XIV页。
③ 同①,第12页。

几年后，大前研一进一步提出了"民族国家的终结"这一论断。在《民族国家的终结》一书中，他对经济的四个要素——投资、产业、信息技术和个体消费者——的流动情况进行分析，指出这些经济要素已经不再受限于地理因素了，民族国家的边界根本阻挡不了它们在国际间的流动。因此，"传统上扮演'中介人'功能的民族国家（以及其政府）变得无用武之地了"①。在无国界的经济全球化中，民族国家已经沦为"跑龙套的小角色"，"丧失了参与者的角色"。② "人们生活范围中的民族与国家的边界已经被打破，只剩下以民族国家名义在收税、征兵的政府尚在顽抗。"③ 因此，在经济运作方面，民族国家已经或即将走向终结。

本书认为，从经济的某些方面来看，如商品、信息、资本等流通方面，现在的全球经济的确是一个"无国界"的世界，这一点尤其体现在网络经济和电子商务上。现在，只要拥有计算机和互联网，世界上任何地方的消费者不出国门和家门，就可以买到其他国家的产品或服务。从这个意义上看，民族国家的边界在互联网的冲击下将逐渐变得模糊。

## 二、经济边界与国际移民

不可否认，随着经济全球化的进一步深入，民族国家的经济控制能力或许将进一步受到削弱，其经济边界也将主动或被动地逐渐开放，其最终结果可能是"无国界"经济世界的到来。但是，在全球经济朝着"无国界"发展的过程中，国际移民的存在和国际移民潮的持续高涨似乎是个自相矛盾的现象。一方面，国际移民体现出国家边界的开放和跨越；另一方面，国际移民又反映出现实中存在的国家边界。

首先，国际移民既是经济全球化的重要推动力，也是经济全球化

---

① 大前研一著,李宛蓉译:《民族国家的终结》,台北:立绪出版社,1996年版,第7页。
② 同①,第17页。
③ 同①,第18页。

的主要结果之一。因此,国际移民体现出国家边界的对外开放和人员对国家边界的跨越。在经济全球化的过程中,国际贸易的增长促进了资本、资源和商品等要素国际间的流动,而资源和商品的流动必定带来人员的流动。其次,对很多发达国家而言,"全球化"的含义意味着"使生产当地化"或"企业向海外转移"。20世纪末期以来,世界的经济重心已经发生了变化,国际经济新秩序正在建立。先进国家把生产环节和制造业转移到了发展中国家。汽车、电子计算机、飞机和其他许多产品现在已不再由一个国家制造,而是由许多国家分别提供部件和进行装配。产业的国际间转移和商品生产的国际化及当地化大大加强了高层次管理人员和高技能劳动力的流动程度,从而加剧了国际间的人员流动。最后,现代跨国公司的飞速发展也带动了人力资源的流动。跨国公司按照全球各地的需求安排劳动力配置,并在自己公司内部发展起一套技术劳动力的流通体系,成为劳动力自由流动的最大动力。

总之,经济全球化使商品、信息和生产正在走向"无国界的世界",人力资源的国际流动也随之加剧,人类历史上的第三次国际移民潮因而产生。因此,经济全球化的一个直接结果就是人力资源在国际范围内的重新分配,从而使国际移民数量加速增加。

然而,国际移民也体现出国家间的边界是现实存在的,因为作为生产要素之一的劳动力,到目前仍然不能自由地跨国流动。在全球化背景中,虽然很多西方国家依然存在对各种不同层次劳动力的需求,但是,国家面对这一形势,往往还是采取消极的举措来重申主权,他们严格控制边界及移民潮,采取一些限制性的政策,将新入境者看成是可能的骗子(居留、工作、避难、婚姻等)。移民被视为对主权、对某领域内民众民族身份的一种威胁。[①] 因此,国家和政府制定各种政策,采取各种措施,以保护国家和国民利益为名,努力控制劳动力的

---

① 卡特琳娜·维托尔·德文登著,罗定蓉译:《国家边界的开放》,北京:社会科学文献出版社,1999年版,第5页。

国际间自由流动。目前各国政府一般的做法是努力吸引世界各地的人才流入，限制本国的人才流出，限制或拒绝本国不需要的外来劳动力。政府的这些做法必然与经济全球化相矛盾，它们成为经济全球化的"绊脚石"，也成为国际移民的"拦路虎"。

总而言之，从经济角度来看，世界正在走向"无国界"经济世界，然而从国际移民这个角度来看，目前的世界既是"无界"的，也是"有界"的。在很大程度上，移民就是冲破国家边界束缚、实现边界跨越的国际行为体。因此，与跨界的行为相对应，目前国际移民的身份认同也是"跨界"的。那么，在此背景下，美国华人的跨界认同如何得以建构？这是第二节将要探索的问题。

## 第二节 美国华人跨界认同的经济建构

学界对海外华侨华人的研究，历来有两大热点：一是华人经济，二是身份认同。[①] 可见经济和身份认同是华侨华人研究的两个重要组成部分。那么，经济活动与身份认同之间究竟有什么关系呢？华侨华人的经济活动是否体现了其身份认同？或者，美国华人的跨界认同是否在某种程度上受到中美两国的经济和华人自身经济活动的影响和建构？如果是，又是怎样受到影响和建构的呢？本节试图对这些问题作初步的探索。

### 一、经济实力影响国家认同和文化认同

在国际关系中，对于现实主义者而言，军事和经济等硬实力才是国家权力的核心，并且硬实力可以转变为软实力。换言之，一个具有强大硬实力的国家会对国民产生吸引力和影响力，使民对其产生国家认同。亨廷顿在《文明的冲突和世界秩序的重建》中指出，软权力

---

[①] 刘宏：《跨界亚洲的理念与实践——中国模式·华人网络·国际关系》，南京：南京大学出版社，2013年版，第18页。

## 第四章 经济边界的开放：跨界认同建构的经济维度

只有建立在硬权力的基础上才成其为权力。纵观历史，随着一国经济和军事等硬实力的增长，其国民的自信心和自豪感会得到提升，会认为与其他民族相比，自己民族的文化更加优越。同时，经济的成功也会大大增强该国文化和意识形态对其他民族的吸引力。相反，如果一个国家的经济和军事力量下降，国民就会自我怀疑并产生认同危机，其结果就是到其他文化中寻求经济、军事和政治成功的要诀。[①] 现实主义者认为，"随着国家权力的上升，一旦取得绝对的优势地位（霸权），国际形象自然会得到尊重，国家认同自然就会产生，国家的文化也随着得以传播。历史上，霸权国的文化通常会成为世界流行的文化，如古罗马的公共澡堂、英式的下午茶和美式的可口可乐、麦当劳会风靡世界。"[②] 因此，"一个文明权力的扩张通常伴随着其文化的繁荣，而且这一文明几乎总是运用它的这种权力向其他社会推行其价值观、实践和体制。一个普世文明需要普世的权力。"总之，"物质的成功带来了对文化的伸张；硬权力衍生出软权力。"[③] 到了20世纪80年代和90年代，西方国家走向衰落，"本土化已成为整个非西方世界的发展日程。人们把西方国家的衰落归咎于西方文化中的自我纵容、懒惰、个人主义，把亚洲的经济成功归功于儒家文化的优点——秩序、纪律、家庭责任感、勤奋工作、集体主义、节俭等。""当非西方社会经济、军事和政治能力提升时，他们就会日益认同自己的价值、体制和文化的优点。"[④]

进入21世纪的第二个十年后，中国的经济继续高速发展，国家的综合实力继续得到增强，而美国经济却处于相对衰退的时期。一些民意调查显示，越来越多的美国人认为中国将是世界上最强大的国家。

---

① 塞缪尔·亨廷顿著,周琪、刘绯、张立平等译:《文明的冲突与世界秩序的重建》（修订版），北京：新华出版社，2010年版，第72—73页。
② 余万里:《关于中国国家形象的国际政治思考——基于对两份国际民调报告的解读》，载韩方明主编:《中国人的国际新形象》,北京:新华出版社,2012年版,第95页。
③ 同②,第89页。
④ 同③。

例如，早在2011年年初，英国广播公司（BBC）、"全球扫描"民调公司（Global Scan）和美国马里兰大学国际政策态度项目（PIPA）联合进行了全球的民意调查，并发表了题为《对中国力量增长的关注正在上升：全球民调》的报告，其调查结果显示，"大多数人认为在未来十年中，中国将取代美国成为世界上的经济强国"。接着，美国皮尤全球态度项目（Pew Global Attitude Project）也发表了题为《中国将取代美国成为全球超级大国》的年度报告，报告指出"在被调查的22个国家中，15个国家的多数看法认为中国已经或即将取代美国"，成为全球超级大国。①

为了更具体地了解美国民众对中国经济发展的认知，作者于2019年6月在美国开展了一次网络问卷调查和小范围的实地访谈。② 接受网络问卷调查受访者的人口信息如表10所示。

在受访者当中，接近90%是60岁以下的中青年，超过70%具有大学以上的学历，超过一半的人文化素质较高（学生、教学工作者和专业人士），只有不到40%的受访者家庭年收入超过7.5万美元。

在对中国的经济好感度方面，将近一半的受访者（48%）喜欢中国快速的经济发展和已经成为世界第二大经济体的事实；超过一半的受访者（52%）喜欢中国发达的制造业；约四分之一的受访者喜欢中国注重知识产权（26%）和产品质量好（24%）；11%的受访者喜欢具有中国特色的社会主义市场体制；1人喜欢廉价的中国产品；1人作出负面评价。在不喜欢的经济内容上，59%的受访者不喜欢中国经济发展对环境的影响；33%的受访者不喜欢中国在知识产权保护方面的问

---

① 余万里：《关于中国国家形象的国际政治思考——基于对两份国际民调报告的解读》，载韩方明主编：《中国人的国际新形象》，北京：新华出版社，2012年版，第87—94页。

② 2019年6月，作者在美国的"调查猴子"网站（survcymonkcy.com）发布关于对中国经济认知的调查问卷。"调查猴子"网站成立已有20年之久，受众覆盖美国、英国、加拿大等100多个国家，为企业、科研教育机构、社会组织等提供免费的民意和市场调查，是美国一个覆盖面较广的盈利性调查机构。因为这是一项专门针对美国民众的调查，所以作者把受访者身份设定为美国本土居民，即美国的普通民众。

题；6人指出中国产品质量问题。

表10　2019年6月网络问卷调查受访者情况

（单位：%）

| 性别 | 男 | 59 |
|---|---|---|
| | 女 | 41 |
| 年龄（岁） | 18—29 | 24 |
| | 30—44 | 32 |
| | 45—60 | 33 |
| | >60 | 11 |
| 教育程度 | 高中及以下 | 29 |
| | 本科和大专 | 53 |
| | 硕士 | 12 |
| | 博士 | 6 |
| 职业 | 学生 | 18 |
| | 教育工作者 | 6 |
| | 专业人士 | 31 |
| | 工人 | 27 |
| | 其他 | 18 |
| 家庭年收入（美元） | <49 999 | 38 |
| | 50 000—74 999 | 19 |
| | 75 000—99 999 | 18 |
| | >100 000 | 17 |
| | 不愿意回答 | 5 |

资料来源：作者自制。

在对中国经济发展的评价方面，超过一半（52%）的受访者认为中国经济发展对世界既是机遇又是挑战；21%的受访者认为中国经济发展是个机遇；17%的受访者认为中国经济发展是挑战。

在对中国过去所取得经济成就的评价上，30%的受访者给出正面和肯定的评价；10%的受访者虽然承认中国所取得的经济成就，但批评或质疑中国的经济发展方式;60%的受访者没有写出具体的评价,表示不懂或不太了解中国经济。

在经济热点问题上,60%的受访者陈述了对中美贸易摩擦的态度。其中,只有8个人明确表示支持美国政府的行动和立场,其他人都希望双方能尽快达成协议,结束中美贸易摩擦。不少受访者强烈反对特朗普政府的经济政策。在对中美两国经济前景的看法上,20%的受访者认为中国经济将超越美国,10%的受访者对两国经济前景都持乐观态度,10%的受访者认为中美贸易摩擦给两国经济前景都蒙上了阴影。

美国民众对中国的积极认知在一定程度上会影响到他们对美国华人的看法和态度,这些都对美国华人的身份认同产生直接的影响。作者在加州圣地亚哥的田野调查中发现,很多美国华人都认同中国的经济发展和经济实力。例如,华人专业技术移民曹女士自豪地对作者说:"现在很多美国人都对中文感兴趣。我很多同事都向我请教中文,这体现出中国的崛起。我们也感觉腰板硬了好多!"[①] 经常回国讲学的杨先生说:"美国终究要衰败的。富不过三代,一个帝国再强大,也强不过三代,我们看看历史就知道了。所以现在回中国工作是大势所趋。"[②]

大多数受访的波士顿华人也对中国经济的快速发展感到十分骄傲。上文提到的波士顿侨领胡先生就坚信中国终将实现伟大复兴。他说:"大多数华人还是认同中国的!看看中国过去40年取得的成就,那是人类历史上前所未有的成就,对人类文明作出了很大的贡献和影响!另外,中国实现了男女平等,这也是中国共产党的伟大功劳!"[③]波士顿大学的华裔大学生安迪(Andy)也对中国的未来表示乐观,他说:"中国共产党和中国政府作出的决策和部署是正确的,我相信中国未来

---

① 来源于作者与曹女士的谈话记录,2012年9月15日于曹女士家中。
② 来源于作者对杨先生的正式访谈,2012年11月18日于圣地亚哥西区主恩堂礼拜堂外面的长椅上。
③ 来源于胡先生在大波士顿中国和平统一促进会第四次会议上的发言,2019年7月27日于波士顿唐人街帝苑酒家。

会比美国更好!"①从这些评论可以看出,受访者对中国政府的执政理念和经济前景都十分认同。

在加州大学圣地亚哥分校访学期间,作者深入到该校开设的中文课堂进行田野调查。中文课是该校的外语选修课之一,选修的学生几乎都是华裔大学生。鉴于几乎所有调查移民及其后代的文化适应量表都把语言保持和语言使用当作其中最重要的一个变量,因此,作者也把双语能力、语言偏好和使用情况列为考察受访者身份认同的一个变量。同时,为了进一步考察语言学习和身份认同的关系,作者为中文班的华裔大学生专门设计了陈述中文学习动机的问题。调查结果发现,在接受调查的120名学生中,因为族裔认同和中国文化认同而选修中文的约占三分之一;为了方便与家人和亲戚的交流而选修中文的约占四分之一;而为了方便以后到中国或与华人做生意,或者为了以后和中国有关的工作而学习中文的约占五分之一,在所有的学习动机中排列第三位。很多学生的答案是:"学中文对我以后的工作机会很有帮助""为了中国的经济机会""以后可以从事中美贸易"等等。有一个学生还写道:"因为中国将会成为世界强国,作为华人的我就必须学好中文!"② 由此可见,在一定程度上,中国经济的发展和经济实力的增强也使美国华人的中国人认同得以增强。

## 二、美国华人的跨界经济活动与跨界认同

第一节讲到,国家经济边界的开放促进了国际移民的流动,同样地,中美经济边界的逐步开放也助推了包括美国华人在内两国间人员的跨界经济活动,在这一过程中,美国华人的跨界认同得以建构。

---

① 来源于作者对安迪(Andy)的非正式访谈,2019年6月24日于波士顿大学共富大道(Commonwealth Avenue)星巴克咖啡店。
② 据作者于2012年9月至2012年12月间对加州大学圣地亚哥分校中文班华裔大学生的调查资料整理而成。

1. 移居美国

19世纪以来,富强的美国就如一块磁铁,吸引了无数来自世界各地的移民。19世纪中期,中国广东珠三角地区的农民开始跨越国界,成为较早的一批美国华人。1965年美国颁布和实施新移民法后,大量来自亚洲和拉美地区的移民源源不断地涌入美国,形成了美国历史上最大的移民潮。20世纪70年代末期,中国的改革开放政策为移民者打开了国门。2001年,中国加入世界贸易组织,进一步融入相互依存的世界经济体系中。在中美两国之间的经济边界逐步走向开放和经济发展互相依存的过程中,当代的美国华人以不同的形式实现两国经济边界的跨越,移居美国就是最常见的一种形式。

在移民的类别上,自20世纪八九十年代以来,除了通过亲属移民到美国的华人外,很多都是通过留学或技术移民的知识分子和技术人员,21世纪以来更增添了很多富人阶层和知识精英。

在移民的动机上,当代美国华人移民大多属于主动性移民。与被动性移民不同的是,主动性移民的迁移都是自主选择的结果,它既是一种理性行为,也是一种自愿性的行为。也就是说,主动性移民都是因为认同移入国的某些方面才迁移的。古典的"推拉"理论就较好地表明了移民的经济理性和实用主义。该理论认为,除了移出国恶劣的生存环境、政治迫害、战乱等推力因素外,移入国良好的工作机会和生活环境等拉力因素是当代人口迁移的首要原因。从美国华人的移民历史来看,改善本人及家庭的经济生活条件是其跨境流动的最主要动因。[①] 因此,从移民动机和移民前的心理状态来看,当代美国华人对美国的政治、社会和文化应该具有较强的认同感,这是其跨界认同的一个重要组成部分。

在作者的田野调查中,很多受访者是在20世纪八九十年代前通过留学或家庭团聚移民美国的。当时美国的实力和霸权如日中天,国内

---

① 李明欢:《国际移民政策研究》,厦门:厦门大学出版社,2011年版,第277页。

一片繁荣昌盛，而中国还处于改革开放的初期，虽然经济已经开始发展，但与美国相比仍然有很大差距，单单这些经济方面的差距就足以对当时的中国民众产生很大的吸引力。20世纪八九十年代中国的出国热就证明了这一点。怀着对美国梦的向往，不少知识分子和专业技术人员千辛万苦地奔赴美国。

当然，迁移前的认同和迁移后的认同可能会产生变化。到了美国之后，由于身处异国他乡，也由于在工作和生活中所受到的挫折和压力，或者由于当地可能存在的排外思想或种族歧视，这些移民的中国人认同可能反而得到了增强。很多人都有这种感觉：只有在远离祖国的时候，才会更加热爱祖国。作者在圣地亚哥访学时就深有体会：看到中国国旗就会不自觉地感到格外庄严，甚至不禁热泪盈眶，和外国人交往时都会自觉地维护中国和中国人的尊严等。而这种爱国的感情并不只是作者独有。在加州大学圣地亚哥分校拉美研究所的一次研讨会上，作者亲眼看到了几位访学的中国学者和圣地亚哥的一位华人学者组成一个"统一的爱国战线"，共同反驳美国主流社会对中国政府政策的曲解。

在波士顿地区，很多年纪较大的老华人移民对中国和家乡也怀有特别深厚的感情。例如，上文提到的胡先生、芳女士、陈老师，他们都是70多岁的老华人，对中国怀有深深的眷恋之情。芳女士说："中国就是我的母亲，如果别人说她的不好，我会非常生气。"2019年6月底7月初，中美建交40周年图片展在波士顿公园和唐人街举行。图片展同时邀请了波士顿的侨界人士进行文艺表演。在现场，作者看到一些年纪较大的华人纷纷登台演唱《我爱你中国》《红梅赞》等爱国歌曲。由此可见，虽然身在美国，很多华人仍然感到与中国千丝万缕的联系，这是一种无法抹去的身份认同感。

总之，伴随移居美国这个跨界行为，美国华人同时拥有了美国认同和中国认同，并成为其跨界认同中和谐共存的两个方面。

2. 回归中国

近年来,越来越多的中国留学生和华人专业技术移民更倾向于回国工作或创业。2012年,中国与全球化研究中心、中国社科院联合发布的国际人才蓝皮书《中国留学发展报告(2012)》显示,2011年中国出国留学人数达33.97万人,中国已经成为世界上最大的留学生生源国。同时,该年度中国留学生的回国人数达到18.62万人,比2010年的13.52万增长37.7%。① 2012年,启德国际教育研究院发布的《2012年海归就业力调查报告》显示,超过70%的中国留学生选择回国就业。② 国际人才蓝皮书《中国留学发展报告(2012)》同样指出,2012年中国留学生"回流"人数已达23.03万人次,累计回国人数达104.87万人次。③ 2017年,教育部统计数据显示,2016年中国留学回国人员达43.25万人,超过80%留学生学成后回国发展,较2015年增加了2.08万人,同比增长3.97%。④在21世纪的前20年中,海归群体由2000年的13万人增长到2019年的423.17万人,增幅超过31倍。⑤ 2023年年初,国家人力资源和社会保障部信息中心网站公布的数据显示,自2020年疫情暴发以来,在国内求职的海归数量明显增加,2021年和2022年保持平稳。与此同时,回国找工作的应届留学生增多,2020—2022年,应届留学生规模指数分别为1.99、2.00、2.17。与2021年相比,2022年应届留学生规模同比增长8.6%,回国求职留学生数量再创新高。⑥ 那么,这样的"归国潮"是否体现了海

---

① 《海归海外工作3至5年后优势显现,国内起薪达22万》,http://news.xinhuanet.com/fortune/2012-10/27/c_123875340.htm。
② 《新一轮回国潮到来,逾七成中国留学生回国就业》,http://finance.people.com.cn/n/2012/1012/c1004-19241224.html。
③ 同②。
④ 《CCG发布〈中国留学发展报告(2017)〉蓝皮书——英美留学增速放缓'一带一路'沿线国家成来华留学主要增长点》,http://www.ccg.org.cn/archives/32621。
⑤ 《CCG发布〈中国留学发展报告(2020—2021)〉蓝皮书》,http://www.ccg.org.cn/archives/26670。
⑥ 《2022中国海归就业调查报告(2023年3月16日)》,https://hrssit.cn/info/2845.html。

第四章　经济边界的开放：跨界认同建构的经济维度

外华人强烈的爱国心和中国人认同呢？

本书认为，近年来"归国潮"现象出现的原因，虽然不排除很多人是出自爱国心和中国人认同，或者出自其他的原因，如对父母的牵挂和文化的适应等，但对于自身经济利益和事业发展的考虑才是大多数"海归"的主要原因。一方面，近年来海外留学生毕业后留在本地工作的就业机会明显减少。首先从经济方面看，从2008的金融危机以来，欧美国家的经济衰退比较严重，就业形势一直没有好转。其次从移民输入国的政策方面看，现在各国对留学生留在当地工作的要求发生了变化，门槛也提高了不少。作者在加州访学期间，曾和很多中国留学生交谈过，大多数人都这样说："现在美国一般很难找到满意的工作。"另一方面，近年来，中国经济高速发展，同时提出人才强国战略，并制定了一系列吸引海外人才的政策，如"千人计划""留学人员回国创业启动支持计划"等，这些政策为入选者提供资金支持、丰厚的工资待遇和科研启动经费等，很多地方政府也根据地域需求和发展规划提出了多种人才吸引方案。① 这些吸引人才"回流"的政策和做法对海外留学生和华侨华人都产生了"拉力"的作用。

作者在美国访学期间，经常浏览一些美国的华人网站，阅读美国华人和中国留学生所写的文章，了解他们的想法，考察其身份认同。在"未名空间"上，有个华人发表了一篇文章，分析现代"海归"和以前"海归"的不同："以前回国的科学家大部分是为了理想回国的，他们认为自己是在为人民为民族工作，物质待遇对他们来说不值一提。现在的"海归"其实比那时多，但是多数都是想搭车淘金，为名利捞一笔。"② 在田野调查中，很多华人也表达了相同的看法，杨先生说道："移民是大势所趋，以前我们都往美国跑，现在很多人是往中国

---

① 《CCG发布〈中国留学发展报告（2020—2021）〉蓝皮书》，http://www.ccg.org.cn/archives/26670。
② 发信人：yoh（海豚），信区：Military（军事），标题：《关于为什么毛时代顶级专家从国外回去》，发信站：BBS"未名空间"站（Wed Oct 10 09:47:04 2012）。

跑。所以人是跟着饭碗走,都是为了生存。"① 曹女士也这样说:"现在有些中国人回国发展,并不是为了报效祖国,而是为了生存,为了赚钱。"②

在经过40多年的经济高速发展后,中国早已不再处于"水深火热"或"积贫积弱"的境况中,成长在新时代下的很多海外华侨华人和留学生无法对"忧国忧民""舍身救国"感同身受。"回国服务"也许只是一些人的口号,而不完全是中国人认同的体现。在经济理性主义的自觉选择下,海外华人的"回归"体现出身份认同的经济实用主义特征,而这正是跨界认同的基本特征之一。

3. 跨国活动

20世纪八九十年代,中国香港、中国台湾等地的一些华人移民到北美洲等地区后,很多都在美国和加拿大等国安了家,他们的妻子和子女往往就在居住国生活和读书,而自己却回到香港或台湾继续打理家族生意或发展自己的事业。为了兼顾家庭和事业,这些华人移民不得不频繁往返于祖籍国和居住国之间,因此出现了广受移民学界关注的华人"太空人"现象。在有些情况下,这些跨国家庭中的妻子也会跟随丈夫回到香港或台湾等地,而把子女留在美国等地读书,因此又有了"降落伞儿童"的现象。自21世纪以来,随着中国经济的发展和富人精英阶层移民的增多,"太空人"和"降落伞儿童"也越来越多。

作者在圣地亚哥和波士顿的田野调查中发现,华人跨国移民大致可以分为两类:第一类是被美国的教育和环境吸引的跨国移民。这类跨国移民为了子女的教育和良好的自然环境而移居美国。但是,中国欣欣向荣的经济形势使这些跨国移民没有放弃国内的生意或事业,而是频繁往返于两国之间。例如,来自福建的彭先生独自带着儿子住在圣地亚哥郊区的高档住宅中,他移居圣地亚哥的主要目的是儿子的教

---

① 来源于作者对杨先生的正式访谈,2012年11月18日于圣地亚哥西区主恩堂礼拜堂外面的长椅上。
② 来源于作者与曹女士的谈话记录,2012年9月16日于曹女士家中。

育，次要目的是拓展在美国的生意渠道。他的妻子留在福建，打理他们的家族服装企业。彭先生因此也成了"太空人"中的一员，他经常往返于圣地亚哥和福建两地。对于彭先生来说，圣地亚哥和福建都是他的家，身份认同的问题并不是他思考的事情。他说："生活在圣地亚哥就像在福建，感觉没有什么不同。是中国人还是美国人对我来说并不重要，重要的是孩子享受到了美国的优质教育资源。"①

第二类"太空人"是早已移民美国，但近年来由于美国经济的萧条而回国创业或工作的华人专业技术移民。这类跨国华人早已在美国扎了根，家人都在美国生活，他们的跨国活动只是为了经济上的利益或其他个人因素，前言中提到的陈先生就是为了投资赚钱而到珠海买房，而不是出于"落叶归根"的想法。前面提到的杨先生和韦先生更是地地道道的"太空人"，但他们都说选择回国创业只是为了实现自己的个人价值，与国家认同关系不大。②

由此可见，在后现代社会的今天，很多移民的跨国活动与祖籍国认同并非等同的关系，美国华人的跨国活动并非一定出自对中国的认同，这就是本书所提出的"跨界认同"的本质。

4."留守"美国

表面看来，"留守"在美国生活和工作的华人似乎只在美国社会中活动，其经济活动和身份认同的跨界性似乎不太明显。其实，随着中美经济边界的逐步开放，越来越多的美国华人无论在工作或生活中直接或间接地参与了中国的经济发展，他们的身份认同也受到宏观经济活动的影响。

例如，进入21世纪以后，很多实力雄厚的中国企业纷纷"走出去"，到国外投资设厂，设立分公司或办事处，有些企业甚至大力发展海外并购。吉利、联想、阿里巴巴、华为、万向等中国企业近年来纷纷把注意力转向利用美国市场与资源。美国一家咨询机构发布的报告

---

① 来源于作者与彭先生的谈话，2012年11月19日于圣地亚哥康拉德大道的公寓中。
② 据作者与杨先生和韦先生在圣地亚哥的多次谈话记录整理而成。

显示,2013年中国对美国的直接投资总额达到创纪录的140亿美元,较前一年翻番。报告指出,2013年中国对美国投资交易共计82项,其中44项为并购,38项为"绿地"投资。从投资领域看,非常规油气资源领域依然是中国对美直接投资的重头,2012年共完成了32亿美元的投资项目,而食品和房地产成了2013年中国在美国的新兴投资热点。另外,2013年,双汇国际以71亿美元收购美国猪肉生产商史密斯菲尔德食品公司,占据了该年度投资总额的半壁江山,也创下了中国对美国公司规模最大的一笔收购,使得食品行业2012年投资额高居榜首。报告显示,2013年中国在美国旧金山、洛杉矶、纽约、底特律等地的商业地产投资总额达到18亿美元。与此同时,中国公司正在成为美国当地经济的重要贡献者。截至2013年年底,中国公司投资为美国带去了7万个全职工作。①

近年来,尽管一些美国人士不断鼓噪中美"脱钩",但中美经贸关系仍保持良好态势。2020年,美国中国总商会发布的《2020年在美中资企业年度商业调查报告》显示,截至2019年,成员企业在美投资超过1230亿美元,有助于美国本土就业增加和经济增长。报告显示,美国中国总商会成员企业在美直接雇佣约22万名员工,间接支持美国各地超过100万个就业岗位,通过增加本土采购、房屋和生产设备租赁以及创造或保留就业机会,为美国带来经济利益。同时,中国企业在美设立办事处、兴建工厂创造大量商机,帮助当地企业获得新机遇和额外收入来源。② 2022年12月,彭博社援引该年度前9个月中美贸易数据报道称,在美国挑起贸易战近6年后,2022年或将成为中美贸易额创纪录的一年——不但美国从中国的进口超过历史上任何一年,美

---

① 《中国企业进军美国市场,投资前景依然广阔》,http://www.chinairn.com/print/3373790.html。
② 《报告显示中国在美投资助力美国经济增长》,https://www.gov.cn/xinwen/2020-08/13/content_5534531.htm。

国向中国的出口也将创下新的历史纪录。① 另外,中国商务部、统计局和外汇管理局发布的《2020年度中国对外直接投资统计公报》显示,中国企业对外投资并购分布在全球61个国家(地区),从并购金额看美国位居第二,中国对美国直接投资较2019年增长58.1%,占2020年中国对外直接投资总额的3.9%,占对北美洲投资流量的94.9%;存量为800.48亿美元,占中国对外直接投资存量的3.1%,占对北美洲投资存量的80%。2020年年末,中国共在美国设立境外企业近5400家,雇佣外方员工超过11万人。②

中美贸易和在美投资的中资企业都给"留守"的美国华人带来了不少就业机会,使他们也加入跨界经济的行列中。例如,韩女士移民到圣地亚哥后一直未找到工作,这两年由于熊猫快餐集团③的迅猛发展,她成功就业抓住机会入职该集团,成为管理圣地亚哥几家熊猫快餐店的经理,收入可观。可以说,韩女士的工作也是跨界的,因为她的工作对象既包括大批赴美留学旅游的中国人,也包括美国当地人和其他国家的顾客。另外,她还经常到中国台湾或大陆参加公司的会议和培训等。④ 可见,现在"留守"的美国华人在其工作或生活中也经常会与中国发生某种联系,这些联系都建构或加强着他们的跨界认同。

## 本章小结:经济边界的开放与跨界认同的建构

到了21世纪的今天,尽管经济全球化遭遇逆流,但无论从国际贸易、跨国公司和全球经济危机等宏观方面,从充满同质信息技术、大

---

① 《美媒发现:贸易战开打六年后,2022年中美贸易额有可能再创新高》,https://news.cctv.com/2022/12/05/ARTI64gHsAYpwTaAXaBVMqaL221205.shtml。
② 《2020年度中国对外直接投资统计公报》,https://www.gov.cn/xinwen/2021-09/29/5639984/files/a3015be4dc1f45458513ab39691d37dd.pdf。
③ 熊猫快餐是来自中国台湾和香港的华裔夫妇程正昌和蒋佩祺所创办的一家美国中式餐饮连锁店,总部位于加州,拥有的1500家连锁店遍布全美,已成为美国亚洲休闲快餐业的领军企业。
④ 来源于作者与韩女士的多次谈话记录。

众文化的全球城市的中观方面，还是从物质文化、电子商务等影响人们日常生活的微观方面来看，经济全球化都是不可阻挡的大势。在经济全球化的背景下，有些经济学家认为民族国家即将走向"终结"，取而代之的是一个"无国界"的经济世界。本书部分认同这些经济学家的观点，认为在商品、信息和资本流通等很多方面，民族国家边界的确已经得到了很大程度的开放，也就是说，经济领域的"无国界"世界正在形成中。然而，作为经济要素之一的劳动力并不能如资本和商品那样轻易地越过国界，国际移民仍然受到民族国家的控制和管理，因此从国际移民这个现象来看，国家的经济边界依然存在；但国际移民的活动也体现出其对国界的跨越，从某种意义上看，国际移民就是"无国界世界"的先行者。

国家的硬实力影响国民的国家认同和文化认同。本书认为，一方面，近年来，中美两国经济实力的变化使美国华人的中国人认同得到一定程度的加强；但另一方面，美国华人日益增多的经济跨界活动并非其中国认同的表现。本章从移居美国、回归中国、跨国活动和"留守"美国这四种跨界活动分析美国华人跨界认同的建构及其跨界认同的本质，指出这四种跨界活动的经济实用主义特征中所包含的美国认同和中国认同成分和谐共存，从而再次论证了跨界认同的主要内容和基本特征。

# 结　语

　　进入 21 世纪以来，随着中国经济实力和国际影响力的增强，海外华侨华人研究越来越受到政府和学术界的重视。在华侨华人研究中，身份认同研究是经久不衰的主题之一。本书从边界的视角出发，分别从社会、文化、经济等宏观维度研究当代美国华人的身份认同问题，旨在加深人们对一些美国华人群体的理解，并对国际移民理论作进一步的探索。

　　本书认为，国际移民的身份认同研究可以归纳为两大范式："有界性"模型和"无界性"模型。"有界性"模型的理论代表有同化理论、多元化理论和涵化理论等。这些理论虽然对移民的身份认同各有不同的描述和理解，但它们具有一个共同的本质特征：以民族国家为"容器"，强调国家、社会和文化边界的不可逾越性，体现了"有界性"的社会科学传统。也就是说，这三种不同的理论都把国家、社会和文化作为独立分离、边界分明的实体，都把祖籍国和居住国的社会、文化和人们的身份认同当作一种两元对立的关系。本书指出，在本质上，同化理论模型是国家"容器"对移民身份认同的限制，多元化理论模型是移民在国家"容器"中的身份认同抗争，涵化理论是移民在国家"容器"中的认同妥协。

　　移民身份认同研究的另一种范式是"无界性"模型，其理论代表包括散居理论、世界主义理论和跨国主义理论等。这三种理论虽然各有研究的侧重点，但都强调后现代社会和主体身份认同的"去地域化"特征，都试图打破民族国家"容器"模型和"有界性"社会科学的限制。本书指出，散居认同是一种"去（国家）中心化"的族裔认同，相同的血统和出身等原生性的民族纽带是散居认同的基础，社会网络是其存在和发展的支撑，而传统的地理中心和疆域边界已经失去了原来的重要性。世界主义认同则是以全球化为基础，以全球的相互依存和现代都市为主要特征的"超国家"认同模型。在这种认同模型中，国家边界失去其存在的意义。跨国认同强调国际移民在跨国社会场中的边界跨越和穿梭，因此其身份认同也是"无界性"模型的一种。

本书以身份认同的"有界－无界"为线索，通过田野调查和资料分析，指出受访美国华人的身份认同是"有界的"国家认同和族裔认同，以及"无界的"文化认同的结合，故称之为"跨界认同"。具体来说，美国华人的跨界认同是原生性和建构性的中国人族裔认同、政治性和社会性的美国国家认同、开放性和混杂性的双重文化认同的有机结合体，它具有混杂性、情景性、实用性和工具性的基本特征。必须强调的是，本书所提出的跨界认同不只是祖籍国（中国）认同，也不是一种"脚踏两只船"的双重忠诚感，而是不同认同内容的结合。希望"跨界认同"概念的提出可以增强政府、学界和民众对美国华人身份认同的理解。

毫无疑问，人的身份认同受到血统、出身等原生性因素和家庭环境、个人教育和经历等微观因素的制约，但社会、文化、经济等宏观因素也是其建构的主要因素。

第一，人类社会边界的逐步拓展是美国华人跨界认同建构的主要宏观因素之一。传统的人类社会以民族和国家为中心，这是具有明显边界特性的两种社会形态。然而，这两种社会形态是历史发展的产物。随着人类社会的发展，其他形态的社会已经出现或正在成型。首先，后民族社会和世界公民社会就是超越民族和国家界限的两种未来社会形态。其次，随着互联网和通信技术的发展，网络社会成为新型的社会形态，它进一步使实际的地理边界失去意义。最后，全球化时代下人员、商品、信息等日益增加的跨境流动使跨国社会得以迅猛发展，也对民族国家的边界造成了极大的冲击。由于网络社会和跨国社会都以现代通信和传媒技术为基础，而传统社会大多以实际的地域为基础，所以本书把这两种新型的社会形态归为"虚拟社会"。总之，在今天的全球化时代中，人类社会的边界在实体形态和虚拟形态两个方面已经得到了极大的拓展，人类的身份认同也将逐步走向开放和无界。

本书认为，随着人类社会边界的拓展，当代美国华人的社会边界也得到了极大的延伸，其表现就是其生活中的多重社会空间，这是其跨界认同的构建来源和实践场所。这些社会空间包括由美国大社会和华人社会所组成的实体社会，以及由华人网络通信社会和跨国社会所组成的虚拟社会。在这些相互交错的社会空间中，当代美国华人"选择性地接通或切断与个体、群体、区域或国家的联系"[①]，同时构建着自己的跨界认同。

第二，中美文化边界的模糊是美国华人跨界认同建构的另一重要因素。本书认为，随着全球化的进一步深入，大众文化和物质消费文化得以普及，世界文化正在趋同，很多文化之间并没有实质性的边界。在现代社会中，文化和传统经常只是一种人为的建构和"发明"。另外，文化本身也是一个持续变化的过程，而不是静态固定的一种物质。在文化趋同和日益压缩的时空中，人们的心理距离已经大大缩小，取而代之的是一种复杂的"连结"和"亲近感"。其次，"全球的单城性"使全球城市产生了很多熟悉和相似的城市景观，地方文化日益消失，人们的地方认同也逐渐淡化。因此，在文化边界走向模糊的今天，后现代主体的认同必定走向开放和混杂。

---

① 刘宏：《跨界亚洲的理念与实践——中国模式·华人网络·国际关系》，南京：南京大学出版社，2013年版，第19页。

在全球文化趋同的时代中，中美文化边界也趋于模糊。本书认为，当代美国社会文化呈现多元化和多样性，而中国文化同样具有多元一体和开放兼容的特征，这些特征就是美国华人接纳美国文化和构建其双重混杂文化认同的基础。作者的田野调查发现，受访华人教会的社区文化、华裔大学生的社团活动和华人的家庭文化都体现了非常明显的双重混杂特征，其"购物车"式的文化实践和文化认同则体现出其跨界认同的选择性和工具性特征。

第三，全球经济边界的逐步开放是美国华人跨界认同构建的另一主要因素。本书认为，当今的经济全球化虽面临挑战，但仍是不可阻挡的大势，其表现有宏观的相互依存和相互制约的世界经济体系、中观的全球城市化和微观的全球物质消费等。总之，从商品、信息和技术等经济方面看，整个世界正在走向"无国界"的世界。然而，在全球经济朝着无国界发展的过程中，国际移民的存在和国际移民潮的持续高涨体现出国界控制的矛盾性。一方面，国际移民的现象体现出国家边界的开放和跨越；另一方面，国际移民又反映出现实中存在的国家边界。因此，在某种意义上，移民就是成功冲破国家边界束缚，实现边界跨越的国际行为体。他们是"无国界"世界的先行者和开拓者。

国家的经济实力和移民的经济活动与移民的身份认同具有较为密切的关系。首先，一国经济实力的发展是移民对其产生国家认同和文化认同的重要条件。因此，中国经济实力的发展和国际影响力的提升使美国华人的中国认同在一定程度上得以增强。其次，在中美经济边界开放的过程中，当代美国华人以不同的形式穿梭于两国经济边界之间，构建着独特的跨界身份认同。移居美国、回归中国、跨国活动和"留守"美国就是其中几种常见的穿梭形式。本书认为，这些跨界经济活动既构建起美国华人跨界认同中的美国认同和中国认同，也体现出其经济理性和实用性的特征。

归纳起来，本书的结论是：美国华人的跨界认同是原生性和建构性的族裔认同、政治性和社会性的国家认同、开放性和混杂性的文化认同的有机结合体,混杂性、情景性、实用性和工具性是其基本特征,全球化时代社会边界的拓展、文化边界的模糊和经济边界的开放等是其宏观的建构因素。

# 余 言

## 阶层、地区和个体因素对美国华人跨界认同建构的制约

本书从社会、文化和经济等宏观方面探讨了当代美国华人跨界认同的建构和表现特征。移民作为国际关系微观行为体生活在由这些宏观因素构成的现代社会中,其活动和身份认同必定受到它们极大的制约。但是,由于身份认同本身的微观性和主观性,阶层、地区和个体差异等因素对移民身份认同的制约也非常重要。下文就以阶层、地区和个体差异为例,简单分析这些因素对美国华人跨界认同建构的制约作用,并补充说明跨界认同的局限之处。

### 一、阶层因素

对美国华人跨界认同建构的研究中,首先不能忽略的是阶层因素。本书认为,跨界认同主要存在于知识分子中产阶层和受到良好教育的青年学生群体中。实际上,只要有阶层的存在,就有身份认同的差异。换言之,阶层是决定身份认同的主要因素之一,这是很多学者的共识。例如,王赓武教授认为,东南亚的华人认同种类中包含着阶层认同。他认为阶层认同是一种跨越种族界限的认同,"对大多数华人来说很可

能成为必然取向"①。在令狐萍教授的"文化社区"理论中,阶层也是其中一个非常重要的因素。她认为,当代美国华人的"文化社区"主要由中产阶层的专业技术人员和企业家组成,工人阶层只占很小的比例。②

在一些从没迈出国门的人的想象中,海外华侨华人是一个单一团结的集体。只要是中国人,就会对自己的同胞伸出援手,都会自动产生亲近感。但是,事实并非如此。海外华侨华人社会是一个极其复杂多元的社会,这已经是学界和很多民间人士的共识。来自不同地区、不同阶层背景的华人之间存在着明显的分界线,形成不同的次族裔社区。中国台湾华人、中国香港华人、中国大陆华人、越南华人等华人群体各有自己的交往圈和社会组织,由于历史、政治和经济等不同背景,这些次族裔群体之间很少交往。一个移民澳大利亚的中国大陆学生就这样描述过:"对于来自中国香港、中国台湾或东南亚的华人,中国人的意义各不相同。我刚到澳大利亚时曾天真地认为,所有的华人移民,不管来自哪儿,都会帮我找工作,帮我渡过难关。但是,我发现,在华人群体中存在着一个看不见的次族裔等级制度。"③

即使来自同一地区的华人移民,不同的教育背景、移民经历和社会地位等阶层差异也成为华人次群体的分界线。小丽在20世纪80年代大学毕业后,通过亲属移民签证从中国大陆移民到加州,并一直在中国台资银行工作,接触的客户很多都是中国台湾人。与她同住一个小区的王女士是北京大学的毕业生,现在是加州大学圣地亚哥分校的博士后,属于高知识分子阶层。她们两个都来自中国北方,年龄相差也不大,但从没有过任何交往,甚至见面都不打招呼。有一次,小丽对作者说:"刚开始碰到她时我对她笑了笑,谁知她一点反应都没有。

---

① 王赓武:《中国与海外华人》,香港:商务印书馆,1994年版,第246页。
② Huping Ling, ed. *Asian America: Forming New Communities, Expanding Boundaries*, New Brunswick: Rutgers University Press, 2009, p. 11.
③ Kuah-Pearce Khun Eng and Andrew P. Davidson, eds. *At Home in the Chinese Diaspora, Memories, Identities and Belongings*, New York: Palgrave Macmillan, 2008, p. 41.

以后我就不跟她打招呼了。"① 但是，作者发现王女士和小区的另一家华人移民陶女士交往密切，原来陶女士也是加州大学圣地亚哥分校的博士后，从事的专业与王女士也比较接近。可见，阶层是人际交往和身份认同的主要因素。

在圣地亚哥西区主恩堂的田野调查中，作者同样注意到，教会中的团契小组也按照不同的专业背景和居住地区而划分，小组成员之间的活动和聚会很多，但不同小组之间的交往相对较少。因此，不同的小组其实形成了不同的次团体，阶层的差别显而易见。

波士顿华人的阶层差异更加明显。首先，华人老移民主要聚居在波士顿市中心的唐人街、昆士市和莫顿市，因此老侨社团也主要集中在波士顿唐人街和昆士市。华人新移民，主要包括学历较高的华人专业技术移民，他们分散居住在其他郊区各市，如莱克星顿、艾克顿和布鲁克莱恩等。老侨社团的主要成员是来自广东台山地区和福建的亲属移民和劳工移民，粤语是他们主要的交流语言。这些老侨社团与郊区的新移民华人社团之间的交流很少，很多老移民与新移民之间存在着一定程度的误解和冲突，有些新移民对唐人街老移民还有一些歧视。

田野调查发现，华人移民的跨界认同主要存在于知识分子中产阶层群体和财富精英中，也存在于受到良好教育的华人后代和华裔大学生群体中。这是因为跨界性认同是一种"融入型"的意识形态，以移民的高度社会文化融入为基础，后者是前者形成的首要条件。对于生活在唐人街等族裔"飞地"的下层工人或来自农村地区的移民亲属来说，他们形成跨界认同的条件和基础不足。很多工人或农民阶层的移民基本上生活在一个与美国主流社会隔绝的华人世界里。在日常生活中，他们说中文、吃中餐、看中文电视，基本上只与中国人交往。在工作中，其工作对象也是中国人。因此，这个阶层的华人移民形成美国国家认同的可能性较小。即使他们已经成为美国公民或持有美国绿

---

① 据作者与小丽的谈话所得，2012年12月26日于圣地亚哥公寓中。

卡,他们仍然是生活在中国人的世界中,而美国只是他们居住的国家和地方而已。而对于融入主流社会的中产阶层移民来说,美国是他们工作和生活的家园,是他们实现自己人生目标的地方。很多人在此落地生根、生儿育女。

为了自己和后代的权益,也因为自己所受过的教育,华人专业技术移民成为中产阶层后,就很有可能会对美国产生国家认同。

## 二、地区因素

地区因素是移民跨界认同建构的另一个重要因素。这里的"地区"主要指同一国家内部的不同地区。本书认为,跨界认同在实行多元文化政策、社会相对自由开放、人口构成多样化的地区中更容易形成。从地区特征来看,美国加州应该是最容易产生移民跨界认同的地区之一。在加州,移民"不一定非进入主流社会不可",相反,他"完全可以安于支流",而且由于移民人口的激增,人们甚至说不清哪些是"主流",哪些是"支流"。

其实,在加州这个"多种族,多文化,多语言,多中心"的地区,"谁都有外国人的感觉,谁看谁都是外国人"。李女士说:"这里的墨西哥人、菲律宾人、韩国人,他们也都是外国人,都是移民,排外的情况很少的。"[1] 曹女士说:"在加州,大家都是移民,没有排外的感觉。"[2] 欧阳先生也说道:"种族歧视在这里是必须注意的事情。美国人骨子里存在种族歧视,但他们不能表现出来,一旦表现出来你就可以凭这个击垮对方。"[3] 上文提到,在加州洛杉矶出生和长大的华裔二代艾保克(Epoch)和柯罗伊甚至都没有意识到自己是少数民族,因为周围有很多亚裔。

---

[1] 据作者与李女士的谈话所得,2012 年 9 月 21 日于圣地亚哥西区主恩堂的周五团契餐会大厅。
[2] 据作者与曹女士的谈话所得,2013 年 1 月 25 日于曹女士家中。
[3] 据作者与欧阳先生的谈话所得,2013 年 1 月 28 日于欧阳先生家中。

总而言之，在种族较为多元、文化较为多样的生存环境下，移民或少数族裔的跨界认同更易得以建构。

## 三、个体因素

由于身份认同是人类的主观意识，因此美国华人跨界认同的建构也受到不同个体因素的制约。不同个体的家庭环境、生活经历、性格特征等都可能对身份认同产生影响。在移民的身份认同研究中，社会学和历史学界较为关注群体、代际、阶层和地区等认同差异，而心理学界则更加强调个体差异。不可否认，同一群体的身份认同存在一定的共性，例如第一代移民的祖籍国认同一般较强，第二代以后移民的身份认同就倾向于居住国认同。"但是，无论是第一代移民或第二代以后的移民后裔，无论是专业技术移民还是劳工移民，无论是新移民还是老移民，其群体内部都不是均等化和同质化的，其身份认同也不能一概而论，而是存在多元复杂的个体差异。"[①] 在田野调查中，作者发现个体因素对身份认同的建构作用非常明显。

首先，在同阶层和同地区中，不同个体的身份认同也不同。例如，同在中产阶层的美国华人中，也存在着除上文提到的"融入型"认同外的其他不同的身份认同类型，如"隔离型"认同等。例如，作者的朋友徐女士2012年在圣地亚哥访学时，住在一户华人移民的家中。朋友说："这老两口以前一个是海关官员，是'官二代'，一个是父母开公司的'富二代'。这两口子为了儿子的教育而移民美国，但现在儿子经常跑回中国去玩，半年多了还不回来。两口子招收了一些中国孩子，在家中办课后托管班。虽然他们来圣地亚哥这么多年了，但还是完全生活在中国人的世界里。他们不太会说英语，有电话时还要我去接，喜欢看中国中央电视台中文国际频道（CCTV-4），吃中餐，到中国超市购物，和中国人交往。美国总统大选时，工作人员打电话来鼓动投

---

① 刘燕玲：《当代海外华人的双重文化认同特征探析——以美国华人为例》，载《华侨华人历史研究》，2021年第1期，第45—53页。

票,他们却不关心。中共十八大召开后,老人家激动地跟我说,习近平当选主席了哦!"①

其次,身份认同的代际差异也不能一概而论,个体差异性仍然存在。有些学者认为,移民后代会随着时间的推移而渐渐失去祖辈常有的祖籍国文化认同,最后只剩下"象征性的族裔认同"(symbolic ethnicity)。②但是,有些移民后裔还是表现出很强的祖籍国文化认同,上文提到的第三代华裔克里斯滕就是一个例子。克里斯滕的母亲是法裔美国人,父亲是出生于美国的华裔二代,祖父母是早期的华人移民。在祖母的影响和母亲的教育下,混血儿克里斯滕具有较强的中国文化认同。她和母亲每周都去探望祖母,而且母亲很喜欢跟祖母学做中国菜,并已经学会了很多菜式。她说:"我妈妈帮我们保留了一些中国传统。我们想记下祖母的食谱并永远保留下去,因为她做的菜很好吃。"克里斯滕在2018年加入了波士顿巾帼舞狮团,每周都参加舞狮舞龙的训练活动,目的是"重新连结及更深入地了解和体验中国文化"。③

再次,学界和民众一般认为,华裔二代均具有较强的双重身份认同,但事实上华裔二代内部也存在个体差异。例如,上文提到的凯西和伊恩都是华裔二代,而且两人年龄相近、成长经历和教育背景相似,都能说一口流利的广东话,但他们的身份认同却有较大的差别。伊恩在昆西华人社区中长大,多年来,他一直在中华公所做义工。访谈中他强调说:"我做义工是想帮忙照顾这里的华人和华人社区,这是我的责任!"他认为自己对华人社区和中国文化的热爱来源于自己的祖母。因为小时候祖母经常带他到唐人街去玩,过年过节时祖母会召集全家人一起聚餐,并举行祭祖等仪式,所以祖母是他们家庭的支柱,对他

---

① 据作者与徐女士的谈话所得,2013年11月30日于圣地亚哥康拉德大道的公寓中。

② Richard D. Alba, "Identity and Ethnicity Among Italians and Other Americans of European Ancestry", in *Special Issue: The Columbus People: Perspectives in Italian Immigration to the Americas and Australia*, Vol. 11, No. 3, 1994, pp. 21-44.

③ 来源于作者对克里斯滕的访谈,2019年8月21日于波士顿唐人街华埠图书馆1楼大厅。

的成长影响最大!① 现在,伊恩热衷于学习中文,积极接触中国新移民和留学生,并渴望有机会能到中国学习或工作一年,具有较强的中国认同。与他相比,凯西的中国认同较弱,对一些中国传统文化持相对负面的态度。她说从小父母并不重视自己的中文教育。② 可见,不同的家庭环境使华裔二代具有不同倾向的双重身份认同。

最后,由于不同的成长经历、性格倾向或兴趣爱好等,即使出生于同一家庭的华裔二代,其身份认同也可能具有较大的差异。例如,华裔青年戴维非常热爱中文,他孝敬父母,并努力保持中国文化传统。但他出生于中国的哥哥却非常美国化,在家里都不愿意说中文,也不认同中国文化。究其原因,戴维认为是哥哥童年在中国农村的饥饿经历使他充满对中国负面的回忆。③ 卫斯理学院的华裔大学生玛丽(Mary)也说自己和妹妹具有不同的身份认同倾向。妹妹虽然从小在白人为主的学校读书,但很喜欢中国传统文化,已经申请了到中国香港大学做交换生。而玛丽却对美国白人的思想文化更感兴趣,因为自己从小生活在唐人街,对华人社区和中国文化比较熟悉,而且父母的低收入身份和教育水平也使她更加羡慕中产阶层白人同学的生活方式和就业优势。④生长在旧金山唐人街的华裔大学生薇薇安也提到自己和弟弟不同的身份认同,她说:"非常奇怪的是,我弟弟和我都在同一个家庭长大,我父母也把他送到中文学校去读书,但他对中文和中国文化完全没有兴趣,也不认为自己是中国人。而我跟他却很不一样。"⑤

总之,由于家庭环境、成长经历、性别和个人性格等微观因素的影响,美国华人的跨界认同必定呈现复杂多元的个体差异性,即使在

---

① 来源于作者对伊恩的访谈,2019 年 7 月 22 日于波士顿唐人街附近星巴克咖啡店。
② 来源于作者对凯西的访谈,2019 年 8 月 15 日于波士顿唐人街中华公所。
③ 来源于作者对戴维的访谈,2019 年 8 月 25 日于昆西市昆西地铁站附近星巴克咖啡店。
④ 来源于作者对玛丽的访谈,2019 年 8 月 28 日于波士顿柯普利广场附近的温蒂汉堡快餐店。
⑤ 来源于作者对薇薇安的正式访谈,2012 年 10 月 17 日于加州大学圣地亚哥分校移民比较研究中心办公室。

同一群体内部也不例外。由于美国华人内部差异性、特殊性和分裂性的存在,同时移民的身份认同也不是"单一本源的,而是处在不断地发展和变化之中"①,因此,研究者应该尽量避免"进入一种简单化的集体意识"②分析,而应该更多关注群体内部复杂多元的个体差异。

---

① 请参阅 Ien Ang, *On Not Speaking Chinese: Living Between Asia and the West*, London: Routledge, 2001。
② 张先清、段云兰:《认同、认知与实践:当代西方族性研究的三种路径》,载《世界民族》,2019年第5期,第45—53页。

# 附 录

## 附录1　2012年加州圣地亚哥调查问卷（中文版）

一、请阅读以下每条问题并按您的情况在适当的数字上画圈或打钩

1＝完全不会　　2＝入门/初级　　3＝中级　　4＝高级

5＝非常好，与当地人一样

1. 您会如何评定您说英语的能力。……1……2……3……4……5
2. 您会如何评定您说中文的能力。……1……2……3……4……5
3. 您英语的总体水平。……………………1……2……3……4……5
4. 您中文的总体水平。……………………1……2……3……4……5

（注：中文包括普通话和中国各地方言中的任何一种。"总体水平"指听说读写四种技能。）

二、请在适当的数字上画圈或打钩，表示以下句子对您而言有多正确

1＝完全不正确　　2＝不太正确　　3＝有些正确　　4＝正确

5＝非常正确

1. 我认为自己是中国人。………………………1……2……3……4……5

2. 我认为自己是美国人。…………1……2……3……4……5

3. 我认为自己是美国华人。………1……2……3……4……5

4. 有时候我觉得自己是中国人，有时候觉得是美国人，有时候觉得是美国华人。看情况和场合而定。………1……2……3……4……5

5. 我觉得自己既不是中国人，也不是美国人。我是世界公民。
……………………………………1……2……3……4……5

6. 我不知道怎样确定自己的族裔。……1……2……3……4……5

7. 我为自己是一个中国人而感到骄傲。…1……2……3……4……5

8. 我为自己是一个美国华人而感到骄傲。1……2……3……4……5

9. 我为自己是一个美国人而感到骄傲。…1……2……3……4……5

10. 我为自己是一个世界公民而感到骄傲。
……………………………………1……2……3……4……5

11. 我觉得美国是我的家。…………1……2……3……4……5

12. 我觉得中国是我的家。…………1……2……3……4……5

13. 我觉得中国和美国都是我的家。……1……2……3……4……5

14. 我觉得中国和美国都不是我的家。…1……2……3……4……5

15. 我觉得很多国家都能成为我的家。…1……2……3……4……5

16. 我在任何地方都没有家的感觉。我是一个无家可归的人。
……………………………………1……2……3……4……5

17. 看奥运会时，在中美对抗赛中，我主要为中国队加油。
……………………………………1……2……3……4……5

18. 看奥运会时，在中美对抗赛中，我主要为美国队加油。
……………………………………1……2……3……4……5

19. 看奥运会时，在中美对抗赛中，我既给中国队加油，又给美国队加油。………………………………1……2……3……4……5

20. 看奥运会时，我经常不分国别，给所有的运动员加油。
……………………………………1……2……3……4……5

21. 总体上，我觉得中国人更亲近一些。 1……2……3……4……5

22. 总体上，我觉得美国人更亲近一些。　1……2……3……4……5
23. 我觉得中国人和美国人都是我的同胞，都一样亲近。
………………………………………………1……2……3……4……5
24. 我对很多国家的人都能感觉亲近。族裔不是原因。
………………………………………………1……2……3……4……5
25. 我很多好朋友都是华人。………1……2……3……4……5
26. 我有很多不是华人的好朋友。…1……2……3……4……5
27. 我主要和中国人或美国华人交往。…1……2……3……4……5
28. 我和很多美国人也密切交往。…1……2……3……4……5
29. 我参加很多华人的聚会和活动。…1……2……3……4……5
30. 我参加很多美国人的聚会和活动。…1……2……3……4……5
31. 在文化方面，我总体上是一个中国人。　1…2…3…4…5
32. 在文化方面，我总体上是一个美国人。　1…2…3…4…5
33. 在文化方面，我觉得自己的美国特征和中国特征一样多。
………………………………………………1……2……3……4……5
34. 在文化方面，我觉得自己并不真正属于中国人或美国人。
………………………………………………1……2……3……4……5
35. 我觉得美国文化和中国文化非常不同。　1…2…3…4…5
36. 我觉得中国文化和美国文化有很多共同点。
………………………………………………1……2……3……4……5
37. 我觉得中国文化和美国文化越来越接近。
………………………………………………1……2……3……4……5
38. 我能很好地适应中国文化和美国文化。　1…2…3…4…5
39. 我觉得我的文化是中美文化的结合。　…1…2…3…4…5
40. 我觉得我能接受和适应很多国家的文化。
………………………………………………1……2……3……4……5
41. 父母老的时候，我应该和他们住在一起并照顾他们。
………………………………………………1……2……3……4……5

42. 我尊重权威，认为谦逊是一个人的美德。　1…2…3……4……5
43. 我喜欢（子女）和华人谈恋爱或结婚。　1…2…3……4……5
44. 作为一个华人，我认为（子女）应该学好中文。
　……………………………………………1…2…3……4……5
45. 作为一个华人，我认为应该保持中国文化和传统。
　……………………………………………1…2…3……4……5
46. 如有可能，我会申请加入美国国籍。
　……………………………………………1…2…3……4……5
47. 我选择保持绿卡身份，因为回中国方便。　1…2…3……4……5
48. 如有好的机会，我想回中国工作。……1…2…3……4……5
49. 以后我有可能回中国居住或养老。……1…2…3……4……5
50. 为了工作或家庭，我可以到其他英语国家生活。
　……………………………………………1…2…3……4……5

三、请阅读以下句子，并请在适当的数字上画圈或打钩

1＝从来没有　　2＝很少　　3＝有时　　4＝经常　　5＝几乎一直

1. 您在家中经常说英语吗？……………………1…2…3……4……5
2. 您在工作中经常说英语吗？…………………1…2…3……4……5
3. 您经常阅读英语图书、报纸和杂志吗？…1…2…3……4……5
4. 您经常浏览英语网站，看英语电影和电视节目吗？
　……………………………………………1…2…3……4……5
5. 您经常去听英语演唱会或看英语展览等文化活动吗？
　……………………………………………1…2…3……4……5
6. 您经常去西式餐厅用餐吗？………1…2…3……4……5
7. 您经常吃西式食品吗？　………………1…2…3……4……5
8. 您经常和美国人交往吗？　……………1…2…3……4……5
9. 您经常参加美国人的协会或活动吗？…1…2…3……4……5
10. 您经常说或使用中文吗？　……………1…2…3……4……5
11. 您经常浏览中文网站，看中文电影和电视节目吗？

................1……2……3……4……5

12. 您经常读中文报纸、杂志和图书吗？ 1……2……3……4……5

13. 您经常去中国餐厅用餐吗？ ………1……2……3……4……5

14. 您经常自己做中国饭菜吗？ ………1……2……3……4……5

15. 您经常去听中文演唱会或看中文展览等吗？

................1……2……3……4……5

16. 您经常去中国超市购物吗？ ………1……2……3……4……5

17. 您经常和中国人交往吗？ …………1……2……3……4……5

18. 您经常参加中国人的协会或活动吗？ …1…2…3…4…5

19. 您经常回中国吗？ ………………1……2……3……4……5

20. 您经常和中国的亲戚朋友联系吗？ …1…2…3…4…5

21. 您经常给国内的家人或亲戚汇款吗？ 1……2……3……4……5

22. 您经常为与中国或中国人有关的活动或组织捐款吗？

................1……2……3……4……5

23. 您经常参加中文网站上的主题或社区讨论吗？

................1……2……3……4……5

四、请提供您的基本信息

1. 年龄　A.18—34岁　　B.35—55岁　　C.56岁以上

2. 性别　A.男性　　B.女性

3. 教育程度　　A.0—11年级　　B.高中毕业

C.大专或大学毕业　D.研究生以上

4. 职业＿＿＿＿＿

5. 出生国家或地区　　A.中国大陆　　B.中国香港

C.中国台湾　　D.美国　　E.其他国家或地区

6. 在美国的居住时间　A.1—5年　　B.6—10年

C.10—20年　　D.20年以上

7. 国籍　A.美国　　B.中国

C.持有美国绿卡　　D.其他国家

8. 父亲的出生国家或地区　　A. 中国大陆　　B. 中国香港
C. 中国台湾　　D. 美国　　E. 其他国家或地区

9. 母亲的出生国家或地区　　A. 中国大陆　　B. 中国香港
C. 中国台湾　　D. 美国　　E. 其他国家或地区

10. 祖父的出生国家　　A. 中国　　B. 美国　　C. 其他国家

11. 祖母的出生国家　　A. 中国　　B. 美国　　C. 其他国家

12. 外祖父的出生国家　　A. 中国　　B. 美国　　C. 其他国家

13. 外祖母的出生国家　　A. 中国　　B. 美国　　C. 其他国家

# 附录2　2012年加州圣地亚哥调查问卷（英文版）

I. How do you rate your language ability in the following aspects? ( 1 = not at all　 2 = beginner/basic　 3 = intermediate　 4 = advanced　 5 = very good, just like a native)

1. English speaking. ……………………………1……2……3……4……5
2. Chinese speaking. ……………………………1……2……3……4……5
3. Overall English ability. ………………………1……2……3……4……5
4. Overall Chinese ability. ………………………1……2……3……4……5

(Note: Chinese includes Mandarin, and any of all the Chinese local dialects. "Overall" means the four skills—listening, speaking, reading & writing.)

II. Please indicate to what extent is each of the following statements true of you. ( 1 = not at all　 2 = a little　 3 = some　 4 = much　 5 = very much)

1. I think of myself as being Chinese. ……………1……2……3……4……5
2. I think of myself as being American. ……1……2……3……4……5
3. I think of myself as being Chinese American.　1…2……3……4……5
4. Sometimes I feel I'm a Chinese, sometimes an American, sometimes a Chinese American. It Depends on different circumstances.

................................................1......2......3......4......5

5. I am neither Chinese nor American. I am a global citizen.
................................................1......2......3......4......5

6. I am not sure about my ethnicity. ........1......2......3......4......5

7. I feel proud of being a Chinese. ........1......2......3......4......5

8. I feel proud of being a Chinese American. 1......2......3......4......5

9. I feel proud of being an American. ........1......2......3......4......5

10. I feel proud of being a global citizen. ......1......2......3......4......5

11. I only feel at home in the U. S. ........1......2......3......4......5

12. I only feel at home in China. ........1......2......3......4......5

13. I feel at home in both the U. S. and China. 1......2......3......4......5

14. I don't' feel at home in either the U. S. or China. 1...2...3......4......5

15. I can feel at home in many countries. ...1......2......3......4......5

16. I don't feel at home anywhere. I am homeless.
................................................1......2......3......4......5

17. When watching Olympic Games, I mostly cheered for the Chinese athletes. ........1......2......3......4......5

18. When watching Olympic Games, I mostly cheered for the American athletes. ........1......2......3......4......5

19. When watching Olympic Games, I cheered for both the Chinese and the American athletes. ........1......2......3......4......5

20. When watching Olympic Games, I cheered for all the athletes regardless of nationality. ........1......2......3......4......5

21. Overall, I feel closer to Chinese people. 1......2......3......4......5

22. Overall, I feel closer to American people. ...1...2......3......4......5

23. I feel the same close to both Chinese and American people. They are both my compatriots. ........1......2......3......4......5

24. I can feel close to people from many different countries. My feeling

does not depend on ethnicity. ……………………1……2……3……4……5

25. Most of my close friends are Chinese and Chinese Americans.
…………………………………………………1……2……3……4……5

26. I have many non-Chinese close friends.   1……2……3……4……5

27. I mostly socialize with Chinese and Chinese Americans.
………………………………………………………1……2……3……4……5

28. I socialize a lot with non-Chinese.   ……1……2……3……4……5

29. I attend many Chinese and Chinese American activities.
…………………………………………………………1……2……3……4……5

30. I attend many American activities.   ……1……2……3……4……5

31. In terms of culture, I consider myself more Chinese than American overall.   ……………………………1……2……3……4……5

32. In terms of culture, I consider myself more American than Chinese overall.   ………………………………………1……2……3……4……5

33. In terms of culture, I feel myself being Chinese and American about equally.   …………………………………………1……2……3……4……5

34. I feel I don't really belong to either Chinese or American culture.
…………………………………………………………1……2……3……4……5

35. I think Chinese and American cultures are very different.
…………………………………………………………1……2……3……4……5

36. I think Chinese and American cultures have a lot in common.
…………………………………………………………1……2……3……4……5

37. I think Chinese and American cultures are getting more and more similar.   ……………………………………1……2……3……4……5

38. I feel comfortable with both Chinese and American culture.
…………………………………………………………1……2……3……4……5

39. I feel my cultural identity is blended (combined Chinese and American culture).   ……………………1……2……3……4……5

40. I feel I can accept and adapt to the cultures of many democratic countries. ·················································1······2······3······4······5

41. I should live with my parents and take good care of them when they are old. ·············································································1······2······3······4······5

42. I respect authority and regard modesty as a personal virtue.
·······················································································1······2······3······4······5

43. I prefer (my child) to date or marry a Chinese or Chinese American.
·······················································································1······2······3······4······5

44. I think as a Chinese (descent), I or my Child should learn Chinese well. ·················································································1······2······3······4······5

45. I think as a Chinese (descent), I should maintain Chinese culture and traditions. ·····································································1······2······3······4······5

46. I would surely like to become a U. S. citizen if possible.
·······················································································1······2······3······4······5

47. I prefer to hold a green card for the sake of convenience to go back to China. ···············································································1······2······3······4······5

48. If job opportunities pop up, I would like to go back to China.
·······················································································1······2······3······4······5

49. It is likely that I will go back to live in China sometime in the future.
·······················································································1······2······3······4······5

50. For work or family, I can live or work in many English-speaking countries. ·············································································1······2······3······4······5

III. To what extent are the following statements true about the things that you do? How often do you do? (1 = never  2 = seldom  3 = sometimes  4 = often  5 = almost all the time)

1. Speak English at home? ···············································1······2······3······4······5

2. Speak English at work? ···············································1······2······3······4······5

3. Read English newspapers, books, or magazines?

·················································1······2······3······4······5

4. Surf English websites or watch English movies &TV?

·················································1······2······3······4······5

5. Attend English concerts, exhibits, etc. ? ···1······2······3······4······5

6. Socialize with American friends? ············1······2······3······4······5

7. Participate in American associations, clubs or events?

·················································1······2······3······4······5

8. Eat at Western restaurants? ···················1······2······3······4······5

9. Cook Western food? ·····························1······2······3······4······5

10. Speak or use Chinese at home? ············1······2······3······4······5

11. Surf Chinese websites or watch Chinese movies & TV?

·················································1······2······3······4······5

12. Read Chinese newspapers, books, or magazine?

·················································1······2······3······4······5

13. Eat at Chinese restaurants? ···············1······2······3······4······5

14. Cook Chinese food? ··························1······2······3······4······5

15. Attend Chinese concerts, exhibits, etc. ?

·················································1······2······3······4······5

16. Shop at Chinese supermarkets? ············1······2······3······4······5

17. Socialize with Chinese friends? ············1······2······3······4······5

18. Participate in Chinese associations, clubs or events?

·················································1······2······3······4······5

19. Go to visit China? ···························1······2······3······4······5

20. Contact your relatives or friends living in China?

·················································1······2······3······4······5

21. Remit money to your families or relatives in China?

·················································1······2······3······4······5

22. Make donations to organizations or activities concerning China or

Chinese? ·················································1······2······3······4······5

23. Participate in Chinese website discussions?

·················································1······2······3······4······5

IV. Demographic Questions

1. Your age?

A. 18-34 years old   B. 35-55 years old   C. 56 years old and over

2. Your sex?

A. Male     B. Female

3. Your highest education level?

(1) 0-11 years or grades.

(2) 12 years, high school graduate.

(3) College or university graduate.

(4) Postgraduate, masters, doctorate, law degree, MD.

4. What's your occupation? (please write down here) _____

5. Your country/area of birth?

A. China's mainland     B. Hong Kong, China     C. Taiwan, China

D. U. S.     E. Another country/area

6. Your length of residence in the U. S. ?

A. 1-5 years   B. 6-10 years   C. 10-20 years   D. 20 years and over

7. Your present citizenship?

A. U. S.    B. Chinese   C. U. S. green-card holder   D. Other countries

8. Your father's country/area of birth?

A. China's mainland   B. Hong Kong, China   C. Taiwan, China   D. U. S.

E. Another country/area

9. Your mother's country/area of birth?

A. China's mainland   B. Hong Kong, China   C. Taiwan, China   D. U. S.

E. Another country/area

10. Your grandfather's country of birth?

A. U. S.　　　B. China　　　C. Another country

11. Your grandmother's country of birth?

A. U. S.　　　B. China　　　C. Another country

## 附录3　2012年加州圣地亚哥访谈问题（中英对照版）

访谈问题 Interview questions ①

年龄 Age____　性别 Sex____　受教育程度 Education____　职业 Occupation____

一、身份 Status/Citizenship

1. 请问您的出生国家？In what country were you born?

2. 请问您来美国多少年了？How many years have you been in the U. S. ?

3. 您现在是绿卡身份还是已经入籍了？Have you received the green card or the U. S. citizenship?

4. （如果问题3回答否 If answered "No" for Q3）将来打算入籍吗？为什么要/不入籍？Will you get naturalized? Why or why not?

二、与中国的联系 Connections with China

1. 您有亲戚在中国吗？经常回国吗？多久回去一次？Do you have families or relatives in China? How often do you go back to China?

2. 您有朋友在中国吗？经常保持联系吗？Do you have friends in China? How often do you keep in touch?

3. 您平时主要是吃中餐还是西餐？比较喜欢哪一个？Do you often eat Chinese meals or American meals? Which one do you prefer?

4. 您在家里主要是说中文还是英文？英文程度怎么样？Do you speak more Chinese or English? How good is your English?

---

① 本研究采取半结构化的访谈方式，即作者在采访过程中并未严格按照这些访谈问题提问，而是根据具体受访者的情况和信息进行问题的调整。

5. 您平时上网主要是中文网站还是英文网站？看电视、电影、书刊、报纸主要是中文还是英文？Do you surf on Internet? Chinese websites or English websites? Do you mainly watch English TV, read English newspapers and books? Or Chinese ones?

6. 您过不过中国的节日？（端午节、中秋节等）参加中国人的聚会或活动吗？Do you celebrate Chinese traditional festival, such as Mid-Autumn Festival and Dragon-Boat Festival? Do you attend Chinese social activities?

7. 您关心中国的情况吗？为什么？Do you show special concern or interest in China's economic, political and social situations? Why or why not?

8. 您碰到中国人会不会觉得特别亲切？觉得比较容易交流？Do you feel more at home with Chinese? Do you feel they are easier to communicate with?

三、在美国的适应 Adaptation in the U. S.

1. 您有比较亲密的美国朋友吗？Do you have some close American friends? How many?

2. 您曾经感觉到种族歧视吗？Have you ever encountered any racial discrimination in the U. S. ?

3. 您觉得美国是您的家园吗？有没有打算回国居住或工作？Do you think America is your home? Do you plan to go back to China to work or live in the future?

4. （限于美国公民）您参与美国的政治活动吗？（如选举、示威活动等）(for U. S. citizens only) Do you participate in political activities in the U. S. ? (Such as voting or protesting)

5. 您信教吗？Do you believe in any religion? If yes, what is it?

6. 您觉得自己是个美国人，是个中国人，还是个华裔美国人？Do you feel you are an American, Chinese, or Chinese American?

# 后　记

记得决心攻读国际关系博士学位的那年，是儿子刚上小学一年级的时候。如今，儿子已经成为大二学生了。和儿子一样，在这十多年的漫漫求学和科研路上，我在华侨华人研究这个令人着迷的领域中蹒跚学步、上下求索。回顾往昔，这条漫长修远的求学路上凝聚了多少师友的心血和帮助！

首先感谢我的博士导师吴金平教授！恩师孜孜不倦、朴素严谨的治学态度和宽厚温和、正直善良的性情品格一直指引着我的学术方向。衷心感谢恩师在我读博期间对我的悉心指导！记得多少次与老师在他办公室的交流讨论都使我茅塞顿开，受益匪浅！在很多次气氛热烈的讨论后，吴老师还常常发来多封电子邮件阐述和补充他精辟中肯的观点，老师的这份严谨和耐心令我深深感动！恩师的循循善诱使我慢慢学会了论文写作中最重要的问题意识和批判精神。毕业后，吴老师还是一如既往地鼓励和支持我的学术研究，带领我参加学术会议、开展课题研究和撰写课题报告。可以说，如果没有恩师的指导和支持，就没有本书的诞生！

其次要感谢我最最亲爱的家人！体弱多病的母亲二十几年来任劳任怨地帮我包揽了一切的家务，无怨无悔地照顾我们一家大小。如果没有她老人家无私的奉献，我根本就没有做科研的时间和精力！感谢父亲的鼓励和支持！已有80多岁高龄的父亲仍精力十足、乐观向上，他鼓励我勇往直前！感谢姐姐和外甥女的关心和支持！感谢乖巧懂事的儿子和温和体贴的先生！他们给我的生活带来了很多欣慰和欢乐，使我在苦读和做科研的同时能够保持一颗感恩平和的心！

需要感谢的还有许多许多的老师！感谢暨南大学国际关系学院/华侨华人研究院众多德高望重和博学多识的老师：曹云华老师就像一盏明灯，在我读博时就为本书的田野调查指明了方向；陈奕平老师宅心仁厚，在很多关键时刻无私相助，并在我多年的求学和科研路上一直支持着我；张振江老师的博学多才和严谨治学的精神一直让我敬佩不已；周聿峨老师、廖小健老师、邓应文老师就像三位知心的大姐姐，她们温暖的话语和笑容使我如沐春风；潮龙起老师勤奋求实的治学态度永远是我学习的榜样！感谢张小欣老师和王子昌老师，他们是我博士论文的预答辩委员，为我博士论文的修改提出了很多宝贵的意见和建议！

在此，我还要特别感谢已驾鹤西去的庄礼伟老师！深受学生爱戴的庄老师是我博士论文的答辩委员之一，当年他对我的论文给予了高度评价，同时也为论文的修改提出了十分中肯的意见。毕业后，由于教学工作繁忙，我一直拖延着论文的修改和出版，但庄老师却一直记在心上。每次在暨大的第二文科楼前碰到我时，庄老师都会询问我论文的修改和出版情况，并一直鼓励说我的博士论文写得很好，叮嘱我一定要好好修改和出版！2018年庄老师不幸遇难的消息传来，正在波士顿大学访学的我禁不住痛哭流涕……现在，我谨以此书献给永远活在暨大国关师生心中的庄老师！！

感谢加州大学圣巴巴拉分校政治系的连培德教授！连教授是美国亚裔政治学界的大师级人物，但却非常平易近人、和蔼可亲！堪称良师益友的她在我访学美国期间，多次给我邮寄参考书籍和各种生活用品，并一直关心和指导着我的博士论文写作，最后还细致地帮我修改论文的英文摘要，指出其中的不足与缺陷，她的帮助和照顾令我永生难忘！感谢加州大学圣巴巴拉分校亚裔研究系赵小健教授的关心和热心帮助！感谢加州大学圣地亚哥分校移民比较研究中心的 John Skrentny 教授和 David Fitzgerald 教授，感谢波士顿大学人类学系的魏乐博（Robert Weller）教授和社会学系的约翰·斯通（John Stone）教授，他们是我在美国访学时的导师，也曾给予我无私的帮助和指导！

感谢所有的朋友！大学同窗好友张元婷博士多年来一直给我最慷慨无私的帮助，她是世界上最伟大的朋友！在美国访学的两年中，已在美国定居和工作的元婷是我生活、学习和精神上的依靠！除了在生活中无微不至的关怀和照顾外，身为美国社会学博士和统计学硕士的元婷为本书的写作提供了大量的帮助！她为我收集美国的人口统计资料，帮我分析调查问卷的结果，教我很多社会学和统计学的研究方法……总之，元婷对我的帮助举不胜举。人生得此知己足矣！

感谢广州社科院的杨代友研究员、南开大学的王萍教授、新华社的张源培主任记者、中国社科院的王鹏副研究员等在美国加州访学时的朋友！感谢代友帮我一起在教会发放和收集调查问卷，帮我安装并教我学会使用 SPSS 统计软件！感谢波士顿访学时所有同窗们的相知相伴：广西民族大学人类学系罗彩娟、华南师范大学谭广鑫和李韦、杭州电子科技大学刘涛、东南大学王华、中国社科院李华伟、兰州大学博士生赵洁等！

最后，我要向美国加州圣地亚哥和波士顿地区的所有华人朋友致以衷心的感谢和祝福！感谢杨妍、秋华、曹霞、武祥、竞学、亚中、小董、小陶、张梅等圣地亚哥朋友的大力帮助和热情招待，也感谢所有接受调查和访谈的其他华人朋友！感谢圣地亚哥西区主恩堂的所有朋友和加州大学圣地亚哥分校所有接受访谈和调查的华裔大学生们！感谢波士顿的所有华人朋友，特别是芳姐、陈老师、胡先生、梁先生、刘先生等人慷慨无私的支持和帮助！他们不仅使本书得以成形，更重要的是教会我思考生命和朋友的意义！

刘燕玲

2023 年 9 月 18 日